O MITO
SANTIFICADOR
DE
J.R.R. TOLKIEN

BRADLEY J. BIRZER

O MITO SANTIFICADOR DE
J.R.R. TOLKIEN
Interpretando a Terra Média

Apresentação de
Alex Catharino

Prólogo de
Joseph Pearce

Tradução de
Márcia Xavier de Brito

2ª Edição

São Paulo | 2023

LVM EDITORA

Impresso no Brasil, 2023

Título original: *J. R. R. Tolkien's Sanctifying Myth: Understanding Middle-Earth*
Copyright © 2002 by Intercollegiate Studies Institute

Os direitos desta edição pertencem à
LVM Editora
Rua Leopoldo Couto de Magalhães Júnior, 1098, Cj. 46
04.542-001 • São Paulo, SP, Brasil
Telefax: 55 (11) 3704-3782
contato@lvmeditora.com.br • www.lvmeditora.com.br

Gerente Editorial	Chiara Ciadarot
Editor-chefe	Pedro Henrique Alves
Tradução	Márcia Xavier de Brito
Revisão técnica e Preparação dos originais	Alex Catharino
Revisão ortográfica e gramatical	Márcio Scansani / Armada
Revisão final	Rebeca Mendes / Armada
Elaboração do índice	Márcio Scansani / Armada
Capa e projeto gráfico	Mariangela Ghizellini
Diagramação e editoração	Rogério Salgado / Spress

Dados Internacionais de Catalogação na Publicação (CIP)
Angélica Ilacqua CRB-8/7057)

B524 Birzer, Bradley J. (1967-)
O mito santificador de Tolkien: interpretando a Terra Média / Bradley J. Birzer; apresentação de Alex Catharino; prólogo de Joseph Pearce; tradução de Marcia Xavier de Brito. – 2. ed. – São Paulo: LVM Editora, 2023.
288 p.: il.

ISBN 978-65-5052-025-0
Título original: J.R.R. Tolkien's Sanctifying Myth: Understanding Middle-earth

1. Literatura inglesa – História e crítica 2. Tolkien, J. R. R. (John Ronald Reuel), 1892-1973. Senhor dos anéis – História e crítica 3. Cristianismo e literatura 4. Literatura fantástica 5. Terra média (Lugares imaginários) 6. Mito da literatura I. Título II. Brito, Marcia Xavier de

23.0391   CDD 823.912

Índice para catálogo sistemático:
1. Literatura inglesa – História e crítica

Reservados todos os direitos desta obra.
Proibida toda e qualquer reprodução integral desta edição por qualquer meio ou forma, seja eletrônica ou mecânica, fotocópia, gravação ou qualquer outro meio de reprodução sem permissão expressa do editor.
A reprodução parcial é permitida, desde que citada a fonte.

*Esta editora empenhou-se em contatar os responsáveis pelos direitos autorais de todas as imagens e de outros materiais utilizados neste livro.
Se porventura for constatada a omissão involuntária na identificação de algum deles, dispomo-nos a efetuar, futuramente, os possíveis acertos.*

SUMÁRIO

Apresentação à Edição Brasileira
Alex Catharino
- 09 -

Prólogo à Edição Norte-americana
Joseph Pearce
- 19 -

Prefácio do Autor
- 31 -

Introdução
- 37 -

Capítulo I
A Vida e a Obra de J. R. R. Tolkien
- 49 -

Capítulo II
Mito e Subcriação
- 85 -

Capítulo III
A Ordem Criada
- 117 -

Capítulo IV
Heroísmo
- 149 -

Capítulo V
A Natureza do Mal
- 177 -

Capítulo VI
Terra Média e Modernidade
- 203 -

Conclusão
A Proclamação da Natureza da Graça
- 229 -

Bibliografia
- 247 -

Índice Remissivo e Onomástico
- 273 -

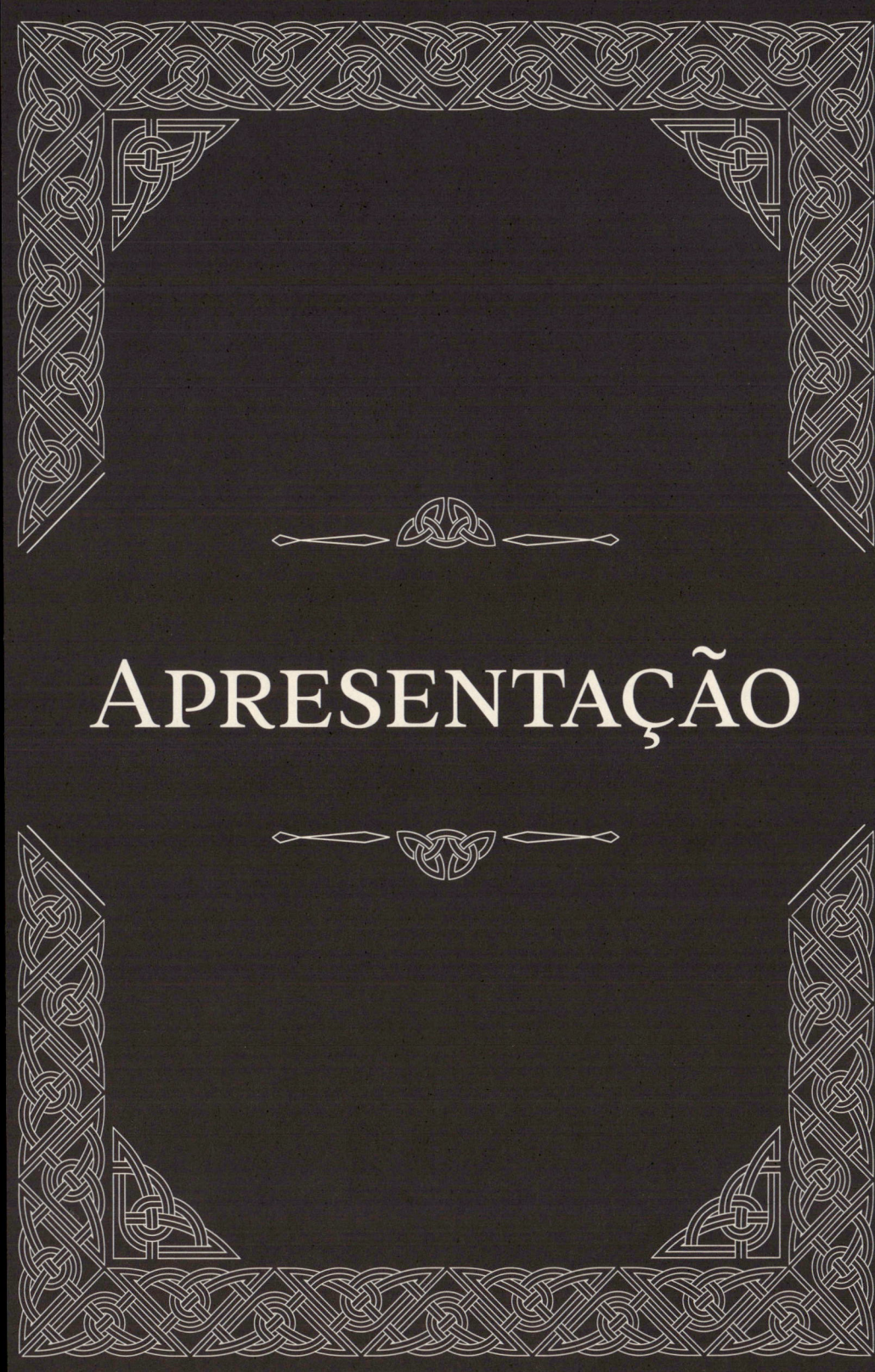

Apresentação

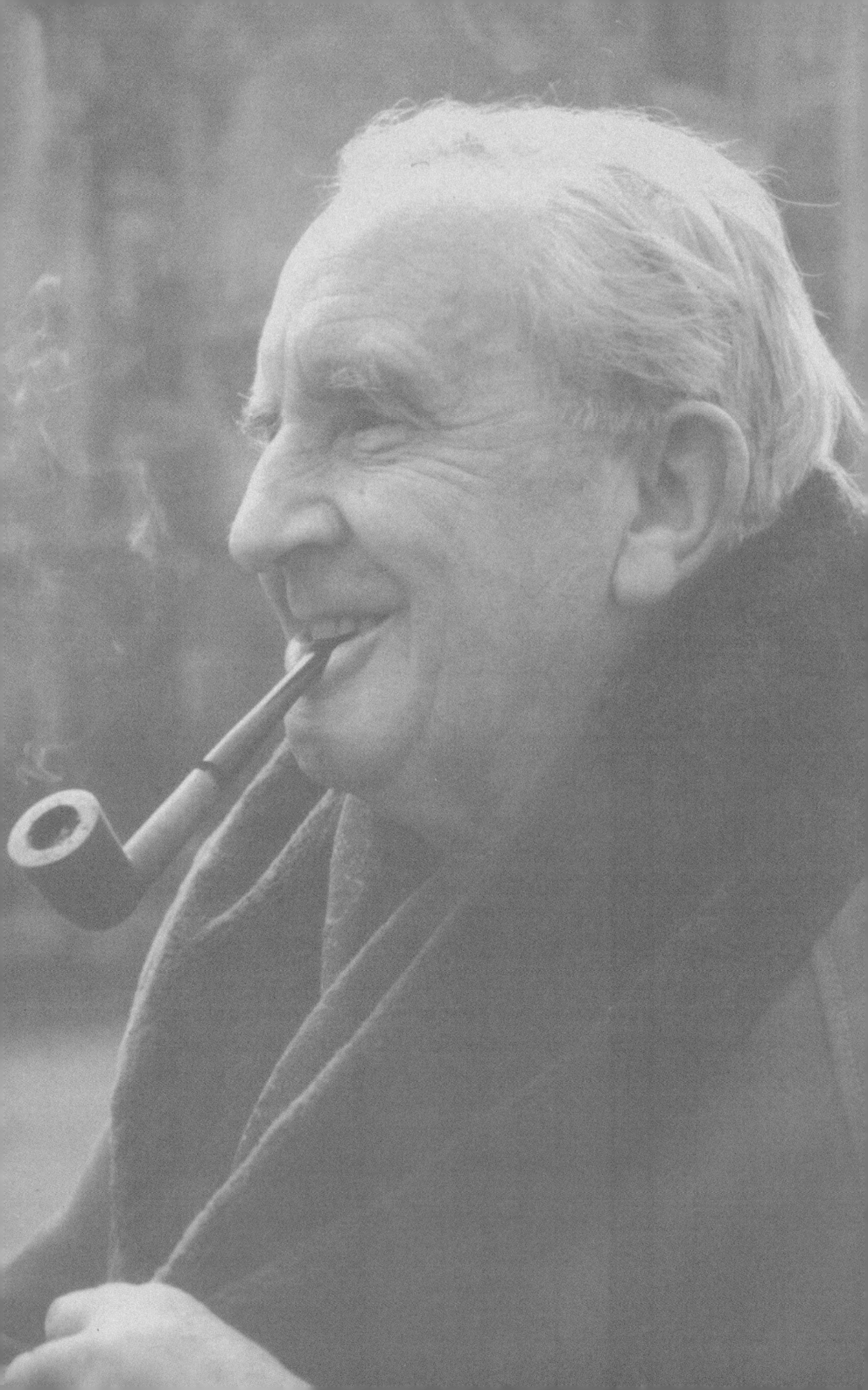

Apresentação à Edição Brasileira

Livros são o verdadeiro guarda-roupas que permite o ingresso em um universo mais amplo. Neste sentido, mais do que os tratados filosóficos, teológicos e científicos, ou, até mesmo, as grandes narrativas históricas, são as obras literárias de ficção os trabalhos que melhor contribuem para a formação da chamada "imaginação moral", definida por Russell Kirk (1918-1994) como um *"poder de percepção ética que atravessa as barreiras da experiência individual e de eventos momentâneos"* e aspira *"à apreensão da ordem correta na alma e da ordem correta na comunidade política"*, sendo um dos melhores meios disponíveis para informar *"sobre a dignidade da natureza humana"*[1]. Na obra Περὶ ποιητικῆς [*Poética*], Aristóteles (384-322 a.C.) argumentou que não faz parte do ofício do literato *"narrar o que aconteceu"*; a função do artista é a *"de representar o que poderia acontecer, quer dizer: o que é possível segundo a verossimilhança e a necessidade"* (1451a / IX, 50). As diferentes expressões literá-

---

[1] KIRK, Russell. "A Imaginação Moral". Trad. Gustavo Santos, notas Alex Catharino. *COMMUNIO: Revista Internacional de Teologia e Cultura*, v. 28, n. 1 (Jan.-Mar. 2009), p. 104.

rias, seja a comédia ou a tragédia, apresentam *"algo de mais filosófico e mais sério que a história"*, visto que a história trata do particular, ao passo que a literatura se volta ao universal. As belas letras, por tratarem do universal, atribuem *"a um indivíduo de determinada natureza pensamentos e ações que, por liame de necessidade e verossimilhança, convêm a tal natureza"* (1451b / IX, 50)[2]. Além dos padrões estéticos inerentes à própria criação artística, a boa literatura deve se caracterizar pelo compromisso com uma forma de "imaginação disciplinada", que esteja de acordo com a natureza humana, expressas tanto na ordem moral interna da pessoa quanto na ordem social externa da comunidade política. Irving Babbitt (1865-1933) afimou que *"a verdadeira visão da imaginação disciplinada é indispensável caso se queira lucrar pela experiência"*, no entanto, essa é *"uma tarefa que se torna crescentemente difícil, dependendo do envolvimento na própria experiência que se tem, ou na de contemporâneos, ou nas dos passados remoto e próximo"*[3].

Uma das principais expressões literárias de imaginação moral, em nossa época, é a saga The Lord of the Rings [O Senhor dos Anéis], do filólogo e literato britânico John Ronald Reuel Tolkien (1892-1973), obra transpassada pela normatividade perene da Lei Natural, o que a torna um antídoto para os males da caraterística "desagregação normativa" da modernidade. No auge dos tumultos que caracterizaram a denominada geração do "Maio de 68", o já mencionado Russell Kirk ressaltou a importância da imaginação moral veiculada pela fantasia tolkieniana, ao afirmar que, mesmo sendo ambientada *"fora do tempo e do espaço"*, ambientada *"numa época que nunca existiu historicamente"*, tal narrativa *"é mais relevante para a presente condição humana do que qualquer discurso de políticos em campanha"*[4], pois *"a Terra Média, afinal, é uma representação das desordens de nosso tempo presente, e os designios de Sauron são as tendências desumanizantes de nossa época"*[5]. A visão santificadora e a perspectiva restaura-

---

2   ARISTÓTELES. *Poética*. Trad. Eudoro de Souza. São Paulo: Abril Cultural, 1973. (Coleção "Os Pensadores", Volume IV: Aristóteles).
3   BABBITT, Irving. *Democracia e Liderança*. Pref. Russell Kirk, trad. Joubert de Oliveira Brízida. Rio de Janeiro: Topbooks, 2003. p. 169.
4   KIRK, Russell. "Tolkien e a Verdade da Fantasia". Trad. e notas Alex Catharino. *COMMUNIO: Revista Internacional de Teologia e Cultura*, v. 27, n. 3, (Jul.-Set. 2008). p. 783.
5   Idem. *Ibidem.*, p. 784.

APRESENTAÇÃO À EDIÇÃO BRASILEIRA

dora apresentadas em *O Senhor dos Anéis*, bem como em outros escritos do mesmo autor, não devem ser interpretadas como uma fuga utópica da desoladora realidade de nossa era, pois, como apontado por Stratford Caldecott (1953-2014), as histórias da Terra Média são um reavivamento terapêutico, *"tentando preservar a natureza, respeitando as tradições valiosas de nossa cultura (chame, se quiser, de 'conservadorismo com discernimento') e, finalmente, aprofundando a vida espiritual"*[6].

Décadas antes do lançamento da mundialmente famosa e bem-sucedida trilogia de filmes dirigida pelo cineasta Peter Jackson, entre 2001 e 2003, *O Senhor dos Anéis* já havia sido considerada uma das produções literárias mais importantes do século XX. O próprio Tolkien não considerva este trabalho como uma trilogia, mas como uma única longa obra, que, por razões editoriais, foi dividida nos volumes *The Fellowship of the Ring* [*A Sociedade do Anel*], *The Two Towers* [*As Duas Torres*] e *The Return of the King* [*O Retorno do Rei*], publicados, respectivamente, em 29 de julho de 1954, 11 de novembro de 1954, e 20 de outubro de 1955. Desde o lançamento, o trabalho vendeu mais de cento e cinquenta milhões de exemplares em língua inglesa. Este impressionante sucesso comercial tornou *O Senhor dos Anéis* o segundo escrito literário moderno mais bem-sucedido do mundo, ficando atrás apenas de *A Tale of Two Cities* [*Um Conto de Duas Cidades*], de Charles Dickens (1812-1870), que, publicado originalmente em 1859, já teve mais de duzentos milhões de cópias comercializadas.

O sublime e belo estilo de *O Senhor dos Anéis* fez que, em importância artística, o livro fosse comparado, por diferentes críticos literários, aos poemas épicos *Ilíada* e *Odisséia*, de Homero (928-898 a.C.), *Eneida*, de Virgílio (70-19 a.C.), *A Divina Comédia*, de Dante Alighieri (1265-1321), e *O Paraíso Perdido*, de John Milton (1608-1674), à tragédia *Hamlet* de William Shakespeare (1564-1616), à opera *Flauta Mágica* (K 620) e ao *Réquiem* (K 626), de Wolfgang Amadeus Mozart (1756-1791), à *Nona Sinfonia* (Op. 125) de Ludwig van Beethoven (1770-1827) e, até mesmo, ao romance *Ulisses* de James Joyce (1882-1941) e

---

[6] CALDECOTT, Stratford. "A Graça dos *Vala*: O Filme *O Senhor dos Anéis*". Trad. Márcio Nicodemos. *COMMUNIO: Revista Internacional de Teologia e Cultura*, v. 28, n. 1 (Jan.-Mar. 2009), p. 210.

ao poema *A Terra Desolada*, de T. S. Eliot (1888-1965). A fantasia tolkieniana foi elogiada por vários literatos renomados, como, por exemplo, C. S. Lewis (1898-1963), W. H. Auden (1907-1973), Edmund Fuller (1914-2001), John Gardner (1933-1982), Marion Zimmer Bradley (1930-1999), Ursula K. Le Guin (1929-2018), George R. R. Martin, e J. K. Rowling, dentre outros. O impacto de *O Senhor dos Anéis* na cultura popular contemporânea foi imenso, servindo como modelo para a maioria das obras literárias do gênero de fantasia mitopoética, dentre as quais, além da própria criação da *Terra Média* de J. R. R. Tolkien, se destacam as *Crônicas de Nárnia*, de C. S. Lewis; o *Ciclo Terramar*, de Ursula K. Le Guin; *A Crônicas de Gelo*, de George R. R. Martin, e a série *Harry Potter*; de J. K. Rowling. A fantasia tolkieniana foi, similarmente, uma importante influência para a saga de filmes *Star Wars* [Guerra nas Estrelas], de George Lucas; para as criações artísticas de diversos ilustradores; para os jogos de RPG [Role-Playing Game]; e para os trabalhos musicais de diferentes bandas de rock progressivo ou de heavy metal, como Led Zeppelin, Rush, Marillion, Helloween, Megadeth e Mostly Autumn, bem como, para as composições do tecladista Rick Wakeman e da cantora Enya.

    Vale ressaltar, entretanto, que a importância de *O Senhor dos Anéis*, contudo, não se limita ao reconhecimento dos padrões literários pela crítica especializada, ao sucesso comercial e à influência cultural, pois a criação de J. R. R. Tolkien, também, tem sido objeto de inúmeros estudos acadêmicos respeitáveis nas áreas de Literatura, de Filosofia, de Teologia e de Política, por conta do rico simbolismo presente na saga que retrata importantes questões relativas aos juízos morais e à ação humana. Todos esses fatores fizeram o filólogo e literato britânico ser denominado pelo professor Tom Shippey de "o autor do século"[7]. Esteados tanto na noção kirkiana de "imaginação" quanto nos próprios fundamentos teóricos apresentados por J. R. R. Tolkien, no ensaio "On Fairy-Stories" [Sobre Estórias de Fadas][8], tivemos a oportunidade de analisar, as visões morais e as no-

---

7 SHIPPEY, Tom. *J. R. R. Tolkien: Author of the Century*. New York: Houghton Mifflin Company, 2000.
8 Em língua portuguesa o texto foi publicado em duas edições brasileiras diferentes, a saber: TOLKIEN, J. R. R. "Sobre Histórias de Fadas". *In*: *Sobre Histórias de Fadas*. Trad. Ronald

APRESENTAÇÃO À EDIÇÃO BRASILEIRA

ções de liberdade em *O Senhor dos Anéis*, em um longo ensaio acadêmico[9], publicado há quase uma década. Nesse estudo teórico, ressaltamos que o entendimento da imaginação moral tolkieniana, em grande parte, está subordinado a duas características biográficas intrínsecas do literato britânico. A primeira delas é a vida espiritual, visto que, durante toda a existência, Tolkien foi um fiel católico extremamente piedoso, guarnecido de uma profunda fé vivenciada plenamente na oração e nos sacramentos, o que deixou marcas profundas, mesmo que inconscientes, em suas criações literárias, ao ponto de que cogitar tais obras *"como algo apartado de sua igreja é, portanto, tão absurdo quanto pensá-las como algo separado de sua vida"*[10]. A segunda peculiaridade é a sua carreira profissional, dedicada ao estudo e ao magistério de Filologia, visto que o interesse do autor pelas origens das palavras e pela pesquisa de línguas antigas – como o grego, o latim, o anglo-saxão, o gaélico, o galês, o islândes e o finlandês – levaram-no à criação de novos idiomas, como o *quenya* (alto-élfico) e o *sindarin* (élfico-cinzento), que estão na origem da composição de *O Senhor dos Anéis*, entendido por Tolkien como *"um ensaio de estética linguística"*, pois tais narrativas *"foram feitas para proporcionar um mundo para as línguas que criara"*[11]. Em relação ao último desses aspectos, o profissional, ele próprio, em uma carta publicada, parcialmente, no *New York Times Book Review*, em 5 de junho de 1955, afirmou: *"Sou um filólogo e todo o meu trabalho é filológico. Evito passa-*

Kyrmse. São Paulo: Conrad, 2006. p. 9-89; Idem. "Sobre Histórias de Fadas". *In*: Árvore e Folha. Trad. Reinaldo José Lopes. Rio de Janeiro: Harper Collins, 2020. p. 17-88. Ver, também: LOPES, José Reinaldo. *A Árvore das Estórias: Uma proposta de tradução para* Tree and Leaf, *de J. R. R. Tolkien*. (Dissertação de mestrado orientada por Lenita Maria Rimoli Esteves). São Paulo: Universidade de São Paulo, 2006. O arquivo em formato PDF da dissertação está disponível on-line no seguinte endereço: <https://www.teses.usp.br/teses/disponiveis/8/8147/tde-10082007-154453/pt-br.php>. Acessado em 10/10/2020.

9 CATHARINO, Alex. "A Imaginação Moral de J. R. R. Tolkien e os Conceitos de Liberdade na Trilogia *O Senhor dos Anéis*". *MISES: Revista Interdisciplinar de Filosofia, Direito e Economia*, v. I, n. 1 (Jan.-Jun. 2013), p. 215-74. O arquivo em PDF está disponível on-line em: <https://www.revistamises.org.br/misesjournal/article/view/215>. Consultado em 10/10/2020.

10 EDWARDS, Owen Dudley. "Gollum, Frodo e o Romance Católico". Trad. Márcia Xavier de Brito. *COMMUNIO: Revista Internacional de Teologia e Cultura*, v. 28, n. 1 (Jan.-Mar. 2009), p. 187.

11 MARTINS FILHO, Ives Gandra da Silva. "Cristianismo no mundo do Senhor dos Anéis: A perspectiva cristã na obra de J. R. R. Tolkien". *COMMUNIO: Revista Internacional de Teologia e Cultura*, v. 26, n. 3 (Set.-Dez. 2007). p. 617.

tempos porque sou uma pessoa muito séria e não consigo distinguir entre divertimento particular e obrigação. Sou afável, mas insociável. Trabalho apenas para divertimento particular, uma vez que acho minhas obrigações particularmente divertidas"[12]. No entanto, assim como ocorre em parcela significativa dos escritos de G. K. Chesterton (1974-1936), a questão religiosa é algo preeminente na fantasia tolkieniana, tal como fica explícito na análise do presente volume, bem como em diversos outros trabalhos[13].

Indubitavelmente, o livro *O Mito Santificador de J. R. R. Tolkien: Interpretando a Terra Média*, de nosso estimado amigo Bradley J. Birzer, é referência obrigatória para quem deseja compreender melhor a fantasia tolkieniana. É uma grande alegria para nós termos podido colaborar, efetivamente, para que este importante estudo, do eminente historiador norte-americano, esteja disponível em língua portuguesa. Nascido em 6 de setembro de 1967, na cidade Hutchinson, no estado do Kansas, tendo cursado a graduação na University of Notre Dame, em South Bend, em Indiana, e obtido o Ph.D. em História pela Indiana University, em Bloomington, em Indiana, atualmente Bradley J. Birzer ocupa a cátedra Russell Amos Kirk de estudos americanos do Hillsdale College, na cidade de Hillsdale, em Michigan, sendo esta uma prestigiosa instituição de ensino superior, principalmente, voltada para o estudo das artes liberais, bem como, reconhecida por ser uma das principias opções de formação acadêmica, nos Estados Unidos, tanto para conservadores quanto para libertários. Assim como o percurso que levou o autor a escrever o presente livro foi uma jornada, de mais de vinte anos, nosso envolvimento com este trabalho é fruto de diversas peregrinações ao longo

---

12 TOLKIEN, J. R. R. *As Cartas de J. R. R. Tolkien*. Org. Humphrey Carpenter, com a assistência de Christopher Tolkien; trad. Gabriel Blum Oliva. Curitiba: Arte e Letra Editora. 2006. p. 209. Para uma análise mais detalhada sobre os fundamentos filológicos e as bases literárias da ficção tolkieniana, ver: SHIPPEY, Tom. *The Road to Middle-Earth: How J. R. R. Tolkien Created a New Mythology*. New York: Houghton Mifflin Company, 2003.
13 Dentre as inúmeras obras que analisam os fundamentos católicos da saga *O Senhor dos Anéis*, elencamos as seguintes, como mais significativas: PEARCE, Joseph. *Tolkien, Man and Myth: A Literary Life*. San Francisco: Ignatius Press, 1998; CALDECOTT, Stratford. *The Power of the Ring: The Spiritual Vision behind* The Lord of the Rings *and* The Hobbit. New York: Crossroad Book, 2nd Rev. ed., 2012; KREEFT, Peter. *The Philosophy of Tolkien: The Worldview behind* The Lord of the Rings. San Francisco: Ignatius Press, 2005.

APRESENTAÇÃO À EDIÇÃO BRASILEIRA

das últimas duas décadas, sendo o professor Birzer, há quase dez anos, um querido amigo e parceiro em diferentes projetos. De acordo com o espírito tolkieniano de narrativas fundadas em amizades, descreveremos o processo que possibilitou que a presente obra fosse lançada, em português, como oitavo volume do Clube Ludovico.

Conhecemos pessoalmente o professor Bradley Birzer em uma fria manhã de janeiro do ano de 2011, na biblioteca do Russell Kirk Center for Cultural Renewal, na cidade de Mecosta, em Michigan, sendo apresentados por Annette Kirk, viúva de Russell Kirk e presidente da instituição. Todavia, o nosso primeiro contato com a edição em inglês de *J. R. R. Tolkien's Sanctifying Myth: Understanding Middle-earth*[14] foi em 2002, mesmo ano de seu lançamento, quando ao participarmos de um seminário sobre o pensamento tolkieniano, ministrado por Joseph Pearce, na Seton Hall University, na cidade de South Orange, em New Jersey, fomos presenteados com um exemplar da obra pelo presidente do G. K. Chesterton Institute for Faith and Culture, o dileto padre Ian Boyd, C.S.B., nosso orientador nos estudos chestertonianos. Em um evento da mesma instituição, realizado no Brasil, em parceria com a *COMMUNIO: Revista Insternacional de Teologia e Cultura*, no ano de 2008, ganhamos de presente do professor Dermot Quinn, meu primeiro guia na análise do pensamento de Christopher Dawson (1889-1970), um exemplar do livro *Sanctifying the World: The Augustinian Life and Mind of Christopher Dawson*[15], também, escrito por Bradley Birzer. Finalmente, em 2010, Annette Kirk nos deu um exemplar de *American Cicero: The Life of Charles Carroll*[16], do mesmo autor. Desde modo, quando tivemos o primeiro contato pessoal com o professor Birzer, já conhecíamos os seus três livros publicados até a ocasião, o que o impressionou bastante, sendo um dos elementos para o início de uma duradoura amizade, sedimentada não apenas pelos estudos de Dawson, de Eliot, de Tolkien e de Kirk, mas, identicamente, pela paixão comum por rock progres-

---

14 BIRZER, Bradley J. *J. R. R. Tolkien's Sanctifying Myth: Understanding Middle-earth*. Pref. Joseph Pearce. Wilmington: ISI Books, 2002.
15 Idem. *Sanctifying the World: The Augustinian Life and Mind of Christopher Dawson*. Front Royal: Christendom Press, 2007.
16 Idem. *American Cicero: The Life of Charles Carroll*. Wilmington: ISI Books, 2010.

sivo. Na época em que iniciamos nossos contatos, o Brad trabalhava em uma pesquisa, na qual tivemos o imenso privilégio de colaborar, para a escrita do monumental *Russell Kirk: American Conservative*[17], sobre o qual, ao longo de quase cinco anos debatemos pessoalmente em diversas ocasiões, bem como em inúmeras conversas virtuais, o que foi muito útil, ademais, para a elaboração de nosso pequeno livro *Russell Kirk: O Peregrino na Terra Desolada*[18]. Desde nosso primeiro contato, em 2002, expressamos o desejo de editar o presente volume em língua portuguesa, o que agora, em 2020, se tornou possível graças à iniciativa salutar do Clube Ludovico.

O Mito Santificador de J. R. R. Tolkien: Interpretando a Terra Média, de Bradley J. Birzer, é o título que, provavelmente, consegue dialogar com a maioria dos demais volumes lançados pelo Clube Ludovico até o presente momento. Tal como expresso em uma passagem do referente trabalho, o filósofo e estadista irlandês Edmund Burke (1720-1797) foi *"um dos pensadores favoritos de J. R. R. Tolkien"*[19], o que torna o livro *Extratos das Obras Políticas & Econômicas de Edmund Burke*[20], organizado, traduzido e prefaciado por José da Silva Lisboa (1756-1835), Visconde de Cairu, uma leitura indispensável. Nosso finado mentor James V. Schall, S.J. (1928-2019), em diferentes trechos de *A Vida da Mente: Sobre as Alegrias e os Dissabores do Pensar*[21], utiliza exemplos retirados da fantasia tolkieniana para ilustrar a sabedoria, a alegria e o maravilhamento que o cultivo disciplinado do intelecto pode ocasionar. O estoicismo apresentado nos escritos de Sêneca (4 a.C.-65 AD), de Epiteto (50-138) e de Marco Aurélio (121-180) em *A Sabedoria dos Estoicos: Escritos Selecionados de Sêneca, Epiteto e Marco Aurélio*[22], organizado por Henry Hazlitt (1894-1993) e Frances Kanes

---

17   Idem. *Russell Kirk: American Conservative*. Lexington: University Press of Kentucky, 2015.
18   CATHARINO, Alex. *Russell Kirk: O Peregrino na Terra Desolada*. Pref. Luiz Felipe Pondé. São Paulo: É Realizações, 2015.
19   A citação se encontra na página 47 da introdução do presente volume.
20   BURKE, Edmund. *Extratos das Obras Políticas & Econômicas de Edmund Burke*. Ed., trad. e pref. José da Silva Lisboa; apres. e notas Alex Catharino. São Paulo: LVM Editora, 2020. (Clube Ludovico, V. 1).
21   SCHALL, S.J., James V. *A Vida da Mente: Sobre as Alegrias e os Dissabores do Pensar*. Trad. Márcia Xavier de Brito. São Paulo: LVM Editora, 2020. (Clube Ludovico, V. 3).
22   *A Sabedoria dos Estoicos: Escritos Selecionados de Sêneca, Epiteto e Marco Aurélio*. Org. e intr. Henry Hazlitt e Frances Kanes Hazlitt; trad. Paulo Polzonoff. São Paulo: LVM Editora, 2020. (Clube Ludovico, V. 5).

APRESENTAÇÃO À EDIÇÃO BRASILEIRA

Hazlitt, oferecem um caminho, fundado no exercício das virtudes e da razão, que está de acordo com muitos aspectos das mensagens apresentadas por Birzer, por Burke e por Schall, que forma uma espécie de tetralogia em defesa da ordem moral interior da pessoa e da ordem política externa da comunidade. O único título que, em maior grau, destoa da presente obra é *A Virtude do Egoísmo*[23], de Ayn Rand (1905-1982), que tomado de uma grotesca forma reducionista poderia ser erroneamente interpretado como um manual para a formação de Orcs, o que não está de acordo com os verdadeiros princípios do objetivismo, mesmo que o pensamento randiano seja muito distindo da imaginação tolkieniana. Por fim, a visão política apresentada em *O Senhor dos Anéis*, tal como explicitado tanto neste livro quanto em nosso ensaio acadêmico supra-mencionado, é uma crítica severa ao crescimento da esfera governamental em detrimento das liberdades individuais e das comunidades locais, que caracteriza no século XX o intervencionismo estatal não apenas dos regimes totalitários, mas, também, das experiências democráticas, como apresentado nas obras *Governo Onipotente: A Ascenção do Estado Total e da Guerra Total*[24], de Ludwig von Mises (1881-1973); *O Caminho da Servidão*[25], de F. A. Hayek (1899-1992); e *O Mito do Eleitor Racional: Por que as democracias elegem maus governos*[26], de Bryan Caplan. Esperamos que *O Mito Santificador de J. R. R. Tolkien: Interpretando a Terra Média*, de Bradley J. Birzer, desperte a imaginação moral dos assinantes do Clube Ludovico, ao oferecer uma passagem para um universo sacramental de alegria, de beleza e de sabedoria.

Alex Catharino
São Paulo, SP
Festa de São Paulino de York
10 de outubro de 2020

---

23 RAND, Ayn. *A Virtude do Egoísmo*. Apres. Dennys Garcia Xavier; trad. Matheus Pacini. São Paulo: LVM Editora, 2020. (Clube Ludovico, V. 5).
24 MISES, Ludwig Von. *Governo Onipotente: A Ascenção do Estado Total e da Guerra Total*. Trad. Pedro Sette-Câmara. São Paulo: LVM Editora, 2020. (Clube Ludovico, V. 2).
25 HAYÈK, F. A. *O Caminho da Servidão*. Apres. George Orwell; pref. Milton Friedman; posf. Peter Boettke; trad. Anna Maria Capovilla, José Ítalo Stelle e Liane de Morais Ribeiro. São Paulo: LVM Editora, 2020. (Clube Ludovico, V. 4).
26 CAPLAN, Bryan. *O Mito do Eleitor Racional: Por que as democracias elegem maus governos*. Trad. Paulo Polzonoff. São Paulo: LVM Editora, 2020. (Clube Ludovico, V. 7).

Prólogo

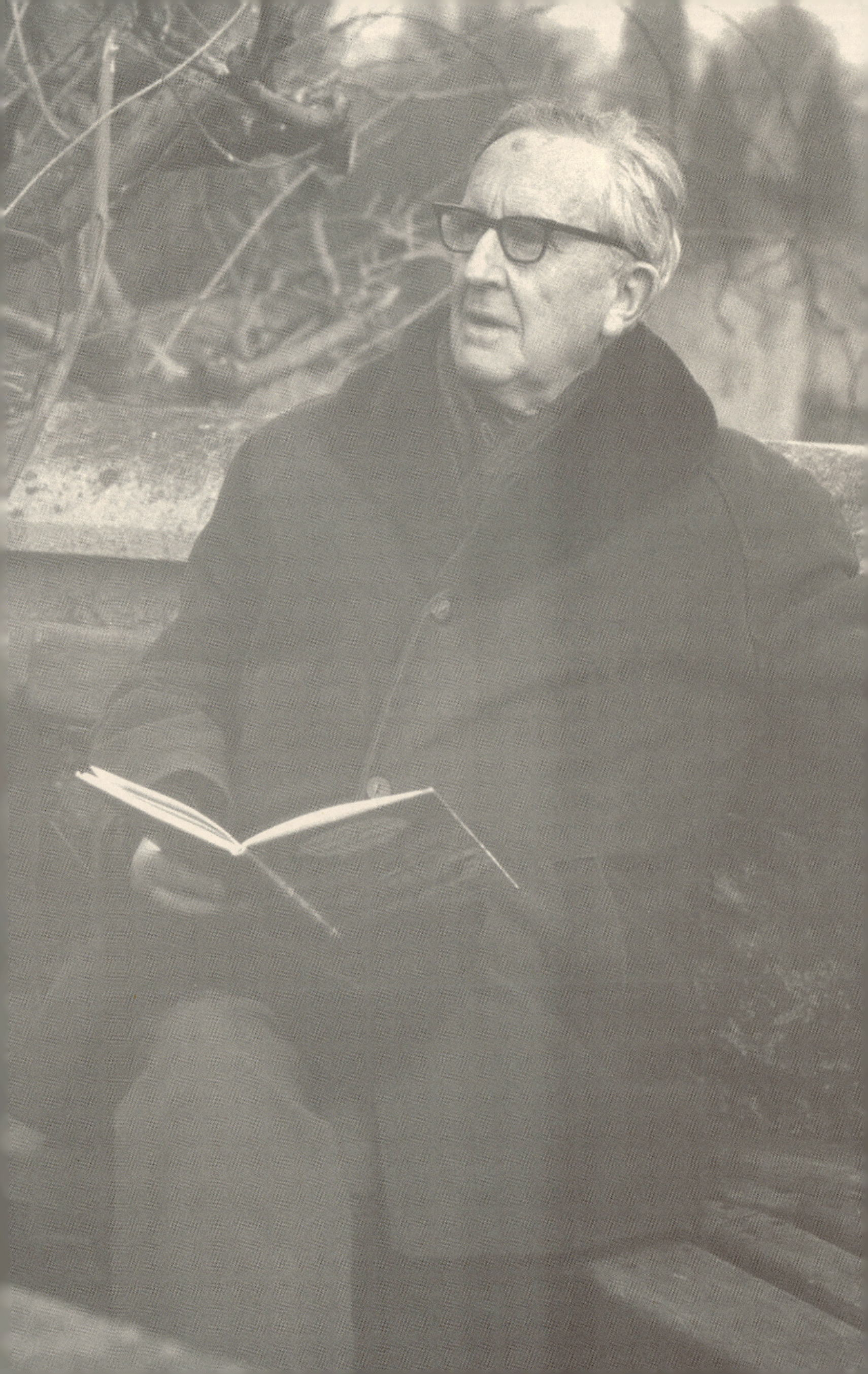

Prólogo
À Edição Norte-americana

A popularidade fenomenal da obra *The Lord of the Rings* [*O Senhor dos Anéis*], de J. R. R. Tolkien (1892-1973), continua a ser brindada com cólera e desprezo por muitos dos pretensos "especialistas" em Literatura. Raras vezes um livro causou tamanha controvérsia e, raro, tem a acrimônia da crítica de tal modo acentuada a criar um cisma cultural entre os facciosos "iluminados" literários e as opiniões do público leitor.

Talvez valha a pena ressaltar que a maioria dos supostos "especialistas" entre os literatos que se enfileiraram para escarnecer com indiferença de *O Senhor dos Anéis* é defensora manifesta da desconstrução cultural e do relativismo moral. Grande parte deles trataria as afirmações do cristianismo, em geral, e da Igreja Católica, em particular, com o mesmo frio desdém com que caçoaram de J. R. R. Tolkien. De fato, o antagonismo que demonstram poderia relacionar-se ao fato de o mito de Tolkien ser enriquecido, por toda a parte, com indícios da fé católica.

Segundo a própria "escala de importância" de J. R. R. Tolkien, francamente expressa em uma carta escrita pouco após a publicação de *O Senhor dos Anéis*, sua fé católica foi a influência mais importante ou mais "significativa" ao escrever a obra. Portanto, não só é errôneo, mas perversão patente, compreender o épico de Tolkien como outra coisa senão um mito especificamente cristão. Assim sendo, a presente obra surge como ratificação valiosa e oportuna da dimensão profundamente cristã da obra de um homem que, talvez, seja o autor mais importante do século XX.

O professor Bradley J. Birzer enfrenta o próprio conceito de "mito" e segue com a discussão da filosofia do mito de J. R. R. Tolkien, arraigada, como é, no relacionamento entre Criador e criatura e, por consequência, no relacionamento entre criação e subcriação. Nesse estudo, rigorosamente pesquisado e ricamente escrito, o autor nos ajuda a compreender as bases teológicas do mundo mitológico da Terra Média e nos permite ver que o épico de Tolkien ultrapassa a mera "fantasia" até os profundos círculos da metafísica. Longe de ser uma fantasia escapista, *O Senhor dos Anéis* é apresentado como um *thriller* teológico.

O desenvolvimento da filosofia do mito de Tolkien deriva diretamente de sua fé cristã. Na verdade, para empregar um trocadilho, Tolkien é um homem mal-entendido precisamente porque é mito-entendido. Compreende a natureza e o significado do mito de uma maneira que não foi alcançada pelos críticos. É nessa má-compreensão por parte dos detratores que se encontra na própria raiz do insucesso da apreciação da obra. Para a maior parte dos críticos modernos, mito é apenas outra palavra para mentira ou falsidade, algo que, intrinsecamente, não é verdadeiro. Para Tolkien o mito tem, praticamente, o sentido oposto. É a única maneira de poder expressar certas verdades transcendentes de forma inteligível. Essa filosofia paradoxal estava destinada a ter uma influência decisiva e profunda sobre C. S. Lewis (1898-1963), a facilitar sua conversão ao cristianismo. É interessante – na verdade, espantoso – notar que sem J. R. R. Tolkien não poderia ter existido um C. S. Lewis, ao menos não o C. S. Lewis que veio a ser conhecido e amado em todo o mundo como o formidável apologeta cristão e autor de mitos cristãos sublimes.

Integrante da filosofia tolkieniana do mito era a crença de que a criatividade é a marca da imagem divina de Deus no homem. Deus,

PRÓLOGO À EDIÇÃO NORTE-AMERICANA

como criador, difundiu o dom da criatividade aos homens, criaturas feitas à sua própria imagem. Somente Deus pode criar no sentido primário, isto é, por trazer à existência algo do nada. O homem, contudo, pode subcriar ao moldar o material da criação em obras de beleza. Música, arte e literatura são, todos, atos de subcriação a expressar a essência divina no homem. Desse modo, os homens partilham o poder criador de Deus.

Essa visão sublime encontra expressão (sub)criativa nas páginas iniciais de *O Silmarillion*, a obra enigmática e inacabada que dá forma aos fundamentos teológico e filosófico sobre os quais, e o arcabouço mitológico em que *O Senhor dos Anéis* é estruturado.

O Silmarillion se aprofundou no passado da Terra Média, o mundo subcriado de Tolkien e a paisagem de lendas recontadas em suas páginas formam as vastas entranhas do mito do qual nasceu *O Senhor dos Anéis*. De fato, a obra magna de Tolkien não teria nascido de modo algum se não tivesse criado primeiro, n'*O Silmarillion*, o mundo, as entranhas, em que ele foi concebido.

A parte mais importante de *O Silmarillion* é o relato da criação da Terra Média pelo "Único". Essa criação do mito talvez seja a mais significativa e a mais bela de todas as obras de Tolkien. Vai aos fundamentos de sua visão criativa e diz muito a respeito do próprio Tolkien; nalgum lugar das primeiras páginas de *O Silmarillion* devemos encontrar o homem por trás do mito e o mito por trás do homem.

O "mito" por trás de Tolkien era, é claro, o cristianismo católico, o "verdadeiro mito" e pouco surpreende que a própria versão de Tolkien da criação em *O Silmarillion* traz uma semelhança enorme com a história da criação no livro do Gênesis.

> Havia Eru, o Uno, que em Arda é chamado Ilúvatar; e ele fez primeiro os Ainur, os Sacros, que eram os rebentos de seu pensamento e estavam com eles antes de qualquer outra coisa fosse feita[27].

---

27 TOLKIEN, J. R. R. *O Silmarillion*. Trad. Reinaldo José Lopes. Rio de Janeiro: Harper Collins, 2020. p. 39.

No princípio era Eru, o Uno, que na língua Elfica tem o nome de Ilúvatar, fez os Ainur de seu pensamento; eles fizeram uma grande Música diante dele, dessa música, o mundo começou; pois Ilúvatar tornou visível a canção dos Ainur, e eles a contemplaram como uma luz na escuridão[28].

Esse é, portanto, o fundamento teológico sobre o qual todo o edifício da Terra Média é erguido. A desarmonia foi trazida ao cosmo quando Melkor, um dos Sagrados, ou Arcanjos, decide desafiar a vontade do Criador, o que reflete a queda de Satã. Essa desarmonia é o início do mal. Novamente, o mito tolkieniano segue o "verdadeiro mito" do cristianismo com precisão alegórica.

Logo após descrever a rebelião de Melkor, Tolkien introduz Sauron, o Senhor das Trevas de *O Senhor dos Anéis*. Sauron é descrito como um "espírito" e o maior dos servos de Melkor, pseudônimo de Morgoth: *"nos anos que vieram depois, ele ergueu-se como uma sombra de Morgoth e como um fantasma de sua malícia, e caminhou a segui-lo na mesma senda ruinosa rumo ao fundo do do Vazio"*[29].

Assim, os poderes do Mal em *O Senhor dos Anéis* são especificados como descendentes diretos do Satã de Tolkien, o que torna impossível, ou de qualquer modo implausível, coisa outra senão uma interpretação cristã do livro. Na escuridão impenetrável do Senhor das Trevas e seus servos abismais, os "espectros do Anel", sentimos a realidade objetiva do mal. Sauron e seus servos nos confrontam e nos afrontam com a presença nauseabunda da ausência real da bondade. Nessa descrição da potência do mal, J. R. R. Tolkien apresenta ao leitor um buraco negro metafísico muito mais desconcertante do que a visão altiva do poeta inglês John Milton (1608-1674), em *Paradise Lost* [*Paraíso Perdido*], de Satã como "escuridão visível".

Tolkien, entretanto, é igualmente eficaz na descrição da bondade. Na humildade singela dos hobbits, vemos a exaltação dos humildes. No heroísmo relutante deles, vemos a coragem enobrecida pela modéstia. Na imortalidade dos elfos, na tristeza e sabedoria

---

28 Idem. *Ibidem.*, p. 51.
29 Idem. *Ibidem.*, p. 59.

Prólogo à Edição Norte-americana

melancólica que a imortalidade neles evoca, experimentamos um indício de que a mortalidade do homem é um dom de Deus, um dom que põe fim ao seu exílio na vida mortal desse "vale de lágrimas" e o permite, na morte, alcançar uma união mística com o divino, além do alcance do tempo.

Em Gandalf vemos a prefiguração arquetípica de um profeta poderoso, ou um patriarca, um vidente que tem uma visão do reino além do entendimento dos homens. Por vezes, é quase como o Cristo. Dá sua vida pelos amigos e sua misteriosa "ressurreição" resulta em transfiguração. Antes de sua "morte" auto-sacrificada é Gandalf, o Cinzento; após a "ressurreição", reaparece como Gandalf, o Branco, munido de poderes maiores e de sabedoria mais profunda.

Na verdadeira realeza, embora exilada, de Aragorn, temos vislumbres de esperança da restauração de uma autoridade verdadeiramente ordenada, isto é, católica. A pessoa que Aragorn representa, a personificação do anseio arturiano e jacobita – o desejo visionário pelo "retorno do rei" após uma eternidade de exílio. A "espada partida", o símbolo da realeza de Aragorn, é novamente forjada no momento da unção – uma lembrança potente da união de Excalibur com a cristandade que é destinada a servir. E, é claro, no desejo do retorno do rei temos o desejo de todos os cristãos da segunda vinda de Cristo, o verdadeiro Senhor de todas as coisas.

De modo significativo, o papel dos homens n'*O Senhor dos Anéis* reflete sua natureza divina, ainda que decaída. São encontrados entre os servos do Inimigo, muitas vezes seduzidos pelos enganos nas veredas do mal, mas sempre capazes de arrependimento e, consequentemente, de redenção. Boromir, que representa o homem em *A Sociedade do Anel*, sucumbe à tentação de usar o anel, isto é, as forças do mal, na crença ingênua de que poderia ser manejado como uma arma poderosa contra Sauron. Por fim, reconhece o erro de tentar buscar usar mal contra mal. Morre, heroicamente, ao dar sua vida pelos amigos em espírito de arrependimento.

Em última análise, *O Senhor dos Anéis* é uma peça sobre a Paixão de mística sublime. Portar o anel – o símbolo do pecado – é o carregar da cruz. A jornada mitológica é uma verdadeira Via Dolorosa. A teologia católica, explicitamente presente n'*O Silmarilion* e presente, implicitamente, n'*O Senhor dos Anéis* é onipresente em ambos, insuflando de vida os contos, de modo tão invisível, mas tão certo quanto o oxigênio. Infelizmente, os que são cegos à Teologia continuarão a ser cegos para aquilo que é mais belo em *O Senhor dos Anéis*.

Este livro permitirá que os cegos vejam e ajudará os parcialmente cegos a ver com mais clareza a plenitude da beleza da Terra Média. Como um guia para os que querem conhecer mais a respeito do poder santificador da Terra Média, este volume provar-se-á inestimável. A pura magnificência da visão mitológica de Tolkien e a mística e teologia cristã que lhe confere vida são elucidadas com clareza pelo professor Birzer nos capítulos sobre "Mito e subcriação", "A Ordem Criada", "Heroísmo", "A Natureza do Mal" e "A Proclamação da Natureza da Graça". Há também um capítulo excelente e cativante sobre o relacionamento da Terra Média e a modernidade, em que o professor Birzer combina sua erudição como historiador com a base em filosofia e teologia para posicionar a subcriação de Tolkien nos contextos sociopolítico e cultural apropriados.

Tendo o professor Bradley J. Birzer como guia extremamente capaz, o leitor mergulhará no mundo de J. R. R. Tolkien, num reino de verdades emocionantes que podem não ter sido percebidas antes. Ao ser conduzido, como a sociedade do anel, às profundezas de Mordor e além, pode até vir a perceber que as verdades emocionantes que assinalam levam à mais excitante de todas as verdades. No fundo, pode, por fim, compreender que a jornada, de fato, é uma peregrinação.

Joseph Pearce
Ypsilanti, Michigan
Festa de Santo Osvaldo de Nortúmbria
5 de agosto de 2002

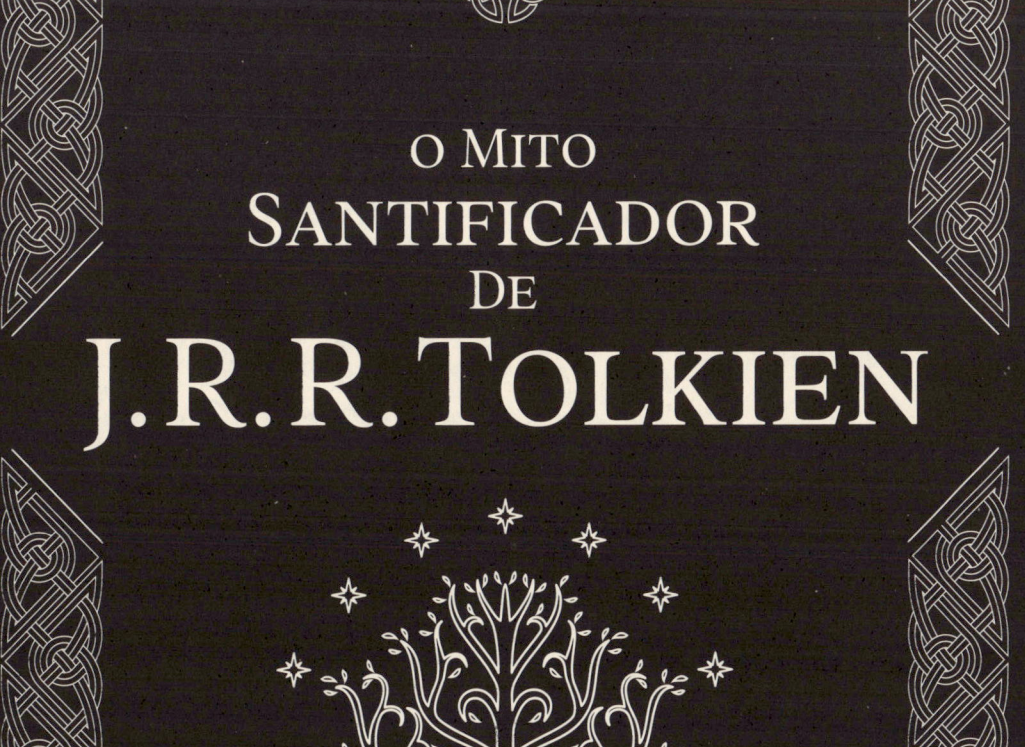

O Mito
Santificador
De
J.R.R. Tolkien

Para Rita, Kevin e Todd Birzer, que comigo partiram ao coração de Mordor.

Que todos possamos, um dia, nos encontrar no Reino bendito.

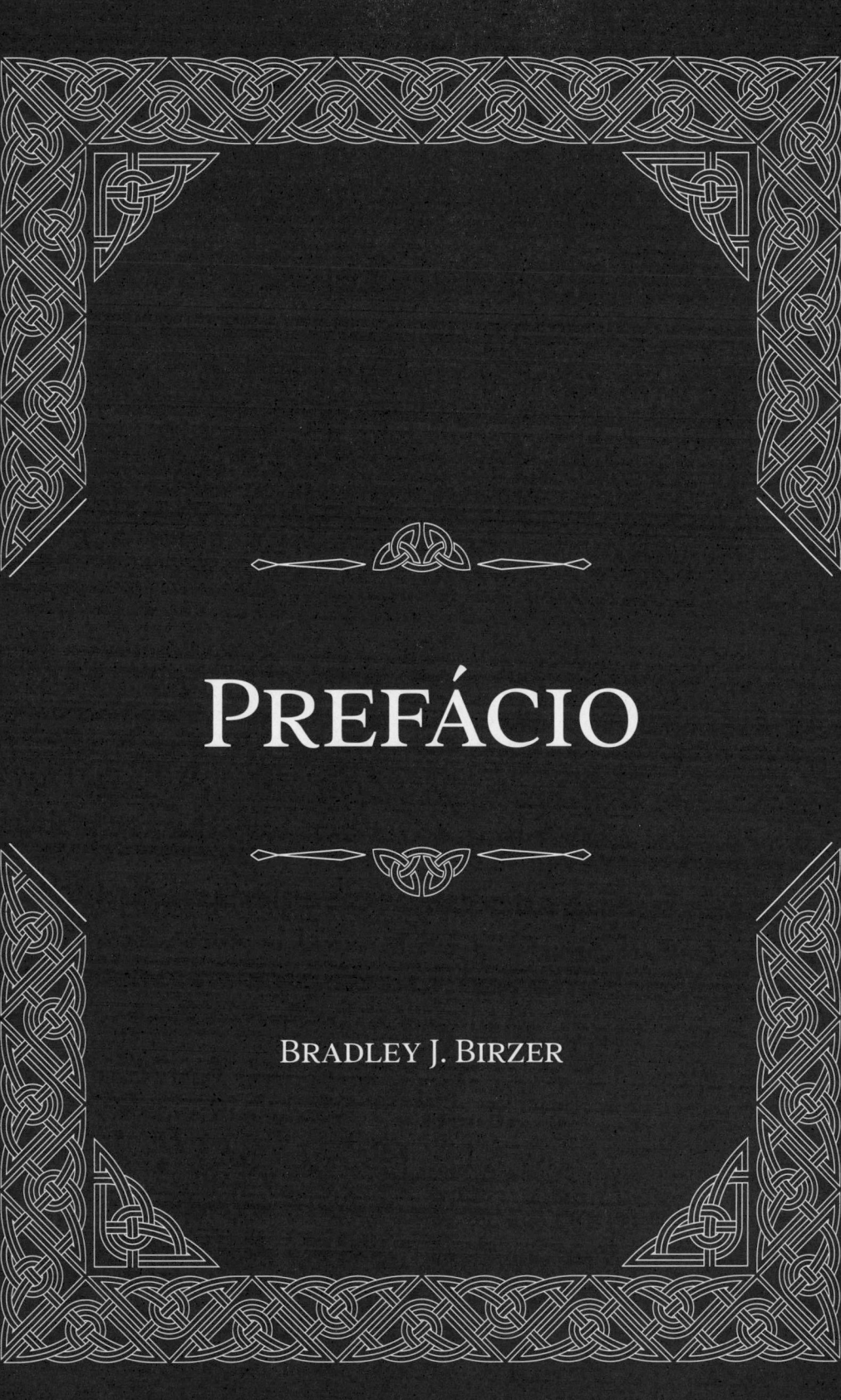

Prefácio

Bradley J. Birzer

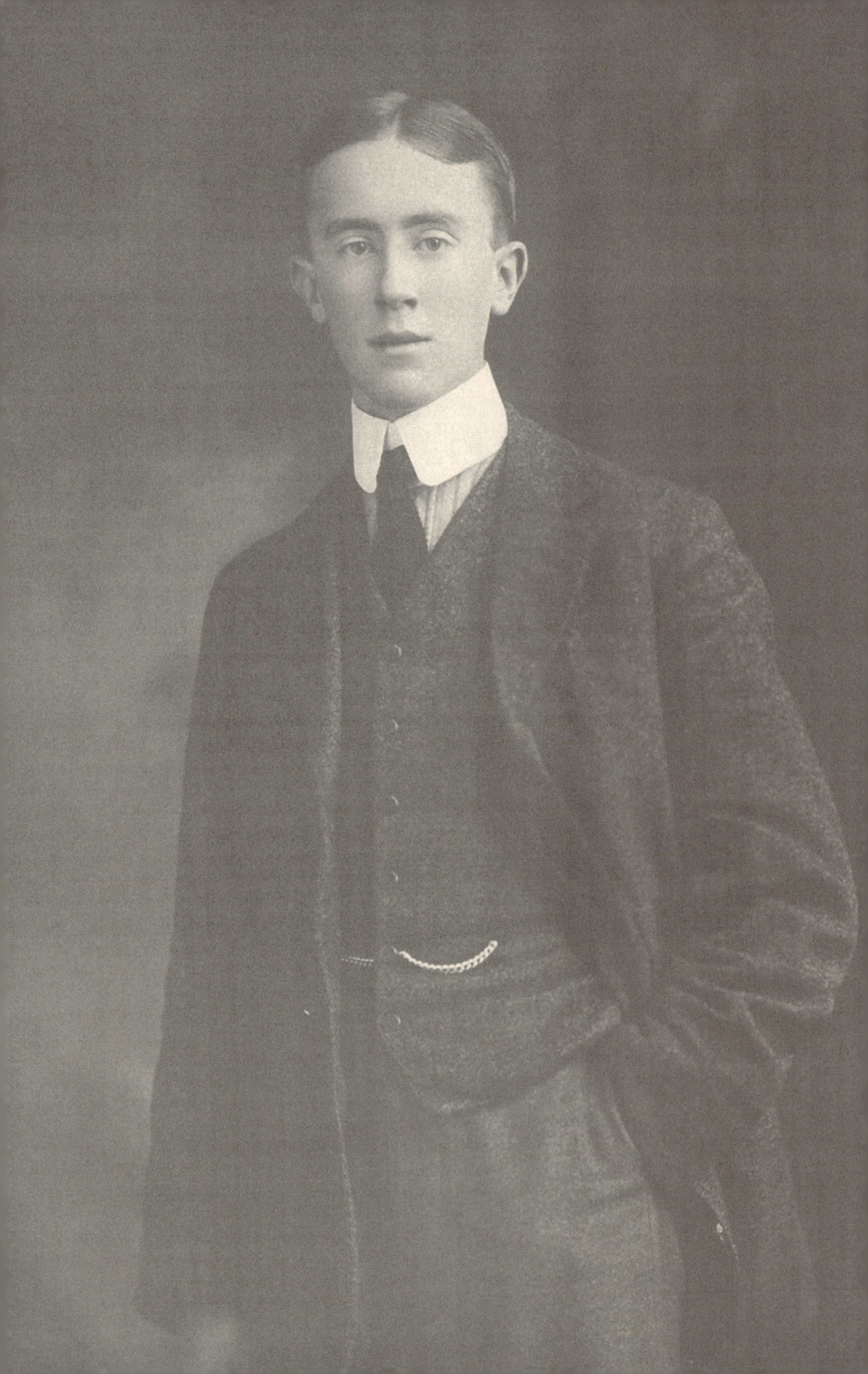

Prefácio

do Autor

Meu irmão mais velho, Kevin, ganhou a primeira edição de *O Silmarillion* por ocasião de seu aniversário, no outono de 1977. Na época, eu tinha apenas dez anos, mas sabia que era um acontecimento importante. O presente novo parecia quase bíblico. Achei a capa, uma das pinturas do próprio J. R. R. Tolkien (1892-1973), *O Caminho da Montanha*, especialmente fascinante, embora parecesse sentir que o doutor de Oxford estava me convidando para o que chamava de "reino perigoso". Mesmo aos dez anos, sabia que era o caminho para um mundo além de qualquer coisa que experimentara ao ser educado na parte central do Kansas.

    O presente livro começa, num certo sentido, durante o verão de 1979, enquanto preparava-me para ingressar no sexto ano do ensino elementar da Holy Cross Elementary School. Naquele verão, economizei o dinheiro que ganhei aparando grama, fui de bicicleta até a livraria Crossroads, em Hutchinson, Kansas, e comprei o *box* de *O Hobbit* e *O Senhor dos Anéis*. Eu os devorei. Amei Tolkien e até mesmo fiz orações por ele, junto com as preces para meu finado pai, todas as noites, antes de deitar-me. Naquela idade, é claro, não extraía um significado profundo de Tolkien além de que deveríamos ser pessoas boas e fazer a coisa certa. Não obstante, Tolkien e suas (boas) personagens moldaram muito meu modo de pensar na adolescência e, de fato, serviram como modelos de ideal nobre e cristão para toda a vida. Também me lembro de visitar meus avós em Hays, Kansas, durante o sétimo ano, e tentar ler *O Silmarillion*. Com exceção do capítulo inicial sobre a criação de Arda, que achei ser de beleza intensa e espiritual (e ainda acho), o livro teve pouca importância para mim. Não conseguiu abranger um forte drama como conseguira *O Senhor dos Anéis*. Leio os poucos capítulos de abertura de *O Silmarillion* várias vezes, mas nunca fui além da história de Ilúvatar e o conflito com Melkor.

Oito anos depois, escrevi um artigo sobre o catolicismo de J. R. R. Tolkien para o dr. Kenneth M. Sayre da University of Notre Dame. Fiquei chocado com o quanto perdera aos onze anos. Para ser mais exato, captei a essência de Tolkien, mas perdera nuances importantes: que o anel representava o pecado, que as lembas eram o Santíssimo Sacramento, que Galadriel era a Virgem Maria. É claro, nos anos entre a primeira leitura e a segunda, eu perdera e depois reconquistara minha fé de infância. Outros nove anos se passaram até que meu irmão mais velho, Todd, após terminar a obra, convenceu-me a lê-la novamente. Estava imerso, naquela época, na minha tese de doutorado, na Indiana University, sobre a fronteira norte-americana e a história dos índios, e nada mais parecia tão importante. No entanto, de regra, sigo os conselhos de Todd. Peguei a trilogia mais uma vez e J. R. R. Tolkien atingiu-me como "um raio num céu claro", como C. S. Lewis (1898-1963) descrevera apropriadamente sua própria experiência ao ler Tolkien. Também comecei a fazer novas ligações.

Tolkien, descobri rapidamente, se enquadra, de modo próprio e claro, no molde de inúmeros humanistas cristãos do século XX e de escritores e pensadores antimodernistas, tais como Christopher Dawson (1889-1970), Romano Guardini (1885-1968), Étienne Gilson (1884-1978), Eric Voegelin (1901-1985), Russell Kirk (1918-1994) e T. S. Eliot (1888-1965). Cada um deles, creio, quis evitar que o desmoronamento do mundo ocidental do século XX o fizesse cair integral-

Prefácio do Autor

mente no abismo, e sou profundamente grato a cada um pelos esforços acadêmicos e pela coragem diante da oposição extremamente secular e ideológica.

Quando exprimi meu entusiasmo, recém-descoberto, por J. R. R. Tolkien ao meu amigo íntimo, Winston Elliott III, presidente do Center for the American Idea, em Houston, no Texas, ele encorajou-me a dar palestras sobre o assunto nos vários programas da instituição. Outro membro deste centro, Gleaves Whitney, que na ocasião terminava, na University of Michigan, uma tese de doutorado sobre humanismo cristão, aconselhou-me a fazer o mesmo. Segui o conselho deles e tenho trabalhado com Tolkien, crendo ser ele um homem sério e um escritor digno de análise acadêmica, não algo simplesmente nostálgico. De fato, não posso imaginar minha própria evolução intelectual (assim como ela é, com suas muitas limitações) na última década, sem reconhecer o incentivo deles – intelectual, moral e espiritual.

Devo agradecer a muitas outras pessoas, dentre elas, os vários membros da Hillsdale College Tolkien Society, em especial: dr. Donald Turner, Melinda Dille, Philip Nielsen, Nicholas Brown, James Sherk e Christopher Neuendorf; aos amigos e à família que leu os rascunhos e comentou as primeiras versões dos capítulos, em particular, ao meu irmão Todd, Melinda Dille (quem, juntamente com minha mulher, revisou todo o texto), Kevin McCormick e Lisa Moreno; David Bratman da Stanford University, que ofereceu-me várias sugestões úteis no capítulo 2; os muitos amigos do Intercollegiate Studies Institute (ISI), em especial, Jeremy Beer, Jason Duke, Jeff Nelson, Jeff Cain, e o almirante Mike Ratliff; Philip Nielsen e Nicholas Brown por auxiliarem-me na pesquisa; Judy Leising da biblioteca do Hillsdale College por encontrar fontes úteis em abundância via empréstimos entre bibliotecas; Christopher Mitchell e a equipe do Wade Center no Wheaton College, em Illinois; Matt Blessing, arquivista-chefe dos Tolkien's Papers na biblioteca da Marquette University e várias outras pessoas por oferecer ajuda de muitas outras maneiras, dentre elas, Bill Ratliff, John Dichtl, Annette Kirk, Michal Semin, Patrick Curry, Tom Shippey, Joseph Pearce e Susannah Pearce, Bud Macfarlane Jr. e Pieter Vree. Devo um agradecimento especial ao reitor do Hillsdale College, Bob Blackstock e ao reitor de meu departamento, Tom Conner, por proporcionar uma bolsa de pesquisa de verão em 2001, fundos e tempo que me permitiram pesquisar e escrever este livro. Por fim, preciso reconhecer minha dívida com vários acadêmicos que muito influenciaram meu modo de pensar a respeito de J. R. R. Tolkien: Jane Chance, Patrick Curry, Verlyn Flieger, Clyde Kilby, Joseph Pearce e Tom Shippey.

Meu maior agradecimento é para minha mulher, Dedra, e para meus filhos, Nathaniel e Gretchen. Dedra nunca percebeu com que tolkienista se casara, embora rapidamente ela mesma tenha se tornado um deles. E Nathaniel, com três anos em março de 2002, sabia a diferença muito importante entre Gandalf e Dumbledore. Gretchen, um ano feito em janeiro do mesmo ano, assim como, desde então, o projeto acadêmico. Devo a cada um – bem como à mulher de Winston Elliott III, Barbara Elliott e seu colega, John Rocha – muitíssimo, por ajudarem-me a perceber que a criança de 2002 está mais interessada nos *Veggie Tales* e que, por enquanto, o pai concorda com isso. Cada um, no entanto, abriu mão de um tempo considerável de brincadeiras e de espaço para que eu pesquisasse, pensasse e escrevesse, embora aprecie toda e qualquer distração que me proporcionem, e sempre assim o farei.

Bradley J. Birzer
Fayette Township, Michigan
Festa de São Finano de Lindisfarne
17 de fevereiro de 2002

Introdução

Fosso di Helm
Edoras
DUNCLIVO
HALIFIRIEN
Calenhad
Erech
Min-Rimmon
ANORIEN

Introdução

Adentrar no "Belo Reino"[1] – ou seja, na compreensão sacramental e litúrgica da criação – é abrir-se para a descoberta gradual da beleza, da verdade e da excelência[2]. Chegamos ao Belo Reino somente por convite e, mesmo assim, somente correndo risco. As verdades que devem ser encontradas no Belo Reino são, até mesmo, maiores do que as que podem ser obtidas pela mera compreensão humana e descobrimos, no Belo Reino, que as maiores obras humanas nada são, se comparadas à majestade da criação. Adentrar no Belo Reino é, paradoxalmente, tanto uma experiência humilhante quanto

---

1 No original, o autor utiliza o termo "*Faërie*", cuja sonoridade remete a palavra inglesa "*fair*" (belo). Seguimos aqui a mesma opção de Ronald Kyrmse, ao traduzir o ensaio "On Fairy-Stories" [Sobre Histórias de Fadas] de J. R. R. Tolkien, que opta por utilizar a expressão "Belo Reino" para esse termo. Vale lembrar que o próprio Kyrmse, ao traduzir *Ferreiro de Bosque Grande*, optou por "Terra-Fada". Ver: TOLKIEN, J. R. R. *Sobre Histórias de Fadas*. Trad. Ronald Kyrmse. São Paulo: Conrad, 2006; Idem. *Ferreiro de Bosque Grande*. Ed. Verlyn Flieger; trad. Ronald Kyrmse. São Paulo: WMF Martins Fontes, 2018. (N. T.)
2 Tolkien grafou *Fairy* de várias maneiras ao longo da vida, sendo que *fairy*, *faerie* e *fäerie* foram as mais comuns.

emocionante. Isso era o que acreditava firmemente o professor e acadêmico de Oxford.

A última obra que J. R. R. Tolkien publicou antes da morte, no ano de 1973, foi o livro *Smith of Wootton Major* [*Ferreiro de Bosque Grande*], lançado, originalmente, em 1967, que conta a história de um homem normal, mas inclinado à caridade, tendo sido agraciado com a capacidade de fazer coisas extremamente belas ao forjar o metal. Ferreiro, como é conhecido, descobriu o dom da graça no seu décimo aniversário, quando o amanhecer o engolfou *"e prosseguiu para o oeste como uma onda de música, enquanto o sol se erguia sobre a beira do mundo"*[3]. Como a terra no final do poema *The Waste Land* [*A Terra Desolada*], de T. S. Eliot, o ferreiro de J. R. R. Tolkien fora batizado, e por esse dom recebe um convite para o Belo Reino. Ao visitar esse mundo, descobre que nele é o menor dos seres. A beleza, contudo, o seduz e passa dias inteiros *"contemplando somente uma árvore ou uma flor"*[4]. A profundeza de cada coisa o surpreende. *"Maravilhas e mistérios"*, muitos deles terríveis em beleza e verdade opressivas, abundam no Belo Reino, descobre o Ferreiro, e permanece nessas maravilhas mesmo quando não está mais no Belo Reino[5]. No entanto, alguns encontros o aterrorizam:

> Postou-se junto ao Mar da Tormenta Sem Vento, onde as ondas azuis, semelhantes a colinas recobertas de neve, rolam silenciosas desde a Não Luz até a longa praia, trazendo as brancas naus que retornam de batalhas nos Escuros Confins, sobre os quais os homens nada sabem. Viu uma grande embarcação ser arremessada sobre a terra e as águas refluindo em espuma sem produzir ruído algum. Os marinheiros élficos eram altos e terríveis. Suas espadas reluziam e suas lanças brilhavam, e havia em seus olhos uma luz penetrante. De súbito ergueram a voz em um canto de triunfo, com o que seu coração estremeceu de medo, e ele caiu prostrado ao chão. Os marinheiros passaram sobre ele e partiram rumo às colinas ressoantes[6].

---

3 TOLKIEN, J. R. R. *Ferreiro de Bosque Grande. Op. cit.*, p. 13.
4 Idem. *Ibidem.*, p. 18.
5 Idem. *Ibidem.*, p. 18.
6 Idem. *Ibidem.*, p. 18-19.

Introdução

E mesmo assim, apesar de retratar o Ferreiro em prostração diante de tais visões grandiosas, o restante da história revela que não foi intenção de Tolkien denegrir a importância do Ferreiro, mas somente enfatizar seu lugar – e, portanto, o lugar da humanidade em geral – na economia da criação. O católico inglês G. K. Chesterton (1874-1936), que serviu como significativa fonte de inspiração para J. R. R. Tolkien quando jovem, certa vez, escreveu que: *"Ele não apenas se sentia mais livre quando se curvava; ele de fato se sentia mais alto quando se curvava"*[7]. Tolkien, igualmente, mostra em *Ferreiro de Bosque Grande* ser a compreensão do transcendente o que permite Ferreiro tornar-se plenamente homem. Esse foi um ensinamento ao qual Tolkien referiu-se por toda a vida.

Para Tolkien, uma das melhores maneiras de compreender o dom da graça era por intermédio do Belo Reino, que oferece um vislumbre do modo como o sacramento e a liturgia infundem a lei natural e a ordem natural. O Belo Reino liga a pessoa ao seu passado e a ajuda na compreensão do universo moral. Em um ensaio descrevendo a grandeza do poema medieval "*Sir* Gawain e o Cavaleiro Verde", Tolkien escreveu:

> Oculto em nosso poema espreitam os vultos do mito mais antigo, e por entre as linhas são ouvidos os ecos de cultos, crenças e símbolos ancestrais, distantes da consciência de um moralista instruído (mas, também, poeta) do final do século XIV. Sua história não versa sobre coisas antigas, mas, delas, ganha parte de sua vida, vivacidade e tensão. Essa é a maneira dos contos de fadas maiores – dos quais este é um deles. Não há, de fato, melhor meio de ensinamento moral que uma boa história de fadas (e, por isso, quero dizer um conto de raízes verdadeiramente profundas, contado como conto, e não uma alegoria moral mal-disfarçada)[8].

---

7   CHESTERTON, G. K. *O Homem Eterno*. Trad. Almiro Pisetta. São Paulo: Mundo Cristão, 2ª ed., 2018. p. 132.
8   TOLKIEN, J. R. R. "Sir Gawain and the Green Knight". *In*: *The Monsters and the Critics and Other Essays*. Ed. Christopher Tolkien. Boston: Houghton Mifflin, 1983. p. 73.

Não só o Belo Reino nos ensina as verdades mais excelsas; ele também nos une em comunidades, as quais existem duas espécies: a que é deste tempo e lugar e aquela que transcende todos os tempos e todos os lugares. Como escreveu Chesterton, *"a beleza e o terror"* são *"coisas verdadeiramente reais"*, mas, também, estão *"relacionadas a um mundo espiritual real; e o simples fato de tocá-las, mesmo duvidando ou fantasiando, significa despertar realidades profundas da alma"*[9]. Por certo o mito, do qual o Belo Reino é uma espécie, ocupa um lugar distante no mundo moderno, como bem sabia Tolkien[10]. Entretanto, acreditava, pior para o mundo moderno. Na verdade, o mito poderia muito bem salvar o mundo moderno de si mesmo, como sugeriu Tolkien em seu poema famoso, *Mithopoeia*, que ecoa as Beatitudes:

> Benditos os que em rima fazem lenda
> ao tempo não-gravado dando emenda.
> Não foram eles que a Noite esqueceram,
> ou deleite organizado teceram,
> ilhas de lótus, um céu financeiro,
> perdendo a alma em beijo feiticeiro
> (e falso, aliás, pré-fabricado,
> falaz sedução do já-deturpado)[11].

O mito, acreditava Tolkien, pode transmitir o tipo de verdade profunda, intransigente à descrição ou à análise em termos de fatos

---

9 CHESTERTON, G. K. *O Homem Eterno*. Op. cit., p. 128.
10 CARPENTER, Humphrey (Ed.). *The Letters of J. R. R. Tolkien*. Boston: Houghton Mifflin, 1981. p. 144.
11 No original: *Blessed are the legend-makers with their rhyme / of things not found within recorded time. / It is not they that have forgot the Night, / or bid us flee to organized delight, / in lotus-isles of economic bliss / forswearing souls to gain a Circe-kiss / (and counterfeit at that, machine-produced, / bogus seduction of the twice-seduced)*. Como recorda Reinaldo José Lopes, tradutor do poema, a referência ao mundo homérico, já presente em "ilhas de lótus", fica um pouco obscurecida com a ausência do nome "Circe" nesse verso traduzido, mas continua a ser pelo menos sugerida pelo adjetivo "feiticeiro". Ver: TOLKIEN, J. R. R. "Mithopoeia". *In*: LOPES, José Reinaldo. *A Árvore das Estórias: Uma proposta de tradução para* Tree and Leaf, *de J. R. R. Tolkien*. (Dissertação de mestrado orientada por Lenita Maria Rimoli Esteves). São Paulo: Universidade de São Paulo, 2006. p. 158. O arquivo em formato PDF da dissertação está disponível em on-line no seguinte endereço: <https://www.teses.usp.br/teses/disponiveis/8/8147/tde-10082007-154453/pt-br.php>. Acessado em 11/11/2020. (N. T.)

Introdução

e figuras e é, portanto, uma arma mais poderosa para a renovação cultural que a ciência racionalista moderna e a tecnologia[12]. O mito pode enfatizar a beleza da criação de Deus, bem como a natureza sacramental da vida[13]. *"Nossa época, doente até a morte de utilitarismo e literalidade, clama por mito e parábola"*, explica o romancista e filósofo político norte-americano Russell Kirk. *"Grandes mitos não são apenas suscetíveis de interpretação racional: são verdade, verdade transcendente"*[14]. Tolkien cria que o mito pode ensinar aos homens e mulheres como ser plena e verdadeiramente homens e mulheres, não meras engrenagens na imensa máquina da sociedade tecnológica moderna. De maneira inimitável, Chesterton, certa vez, escreveu que:

> [...] imaginativo não significa imaginário. Não resulta que seja tudo aquilo que os modernos chamam de subjetivo, e com isso eles querem dizer falso. Todos os verdadeiros artistas, consciente ou inconscientemente, sentem que estão tocando verdades transcendentais; que suas imagens são sombras de coisas vistas através de um véu. Em outras palavras, o místico natural de fato sabe que existe algo ali; algo por trás das nuvens ou dentro das árvores; mas ele acredita que a maneira de encontrá-lo está na busca da beleza; que a imaginação é uma espécie de encantamento que pode evocá-lo[15].

Além de oferecer um caminho fundamental às verdades mais sublimes, o mito exerce um papel vital em qualquer cultura porque une os membros das comunidades. No livro *Orthodoxy* [*Ortodoxia*], de 1908, G. K. Chesterton escreveu:

> É muito fácil ver por que uma lenda é tratada, e assim deve ser, mais respeitosamente do que um livro de história. A lenda geralmente é criada pela maioria do povo da aldeia, gente equilibrada.

---

[12] CARPENTER, Humphrey (Ed.). *Letters. Op. cit.*, p. 147.
[13] CHESTERTON, G. K. *O Homem Eterno. Op. cit.*, p. 123-24.
[14] KIRK, Russell. *Prospects for Conservatives*. Washington, D.C.: Regnery, 1989. p. 18. Sobre a influência significativa de Tolkien em Kirk, ver: PERSON JR., James E. *Russell Kirk: A Critical Biography of a Conservative Mind*. Lanham: Madison Books, 1999. p. 18.
[15] CHESTERTON, G. K. *O Homem Eterno. Op. cit.*, p. 124.

O livro geralmente é escrito pelo único homem da aldeia que é louco[16].

Comunidades *"partilham símbolos e mitos que conferem significado às suas existências como povo e as unem a alguma ordem transcendental"*, explica o teórico político Donald Lutz, pois *"o significado e o elo partilhados com alguma ordem transcendente os permite agir como povo"*[17]. O homem que *"não compreende os mitos"*, conclui Chesterton, *"não compreende os homens"*[18]. Não podemos, parece, separar os homens de seus mitos, no entanto, muitos de nossos contemporâneos – uma combinação bizarra dos que abraçaram a modernidade secular, bem como daqueles que a abominam, os cristãos fundamentalistas – rejeitaram a importância do mito. Para o modernista, imbuído das doutrinas do pragmatismo de William James (1842-1910) e de John Dewey (1859-1952), o mito é uma mentira. Não podemos, afinal, ver, sentir, cheirar, provar ou ouvir o mito. O mito permanece além de nossos sentidos material e físico, e, por certo, não podemos comprová-lo cientificamente. Ainda que o mito seja essencial ao homem *qua* homem, como argumenta corretamente Chesterton, uma das principais características da modernidade é diluir a realidade ricamente sentida e imaginada, e substituir a visão mística por cópias baratas e sombras tênues. *"Nessa nova esfera"*, escreveu o teólogo Romano Guardini em meados da década de 1920, *"as coisas não são mais diretamente detectadas, vistas, apreendidas, formadas ou desfrutadas; em vez disso, são mediadas por sinais e substitutos"*[19]. Para o modernista, o "mito", assim como a religião, significa apenas uma mentira confortável e arraigada. Para o pós-modernista, o mito representa, simplesmente, uma história, uma narrativa dentre muitas; é puramente subjetivo, não significando, com certeza, nada de transcendente ou que tenha qualquer outro tipo de importância.

---

16 CHESTERTON, G. K. *Ortodoxia*. Trad. Almiro Pisetta. São Paulo: Mundo Cristão, 2ª ed., 2017. p. 63.
17 LUTZ, Donald (Ed.). *Colonial Origins of the American Constitution*. Indianapolis: Liberty Fund, 1998. p. xv.
18 CHESTERTON, G. K. *O Homem Eterno. Op. cit.*, p. 129.
19 GUARDINI, Romano. *Letters from Lake Como: Explorations in Technology and the Human Race*. Grand Rapids: Eerdman's, 1994. p. 20.

Introdução

Para os fundamentalistas religiosos, os mitos também representam mentiras. Os mitos, diz o argumento, são rivais perigosos à verdade cristã e podem desencaminhar os incautos, até mesmo às garras do Inferno. Por que estudar *Os Volsunga* ou Homero, por exemplo, quando os Evangelhos cristãos dizem tudo o que precisamos para a salvação? É provável, conclui o fundamentalista, que todo mito provenha do demônio e seja uma tentativa de nos afastar da verdade do Cristo. Os deuses e semideuses antigos da Grécia, de Roma e do Norte da Europa, afinal, não deveriam ser nada além de demônios disfarçados.

Para J. R. R. Tolkien, contudo, até os mitos pagãos tentaram expressar as maiores verdades de Deus. O verdadeiro mito tem o poder de nos reviver, de servir como anamnese ou um modo de trazer à experiência consciente, antigas experiências com a transcendência. No entanto, admitiu Tolkien, o mito pode ser perigoso ou "arriscado", como sempre afirmava, se permanecer pagão. Portanto, Tolkien acreditava, devemos santificá-lo, ou seja, torná-lo cristão e colocá-lo a serviço de Deus. Os fiéis medievais tinham a mesma ideia, e a história contada de São Bonifácio de Crediton (672-754), dos primórdios da Idade Média, exemplifica essa tentativa. A história de Bonifácio (um mito não-factual, com certeza) conta que ao evangelizar as tribos pagãs germânicas no centro-norte europeu, ele encontrou uma tribo que adorava um carvalho enorme. Para demonstrar o poder de Cristo como Verdadeiro Deus, Bonifácio cortou a árvore, para o espanto da tribo. Mas, em vez de assistirem Bonifácio ser aniquilado pelos seus deuses, a tribo pagã viu brotar, instantaneamente, no mesmo local, um pinheirinho. Assim, Bonifácio pôde continuar a pregar aos pagãos aturdidos, prossegue a história, e seus seguidores puseram velas no recém-crescido pinheiro, que acabou por se tornar a primeira árvore de Natal. Esse mote de "santificar o pagão" foi repetido ao longo da história por cristãos numa miríade de modos e, foi instrumental ao contribuir para a disseminação muitíssimo bem-sucedida da fé. Natal e Páscoa foram, por exemplo, colocados nas datas de grandes festividades pagãs; São Paulo (5-67) tentou converter os atenienses fazendo referência à estátua do "deus desconhecido"; Santo Agostinho (354-430) releu as obras de Platão (427-347 a.C.) e de Marco Túlio Cícero (106-43 a.C.) à luz cristã na sua *De Civitate Dei* [*Cidade de Deus*]; Santo Tomás de Aquino (1225-1274) revelou as sincronias entre o pensamento aristotélico e cristão e, em nosso próprio continente, vemos monges católicos construírem um monastério no topo do monte mais alto de Cahokia, Illinois, no antigo sítio do rei-sacerdote de um imenso império de índios norte-americanos. De fato, igrejas por toda a Europa e América do Norte situam-se em antigos locais sagrados pagãos. Ao construir igrejas em tais locais os cristãos buscaram, em essência, batizar o solo corrompido, assim como Santo Agostinho e Santo Tomás de Aquino batizaram ideias pagãs.

Tolkien compreendeu que o papel do homem na santificação do mundo é cooperativo e limitado. Dadas as limitações de sua materialidade, o homem pode, em última análise, captar somente vislumbres das coisas mais excelsas, e as tentativas de emulá-las na verdade, beleza e excelência, nada são senão tentativas deficitárias. Quando Ferreiro de Bosque Grande descobre, para seu embaraço, que a bonequinha de uma bela moça que a vila reverenciava é horrivelmente maltrapilha e banal quando comparada ao seu modelo transcendente, a Senhora da Terra-Fada, a quem acabara de conhecer, ela acalma-lhe os temores: *"Não se aflija por mim [...]. Nem se envergonhe demais de sua gente. Melhor uma bonequinha, talvez, do que nenhuma lembrança da Terra-Fada. Para alguns, o único vislumbre. Para outros, o despertar"*[20]. Como artista, acadêmico e criador de mitos, Tolkien nos oferece um vislumbre da verdade, da beleza e da excelência que repousa além e por trás de nosso mundo tangível. Esse vislumbre, que nos leva à verdadeira alegria, Tolkien nomeou de eucatástrofe.

Ao longo de toda a sua mitologia – *O Silmarilion*, *O Senhor dos Anéis* e outras obras da Terra Média – Tolkien teimosamente afirmou que a esperança do mundo moderno está no retorno a algumas formas da *Res Publica Chistiana*. *"Um dia, a Cristandade / deverá vir para o Oeste / sol vespertino poente / apresenta meu voto de partida / encerrado num coração aberto"*, brada o poeta Mark Hollis[21]. Que forma um mundo

---

20 TOLKIEN, J. R. R. *Ferreiro de Bosque Grande*. *Op. cit.*, p. 28.
21 No original: *"Someday Christendom may come / Westward / Evening sun recedent / Set my resting vow / Hold in open heart"*. HOLLIS, Mark, "New Grass". *Laughing Stock*. Polydor/EMI, 1991.

INTRODUÇÃO

assim transfigurado teria, por certo, não está claro. Afinal, Tolkien acreditava, a obra do homem não é planejar o universo, mas empregar os dons que Deus lhe deu para a melhoria de todos. *"O terrível autor de nosso ser"*, escreveu um dos pensadores favoritos de J. R. R. Tolkien, o filósofo e estadista irlandês Edmund Burke (1720-1797), *"é o criador de nosso lugar na ordem de existência"*. Ele, *"tendo disposto-nos e guiado-nos por tática divina, não segundo nossa vontade, mas segundo a Sua, praticamente sujeitou-nos, na e pela disposição, a cumprir a parte que pertence ao que nos foi determinado"*[22].

Ao pensar sobre verdade, razão, ciência, arte e mito, na esperança de uma renovação da cristandade e no fim do terror de inspiração ideológica do século XX, Tolkien encaixa-se muito bem em um grupo de artistas e acadêmicos do século XX que poderíamos rotular coletivamente de *"humanistas cristãos"*[23]. Os humanistas cristãos fazem duas perguntas fundamentais: (1) Qual o papel da pessoa humana dentro da criação de Deus?; e (2) Como o homem ordena-se dentro da criação de Deus? O humanismo, cristão ou teocêntrico, em oposição ao humanismo antropocêntrico, secular, renascentista ou iluminista, argumenta que não podemos compreender a posição do homem no mundo até que reconheçamos, primeiro, que o homem é criado à imagem de Deus e vive sob a lei natural, bem como sob a lei divina[24]. As divisões dos humanistas cristãos incluem poetas e acadêmicos tais como T. S. Eliot, C. S. Lewis, Christopher Dawson, Eric Voegelin, Russell Kirk e Romano Guardini. Como rapidamente se tornará aparente nos capítulos a seguir, Tolkien deve ser contado como um de seus mais importantes pensadores e porta-vozes.

---

22 Citado em: KIRK, Russell. *Prospects for Conservatives. Op. cit.*, p. 196. Para Tolkien e Burke, ver: GREEN, Roger Lancelyn & HOOPER, Walter. *C. S. Lewis: A Biography*. New York: Harcourt Brace, ed. rev., 1994. p. 158-59.

23 Ver, por exemplo: DAWSON, Christopher. *Christianity and the New Age*. Manchester: Sophia Institute Press, 1985.

24 Para um excelente painel do humanismo cristão no final do século XX, ver: WEIGEL, George, "John Paul II and the Crisis of Humanism". *First Things*, 98 (December 1999), p. 31-36; WHITNEY, Gleaves, "Sowing Seeds in the Wasteland: The Perennial Task of Christian Humanists". Palestra no ISI/Trinity Christian College (Palos Heights, Illinois), em 13 de outubro de 1997 (escrito de posse do autor).

Cada um dos sete capítulos deste livro analisa um aspecto diferente de Tolkien e de sua mitologia. O capítulo I trata do próprio Tolkien; essencialmente, uma mini-biografia. O capítulo II descreve a natureza do mito e o domínio do Belo Reino, explorando de modo mais específico as ideias acadêmicas de Tolkien sobre mito e linguagem, bem como seu propósito mais amplo de criar mitologia própria, o que era, em suma, reviver o espírito nortista de coragem ao infundir-lhe a doutrina cristã da graça. Tolkien acreditava ser necessária essa junção para trazer de volta uma cristandade verdadeira e eficaz. O capítulo III considera as concepções de Tolkien acerca do Bem e da ordem criada. Volta-se para o papel de Deus/Ilúvatar na mitologia de Tolkien, bem com os vários simbolismos sacramentais e paralelos encontrados dentro do *legendarium* (palavra de Tolkien para toda a mitologia). O capítulo IV segue, tematicamente, o capítulo III; tenta mostrar, ao menos da perspectiva de Tolkien, qual é o dever do homem dentro da ordem criada por Deus ao enfocar cinco personagens da obra *O Senhor dos Anéis* – Gandalf, Aragorn, Faramir, Frodo e Sam – como arquétipos representativos dos heróis ocidentais. O capítulo V versa sobre a concepção de mal segundo Tolkien e seu papel dentro da ordem criada. O capítulo VI volta-se para a filosofia política de Tolkien, com atenção especial para seus pontos de vista sobre a modernidade e as ideologias perversas do século XX. Por fim, a conclusão avalia o legado de Tolkien e faz considerações sobre o futuro da mitologia e sua capacidade de revivescer a compreensão do mundo da reta razão.

Capítulo I

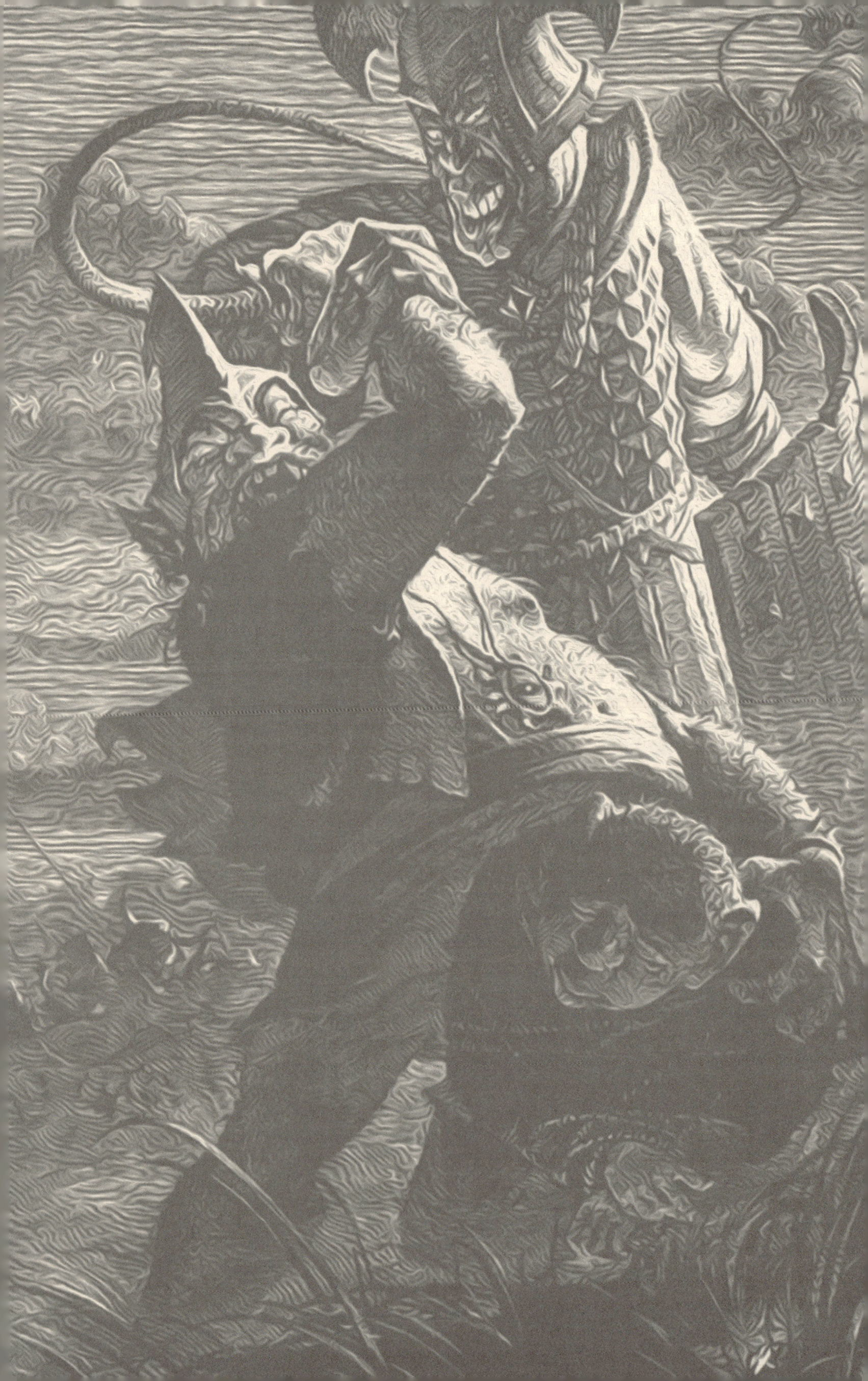

A Vida e a Obra de J. R. R. Tolkien

Quando Denis Plimmer (1914-1981) e Charlotte Plimmer (1916-1991) entrevistaram J. R. R. Tolkien, em 1968, encontraram-no em sua garagem transformada em estúdio. *"Não que a garagem em si seja uma caverna de maravilhas"*, admitiram os Plimmer. *"Encravada entre a casa do professor e a vizinha, em um subúrbio comum de Oxford, não seria nada além de um quartinho banal, repleto de arquivos e uma confusão de cadeiras de jardim, se não fosse pelo homem"*[1]. Um homem normal em um mundo normal, mas com alguma coisa profunda e quase indescritivelmente diferente. Para os Plimmer, o próprio ser de Tolkien transformou o escritório monótono em algo e em algum lugar diferente. Como fez com a família, na sala de aula e na ficção, Tolkien transformou seu ambiente normal, classe-média, no mundo encantado da Terra Média. Os que conhe-

---

1 PLIMMER, Charlotte & PLIMMER, Denis. "The Man Who Understands Hobbits [Interview with Tolkien]". London *Daily Telegraph Magazine*, 22 March 1968, p. 31. Para uma boa descrição do estúdio de Tolkien, ver: COREN, Michael. *J. R. R. Tolkien: The Man Who Created The Lord of the Rings*. Toronto: Stoddart, 2001.

ceram Tolkien, com frequência notavam que graças pareciam o seguir e dele fluir, estimulando as vidas de todos os que ele tocava. Essa mesma graça alcançou seus leitores, como demonstram apenas os números brutos. Por uma das estimativas, *O Senhor dos Anéis* vendeu mais de 150 milhões de cópias desde a publicação em meados da década de 1950[2]. Mais do que qualquer outro autor do século XX, Tolkien ressuscitou a noção de que o fantástico pode nos dizer mais a respeito da realidade do que os fatos científicos. Quando o exército perguntou a Michael Tolkien (1920-1984) para registrar a profissão de seu pai, não deveria causar surpresa a ninguém que ele tenha respondido, *"mago"*[3].

John Ronald Reuel Tolkien nasceu de Mabel Tolkien (1870-1904) e de Arthur Reuel Tolkien (1857-1896) em Bloemfontein, na África do Sul, no dia 3 de janeiro de 1892. Quando o clima fez Ronald adoecer, em 1895, sua mãe mudou-se com ele e o irmão Hilary Arthur Reuel Tolkien (1894-1976) novamente para a Inglaterra. Um ano depois, em 15 de fevereiro de 1896, o pai morreu. Com ajuda da família materna, Mabel criou os dois filhos como mãe solteira. Quando ingressou na Igreja Católica Romana, em junho de 1900, sua família retirou o apoio financeiro, deixando Mabel por si mesma. Quatro anos depois, 14 em novembro de 1904, Mabeu morreu de uma forma de diabetes, deixando Ronald e Hilary aos cuidados do padre Francis Morgan (1857-1935), um sacerdote católico do Oratório de Birmingham, originalmente fundado por John Henry Newman (1801-1890)[4].

Em 1908, J. R. R. Tolkien encontrou sua futura mulher, Edith Bratt (1889-1971). Padre Morgan proibiu o relacionamento de Tolkien com Edith, mas os dois noivaram quando a condição jurídica de guardião do padre cessou, aos 21 anos de Tolkien, em 1913. Com grande incentivo de Tolkien, Edith ingressou na Igreja Católica, em 1914, e os dois casaram-se em 22 de março de 1916. Viriam a ter

---

2   CRUMM, David. "The Spirit of Fantasy: 'Lord of the Rings' Fervor Might Lead Readers to Other Authors of Fairy Tale and Faith". *Detroit Free Press*, May 14, 2001.
3   TOLKIEN, Michael, "J. R. R. Tolkien — The Wizard Father". *London Sunday Telegraph*, September 9, 1973.
4   CARPENTER, Humphrey. *Tolkien: A Biography*, Boston: Houghton Mifflin, 1977. p. 264.

CAPÍTULO I | A VIDA E A OBRA DE J. R. R. TOLKIEN

quatro filhos: John Tolkien (1917-2003); Michael Tolkien (1920-1984), Christopher Tolkien (1924-2020) e Priscilla Tolkien (nascida em 1929)[5].

Em 1915, após graduar-se no Exeter College, em Oxford, J. R. R. Tolkien entrou para o 11º Regimento de Fuzileiros de Lancashire, um dos mais condecorados regimentos ingleses da Primeira Guerra Mundial[6]. Um ano depois, viu a Batalha do Somme, uma das mais sangrentas da guerra. Só no primeiro dia, em 1º de julho de 1916, os alemães chacinaram mais de vinte mil soldados franceses e britânicos. *"Não esperávamos sobreviver, sabe. Os oficiais mais novos estavam sendo assassinados, dúzias por minuto"*, Tolkien contou a um entrevistador quase sessenta anos depois da guerra. *"Separar-me de minha mulher, na ocasião – éramos recém-casados – foi como uma morte"*[7]. Depois de vários meses nas linhas de frente, Tolkien contraiu o que, em geral, foi chamado de "febre da trincheira" e voltou, em caráter permanente, para a Inglaterra[8]. Ainda que tenha passado menos de um ano na guerra, ela o afetou profundamente. Tolkien perdera muitos dos amigos mais próximos, e a perda deles, acreditava, conferiu-lhe o dever ainda maior de dar continuidade ao projeto concebido em conjunto, que era fazer a vontade de Deus no mundo[9]. Também foi durante a guerra que Tolkien começou a combinar sua concepção de *faerie* – isto é, de terra das fadas, aquele reino de beleza e encanto mágicos que serviu, para Tolkien, como analogia para a compreensão sacramental do mundo – com a necessidade urgente de novos mitos para revigorar o século XX[10]. *"A guerra tornou-me cônscio, de modo contundente, da beleza do mundo que recordava"*, disse Tolkien em 1968. *"Recordo-me de milhas e milhas de uma terra em*

---

5   CARPENTER, Humphrey. *Tolkien. Op. cit.*, p. 264-66.
6   GARTH, John, "Tolkien Fantasy Was Born in the Trenches of the Somme", *London Evening Standard*, December 13, 2001, p. 22.
7   CATER, Bill, "We Talked of Love, Death, and Fairy Tales", *London Daily Telegraph*, November 29, 2001, p. 23.
8   CARPENTER, Humphrey. *Tolkien. Op. cit.*, p. 265.
9   Idem (Ed.). *Letters. Op. cit.*, p. 9-10.
10 TOLKIEN, J. R. R. "On Fairy Stories". *In*: *The Monsters and the Critics. Op. cit.*, p. 135; "Tolkien Talking". *London Sunday Times*, November 27, 1966, p. 9.

ebulição, torturada, talvez, mais bem descrita nos capítulos sobre Mordor. Foi uma experiência dolorosa"[11].

Ao retornar à vida civil, Tolkien, primeiro, foi empregado no Oxford English Dictionary, e tinha muito orgulho de seu trabalho[12]. Dois anos depois, em 1920, aceitou seu primeiro posto como professor na University of Leeds. Embora Leeds tenha lhe conferido o prestigioso título de "Professor de Língua Inglesa", em 1924, Tolkien aceitou uma posição ainda mais eminente como Professor *Rawlinson and Bosworth* de Anglo-Saxão na University of Oxford, em 1925. Sua subespecialidade acadêmica era literatura e língua da Mércia, um dialeto anglo-saxão[13]. Permaneceu em Oxford pelo resto de sua carreira acadêmica. A única mudança significativa de posição ocorreu em 1945, quando foi nomeado Professor *Merton* de Língua Inglesa. Em 1959, Oxford o agraciou com o *status* de professor emérito[14].

A maioria de seus alunos achava que Tolkien era um palestrante resmungão. *"O primeiro professor a atormentar-me com sintaxe e morfologia do inglês antigo tinha dificuldades no discurso"*, Guy Davenport (1927-2005) escreveu referindo-se a Tolkien, em 1979, e *"divagava nas observações"*[15]. Tolkien murmurou por um bom tempo e isso muitas vezes causou-lhe problemas. Como um entrevistador da American Library Association disse-lhe, em 1957: *"Aprecio que o senhor tenha vindo de Oxford para que eu o grave, professor Tolkien, mas não compreendo uma palavra do que está a dizer"*. De sua maneira auto-depreciativa, Tolkien respondeu: *"Um amigo meu diz que falo taquigraficamente e depois borro a escrita"*[16]. Quando convidado a dar uma palestra como visitan-

---

11 BRACE, Keith. "In the Footsteps of the Hobbits". [entrevista com Tolkien] *Birmingham Post*, March 25, 1968.

12 Quando um copidesque tentou mudar uma palavra de Tolkien, nos anos 1950, Tolkien respondeu furioso: "Ora, eu escrevi o Oxford English Dictionary!" Ver: MITGANG, Herbert, "Behind the Best Sellers: J. R. R. Tolkien". *New York Times*, October 2, 1977, p. 48.

13 TOLKIEN, J. R. R. "English and Welsh". *In: The Monsters and the Critics. Op. cit.*, p. 162.

14 CARPENTER, Humphrey. *Tolkien. Op. cit.*, p. 265-66; "Professor J. R. R. Tolkien: Creator of Hobbits and Inventor of a New Mythology [*London Times* Obituary, 3 September 1973]". *In*: SALU, Mary & FARRELL, Robert T. *J. R. R. Tolkien, Scholar and Storyteller: Essays in Memoriam*. Ithaca: Cornell University Press, 1979. p. 11-15.

15 DAVENPORT, Guy. "Hobbits in Kentucky". *New York Times*, February 23, 1979, A27.

16 HARSHAW, Ruth, "When Carnival of Books Went to Europe" *ALA Bulletin*, fevereiro de 1957, MU JRRT COLLECTION, Series 5, Box 1, Folder 2.

Capítulo I | A Vida e a Obra de J. R. R. Tolkien

te na Marquette University, em Milwaukee, Tolkien respondeu, *"É claro que não tenho objeções a palestrar várias vezes. Já estou bem acostumado com isso, e até gosto – mais do que minha audiência"*[17]. Os alunos relatam que ele falava muito rápido, acelerando as partes que ele mesmo achava cansativas[18]. C. S. Lewis, o amigo mais próximo de Tolkien, era franco ao descrever as habilidades discursivas de Tolkien:

> Ele é erudito e pode ser brilhante, ainda que um tanto recôndito para a maioria dos alunos de graduação. No entanto, infelizmente, a pessoa não é capaz de ouvir o que ele diz. É um péssimo palestrante. Contudo, aconselho que vás. Se fores, chega cedo, senta perto, na frente, e presta particular atenção às observações extemporâneas e comentários que ele sempre faz. Essas são as melhores coisas da palestra. Na verdade, poderíamos chamá-lo de um inspirado palestrante de notas de rodapé[19].

Como Lewis admite, entretanto, se Tolkien sempre murmurava, os momentos de brilhantismo e clareza igualmente surgiam com frequência, em especial, quando recitava poesia. *"Recordo-me de uma palestra que assisti, ministrada pelo professor Tolkien"*, escreveu o poeta W. H. Auden (1907-1973). *"Não me lembro de uma única palavra que disse, mas num determinado momento, recitou, e magnificamente, uma longa passagem do* Beowulf *e fiquei encantado"*[20]. Um aluno, da turma de 1926, ficou igualmente enfeitiçado pela leitura de Tolkien do *Beowulf*:

> Entrou ligeira e graciosamente, sempre lembro disso, com a toga flutuante, o cabelo claro a brilhar, e leu em voz alta o *Beowulf*. Não conhecíamos a língua que ele lia, ainda assim, o som que proferia dava sentido à língua desconhecida e, os

---

17 J. R. R. Tolkien, Oxford, to Mr. Archer, Milwaukee, Wisconsin, 5 de agosto de 1957, MU JRRT COLLECTION, Tolkien Acquisition File, 1957-59.
18 READY, William. *The Tolkien Relation: A Personal Inquiry*. Chicago: Regnery, 1968. p. 23.
19 C. S. Lewis, citado em: SAYER, George. "Recollections of J. R. R. Tolkien". *In*: PEARCE, Joseph (Ed.), *Tolkien: A Celebration*. London: Fount, 1999. p. 2.
20 AUDEN, W. H. "Making and Judging Poetry". *Atlantic Monthly*, January 1957, p. 46.

terrores e perigos que recontava — como, não sei — fizeram-nos arrepiar os cabelos. Leu como nunca ouvi alguém ler[21].

A maioria dos alunos recordava a gentileza e os infindáveis esforços de Tolkien para fazê-los aprender. Sempre abordava seu objeto com *"jovialidade atraente"*[22]. Anthony Curtis (1926-2014) contrastou os estilos de ensinar de Tolkien e de Lewis:

> Ao fim de uma hora com Lewis, sempre me sentia um ignorante completo, sem dúvida, uma impressão nítida, mas também um tanto dolorosa, e se nos aventurássemos a desafiar uma de suas teorias, o chão seria tirado de nossos pés com a velocidade da luz. Era o mais veloz dos xeque-mates de três movimentos, com Lewis sorrindo para nós do outro lado do quadro-negro, com uma alegria desagradável diante de sua vitória. Em contraste, Tolkien era a alma da afabilidade. Fazia todo o discurso, mas fazia com que nos sentíssemos como pares intelectuais. No entanto, os pontos de vista por trás daquele encanto paternal eram apaixonadamente defendidos[23].

Outros alunos compararam Tolkien aos homólogos medievais. *"Com Tolkien, estávamos no salão real em que ele era o bardo e nós bebendo, como convidados da audiência"*, disse o autor de histórias de detetive, Michael Innes (1906-1994)[24]. Os professores de Oxford raramente recebiam aplausos de pé, mas Tolkien, com frequência, recebia, apesar de sua dificuldade em discursar[25]. Outro aluno, agora um famoso lexicógrafo, recordou, *"fazia observações perspicazes. Eu as seguia todas. Ele irradiava alegria quando eu fazia algumas descobertas"*[26].

---

21 Citado em: READY, William. *The Tolkien Relation. Op. cit.*, p. 23.
22 Aluno anônimo, citado em: "J. R. R. Tolkien". *New York Times*, September 3, 1973, p. 18.
23 CURTIS, Anthony, "Remembering Tolkien and Lewis". *British Book News*, June 1977, p. 429.
24 Citado em: CATER, William, "More and More People Are Getting the J. R. R. Tolkien Habit". *Los Angeles Times*, April 9, 1972, p. 14; NORMAN, Philip. "The Prevalence of Hobbits". *New York Times*, January 15, 1967.
25 CATER, William. "More and More People Are Getting the J. R. R. Tolkien Habit". *Op. cit.*, p. 14.
26 BURCHFIELD, Robert. "My Hero". *Independent Magazine*, March 4, 1989.

Capítulo I | A Vida e a Obra de J. R. R. Tolkien

O hábito de Tolkien de tratar os alunos como iguais era uma peculiaridade que os alunos socialmente cônscios de Oxford devem ter achado atraente. As alunas apreciavam Tolkien de modo especial, já que ele as tratava da mesma maneira que tratava os rapazes[27]. De fato, ainda que, por certo, tivesse seus momentos de raiva, Tolkien parecia ter tratado quase todos bem. John Lawlor escreveu que a *"primeira e duradoura impressão* [de Tolkien] *era de gentileza imediata"*[28]. Walter Hooper rotulou Tolkien um *"homem profundamente compreensivo"*. *"Pareço um hobbit"*, Tolkien escreveu a George Sayer (1914-2005), *"de qualquer modo, por ser moderado e alegremente domesticado"*[29]. Seus filhos disseram coisas semelhantes. Michael escreveu que seu pai sempre falava com ele, em vez de falar para ele. *"Simplesmente via meu pai como um homem muito interessante, muito gentil e ainda muito mais humilde do que qualquer outra pessoa que tenha conhecido, cuja amizade íntima tive o privilégio de desfrutar"*. Michael observou que seu pai, em especial, ouvia atentamente os filhos, e considerava importante o que diziam[30]. Apesar da agenda assolada de coisas, raras vezes punha o trabalho acima da família. *"O estúdio de nosso pai em casa era, de algum modo, o centro da casa"*, recordou Priscilla. *"Nunca foi para nós território proibido, exceto quando ele lecionava"*. Quando Tolkien precisava trabalhar para cumprir prazos, normalmente o fazia tarde da noite, depois que os filhos adormecessem[31].

A personalidade jovial de Tolkien o levou a apreciar muitíssimo o pregar peças. Com C. S. Lewis, certa vez, vestiu-se como urso polar em uma festa que não era a fantasia, trajando *"um tapete de la-*

---

[27] Ver, por exemplo: SAYER, George. "Recollections of J. R. R. Tolkien". *Op. cit.*, p. 3; TOLKIEN, Priscilla. "Memories of J. R. R. Tolkien in His Centenary Year". *The Brown Book*, December 1992, p. 12.
[28] LAWLOR, John. *C. S. Lewis: Memories and Reflections*, Dallas: Spence, 1998, p. 31-32; HOOPER, Walter. "Tolkien and C. S. Lewis: An Interview with Walter Hooper". *In*: PEARCE, Joseph (Ed.). *Tolkien: A Celebration. Op. cit.*, p. 191.
[29] J. R. R. Tolkien a George Sayer, citado em: "Letters Reveal Tolkien as a Grouchy Hobbit". *London Independent*, November 2, 2001, p. 11.
[30] TOLKIEN, Michael. "J. R. R. Tolkien". *London Sunday Telegraph*, September 9, 1973.
[31] TOLKIEN, Priscilla. "Memories of J. R. R. Tolkien in His Centenary Year". *Op. cit.*, p. 13; LOVE, Shirley, "Talk with Priscilla Tolkien, on The Father Christmas Letters". December 1976, em: MU, JRRT COLLECTION, Series 5, Box 1, Folder 32.

reira, de pele de carneiro islandês" e pintou *"o rosto de branco"*[32]. Como Tolkien e Lewis voltavam para casa caminhando, cobertos em pesadas peles, de modo persuasivo, segundo outro *Inkling*, alegavam *"ser dois ursos russos"*[33]. Em uma palestra, em 1930, Tolkien contou ao público que *leprechauns* realmente existiram e sacou um sapato verde de 15 cm para comprovar[34]. O biógrafo de Tolkien, Humphrey Carpenter (1946-2005), observa que Tolkien podia afugentar os vizinhos vestido com o traje *"completo de guerreiro anglo-saxão com machado"*. Quando mais idoso, Tolkien, com frequência, punha dentes falsos ao pagar os balconistas[35]. E amava as palhaçadas do grupo de comediantes "irmãos Marx"[36].

Seria difícil enfatizar demais a importância para Tolkien de C. S. Lewis e dos *"Inklings"*, o grupo literário de professores e alunos que ajudaram a tornar famoso. Por sua vez, seria igualmente errado sugerir que o relacionamento não era recíproco, assim como Tolkien influenciou enormemente Lewis e os *Inklings*. Foi com os *Inklings* que Tolkien leu as próprias obras e criticou as lidas por outros. Os *Inklings* também serviram como uma saída social, fora da família. *"Era um homem de 'companheiros' e não de sociedade em geral"*, atribui-se que Lewis tenha escrito a respeito dele, *"e sempre funcionou melhor depois da meia-noite (tinha um horror johnsoniano de ir para cama) e em certos circulos pequenos de pessoas íntimas, onde o tom era, ao mesmo tempo, boêmio, literário e cristão (pois era profundamente religioso)"*[37].

---

32 CARPENTER, Humphrey. *Tolkien. Op. cit.*, p. 130.
33 LAWLOR, John. *C. S. Lewis. Op. cit.*, p. 32.
34 Excerto de uma carta sobre JRRT, de Norman S. Power, Ladywood, Birmingham, England, autor de *THE FIRLAND SAGA*, WCWC, Kilby Files, p. 3-8, "Tolkien the Man" de *TOLKIEN AND THE SILMARILLION*.
35 CARPENTER, Humphrey. *Tolkien. Op. cit.*, p. 130.
36 CARPENTER, Humphrey. "The Lord of the Rings: J. R. R. Tolkien, Our Brief Encounter". *London Sunday Times*, November 25, 2001 (seção especial sobre Tolkien).
37 "Professor J. R. R. Tolkien: Creator of Hobbits and Inventor of a New Mythology [*London Times* Obituary, 3 September 1973]". *Op. cit.* Samuel Johnson (1709-1784), supostamente, detestava dormir à noite, preferindo trabalhar até tarde, ou o mais cedo possível, quando podia. A crença de que o obituário de Tolkien do *London Times* fora escrito por C. S. Lewis nalgum momento antes de sua morte em 1963, embora difundida, foi descartada por vários acadêmicos e, portanto, não lhe atribuí o obituário. Sou grato a David Bratman por oferecer-me suas percepções com relação a essa controvérsia.

Tolkien encontrou Lewis pela primeira vez em Oxford, no ano de 1926. Depois de um chá dos professores, Lewis abordou Tolkien para discutir as ideias deste sobre a revisão do currículo de Inglês. Depois do encontro, Lewis mostrou, em seu diário, uma reação mista. *"Não há mal nele"*, registra Lewis, *"só precisa de um ou dois bofetões"*[38]. No entanto, logo Lewis ingressou no clube acadêmico de Tolkien, o *Kolbitár*, que era dedicado à leitura das sagas islandesas em nórdico antigo[39]. Os dois continuaram somente companheiros acadêmicos até o outono de 1929, quando perceberam que o amor pelo nórdico antigo e as sagas representavam, para cada um deles, mais que meros assuntos acadêmicos. Para Tolkien e Lewis, os mitos do Norte contidos nas sagas revelavam muito acerca das verdades perdidas no mundo. *"Uma semana fiquei até 2h30min, na segunda-feira, conversando com o professor Tolkien de Anglo-Saxão"*, Lewis escreveu ao seu amigo Arthur Greeves (1895-1966), *"que voltou para o* College *comigo da reunião de uma sociedade e sentamos a discursar sobre deuses, gigantes e Asgard por três horas"*[40]. Esse provou ser o principal momento para ambos, o verdadeiro início de uma longa e duradoura amizade. Tolkien deve ter visto essa discussão até tarde da noite de modo especial, pois depois emprestou a Lewis partes d'*O Silmarillion*, uma obra que tinha como intensamente pessoal. No que deve ter dado grande alívio a Tolkien, Lewis respondeu de maneira positiva à obra de Tolkien[41]. Depois disso, Tolkien leu outras partes d'*O Silmarillion* para Lewis, e Lewis continuou a criticar favoravelmente as peças[42]. A amizade deles cresceu quase inabalável de 1929 a 1940[43].

---

38   HOOPER, Walter (Ed.). *All My Road Before Me: The Diary of C. S. Lewis, 1922-1927*. San Diego: Harcourt Brace, 1991. p. 393.
39   Idem. *Ibidem.*, p. 440.
40   HOOPER, Walter Hooper (Ed.). *The Letters of C. S. Lewis to Arthur Greeves, 1914-1963*. New York: Collier Books, 1986. p. 317.
41   TOLKIEN, J. R. R. *The Lays of Beleriand – History of Middle-Earth: Volume 3*. Ed. Chistopher Tolkien. Boston: Houghton Mifflin, 1985. p. 150-51.
42   HOOPER, Walter. "Tolkien and C. S. Lewis: An Interview with Walter Hooper". *Op. cit.*, p. 192.
43   Ver, por exemplo: LEWIS, W. H. *Brothers and Friends: The Diaries of Warren Hamilton Lewis*. San Francisco: Harper and Row, 1982. p. 127.

Lewis, que se tornaria o grande apologeta cristão do século XX, era uma figura magnética. Como testemunham inúmeras pessoas, apresentou-se como o coração e a alma de Oxford, durante os anos em que lá esteve. Lewis tinha suas excentricidades: bebia com frequência, e muito, fumava até sessenta cigarros por dia, além do hábito de fumar cachimbo regularmente[44]. Um de seus alunos, John Wain (1925-1994), escreveu: *"O corpo atarracado, o rosto rubro com a testa curva, a espessa nuvem de fumaça de um cigarro ou cachimbo rapidamente fumado, o modo de argumentação rápido e o amor ao debate mantinham a discussão no ritmo de um jogo afobado"*. Lewis tinha, segundo Wain e a maioria dos outros alunos que o conheceram, uma *"personalidade dramática"*[45]. Anthony Curtis recordou um incidente interessante com Lewis: *"Cheguei [como aluno de uma turma de C. S. Lewis] antes dos outros e ele estava olhando, pela janela, um cervo. 'Um cervo tem apenas dois conceitos', disse-me, 'o conceito de alimento do qual se aproximam e o conceito de perigo, do qual fogem. Ora, o que me interessa agora é como um cervo reagiria à ideia de veneno [...] que é alimento e perigo ao mesmo tempo"*[46]. Ao contrário das respostas mais moderadas a Tolkien, os alunos amavam ou detestavam o Lewis um tanto intenso[47].

A religião provou ser tanto um dos principais unificadores quanto um ponto de contendas entre Lewis e Tolkien. Lewis fora criado como um vigoroso protestante irlandês de Ulster. Desde cedo, ouvira de seus parentes a respeito da perversidade dos católicos. Seu avô por parte de mãe, um pregador, enfatizava, com frequência, que católicos eram *"filhos do próprio demônio"*[48]. Quando criança, Lewis tomara a fé de modo muito sério, repreendendo os que flertavam com o catolicismo. Durante os anos de adolescência, contudo, Lewis perdera a fé, substituindo-a pelo puro racionalismo.

Tolkien exerceu um papel fundamental em trazer Lewis de volta ao cristianismo. No dia 19 de setembro de 1931, Tolkien, Lewis e

---

44 LAWLOR, John. *C. S. Lewis. Op. cit.*, p. 29.
45 WAIN, John. *Sprightly Running: Part of an Autobiography*. New York: St. Martin's Press, 1962. p. 138-39.
46 CURTIS, Anthony. "Remembering Tolkien and Lewis". *Op. cit.*, p. 429.
47 WAIN, John. *Sprightly Running. Op. cit.*, p. 138-39.
48 Citado em: BAYLEY, John. "A Passionate Pilgrim". *Times Literary Supplement*, July 12, 1974.

Capítulo I | A Vida e a Obra de J. R. R. Tolkien

outro amigo, Hugo Dyson (1896-1975), conversaram até às três da manhã sobre o sentido do cristianismo. "Começamos", observou Lewis, *"falando de metáfora e mito – interrompidos por uma rajada de vento que surgiu naquela noite serena e cálida e fez tantas folhas tamborilarem que pensávamos estar chovendo. Contivemos o fôlego, todos, os outros dois apreciando o enlevo de tal coisa"*[49]. Tolkien empregou argumentos relativos à verdade do mito para discutir a história de Cristo como o verdadeiro mito. *"As histórias pagãs são Deus expressando a Si mesmo por meio da inteligência dos poetas, empregando tais imagens como Ele as encontrou aqui"*, Lewis explicou um mês depois, *"ao passo que o cristianismo é Deus expressando-Se por intermédio daquilo que chamamos 'coisas reais'"*[50]. No outono de 1931, Lewis viu-se um cristão[51].

Além da participação no *Kolbitár*, Lewis e Tolkien, também, pertenciam aos *Inklings*, que fora fundado e nomeado por um estudante universitário de Oxford. Quando esse aluno se formou em 1933, Tolkien e Lewis permaneceram como os dois únicos membros originários do clube. Ao combinar, involuntariamente, o *Kolbitár* e os *Inklings*, Tolkien e Lewis formaram um novo grupo, mas mantiveram o nome de *Inklings*. Como explicou Tolkien, os *Inklings*, realmente, consistiam em *"um círculo de amigos não determinados e não escolhidos que se reuniam em torno de Lewis e encontravam-se nos aposentos do Magdalen"*[52]. No final de 1933, o grupo dos *Inklings* ainda era formado apenas por J. R. R. Tolkien e pelos dois irmãos C. S. Lewis e Warren Lewis (1895-1973). O médico Robert Havard (1901-1985), também conhecido como "o charlatão inútil" (Useless Quack), e o já mencionado professor de literatura inglesa Hugo Dyson ingressaram em 1934. O poeta, romancista, crítico literário e teólogo Charles Williams (1886-1945) tornou-se membro em 1940, ao passo que os professores de li-

---

[49] HOOPER, Walter (Ed.). *The Letters of C. S. Lewis to Arthur Greeves. Op. cit.*, p. 421.
[50] Idem. *Ibidem*.
[51] Idem. *Ibidem.*, p. 425. Ver também: TOLKIEN, J. R. R. "Mythopoeia". *Op. cit.*, versos 97-101; LEWIS, C. S. *Surprised by Joy: The Shape of My Early Life*. New York: Harcourt Brace, 1955. p. 209.
[52] De J. R. R. Tolkien, Oxford, para William Luther White, 11 de setembro de 1967, em: WHITE, William Luther. *The Image of Man in C. S. Lewis*. Nashville: Abingdon Press, 1969. p. 221-22; SAYER, George. *Jack: C. S. Lewis and His Times*. San Francisco: Harper and Row, 1986. p. 149.

teratira inglesa Charles Wrenn (1895-1969) e Nevill Coghill (1899-1980) juntamente com o filósofo Owen Barfield (1898-1997) frequentavam o grupo de modo irregular no início da década de 1930[53]. Dentre outros membros irregulares e participantes tínhamos Christopher Tolkien, John Tolkien, *Lord* David Cecil (1902-1986), J. A. W. Bennett (1911-1981), James Dusdas-Grant (1896-1985), Adam Fox (1883-1977), Colin Hardie (1906-1998), Gervase Mathew, O.P. (1905-1976), R. B. McCallum (1898-1973), Tom Stevens e John Wain[54].

Raramente as mulheres frequentavam os encontros dos *Inklings*. A escritora inglesa Dorothy L. Sayers (1893-1957) visitou-os uma vez, embora Tolkien, por acaso, não estivesse na reunião[55]. No final da década de 1950, Lewis levou sua esposa Joy Gresham (1915-1960) para os encontros[56]. Isso deve ter irritado Tolkien, pois, quando solteiro, Lewis *"de vez em quando, o repreendia por ter de devolvê-lo"* à mulher. De fato, quando era solteiro, Lewis tinha problemas em entender a dedicação de Tolkien à mulher, reclamando certa vez a George Sayer que Tolkien era *"o homem mais casado que já conhecera"*[57].

Tolkien, muitas vezes, viu-se igualmente frustrado com os amigos solteiros. *"A sociedade sempre exigente"* do *pub* onde os *Inklings* se encontravam, *"para não dizer das interlocuções, por vezes, tumultuosas dos Inklings, que decididamente, não eram do agrado de Tolkien"*, registrou John Lawlor[58].

Os encontros dos *Inklings* tornaram-se cada vez mais frequentes no final da década de 1930. Tolkien e Lewis encontravam-se às segundas de manhã para um drinque antes da semana começar. *"Esse é um dos pontos mais agradáveis na semana"*, escreveu Lewis. *"Às vezes, falamos da política das escolas inglesas; às vezes, criticamos os poemas um do outro; outros dias, derivamos para a Teologia ou para o 'estado da nação';*

---

53 SAYER, George. *Ibidem*. p. 150-51.
54 Para uma listagem abrangente e minibiografia de cada membro, ver: CARPENTER, Humphrey. *The Inklings: C. S. Lewis, J. R. R. Tolkien, Charles Williams and Their Friends*. Boston: Houghton Mifflin. 1979. p. 255-59. Sobre Hardie, ver: "Colin Hardie". *London Times*, October 20, 1998.
55 LEWIS, W. H. (Ed.). *Letters of C. S. Lewis*. San Diego: Harcourt Brace, 1993. p. 481.
56 GRESHAM, Douglas. *Lenten Lands*. New York: Macmillan, 1988. p. 43, 51.
57 SAYER, George. "Recollections of J. R. R. Tolkien". *Op. cit.*, p. 14.
58 LAWLOR, John. *C. S. Lewis. Op. cit.*, p. 38.

*raramente, não passamos dos trocadilhos obscenos"*⁵⁹. Os *Inklings* encontravam-se formalmente quintas-feiras, à noite, nos aposentos de Lewis em Magdalen College e, informalmente, encontravam-se às terças-feiras para almoço e drinques em um pub local, The Eagle and Child, afetuosamente mais conhecido como "O pássaro e o bebê"⁶⁰. Às terças, mais pessoas além dos *Inklings* formais, dentre elas o gerente do *pub*, participavam das discussões. *"Sentávamos em um cômodo pequeno, nos fundos, que tinha uma lareira de carvão no inverno"*, recordou um dos alunos de Lewis, James Dundas-Grant: *"a conversa fluía, ia e vinha; dísticos latinos lançados no ar. Homero era citado no original para apresentar um argumento. E, Tolkien, saltitava, para cima e para baixo, declamando em anglo-saxão"*⁶¹.

As sessões das quintas-feiras à noite eram mais formais e não variavam. John Wain recordou-se das noites de quinta:

> Vejo, agora, aquele cômodo com muita clareza. A lareira elétrica lançando calor no ar úmido, a persiana desbotada que quebrou algumas das melhores cervejas, a jarra de cerveja esmaltada na mesa, o sofá desgastado, as poltronas e os homens chegando (os de faculdades distantes chegariam mais tarde), deixando os sobretudos e chapéus em qualquer canto e indo aquecer as mãos antes de encontrar um lugar para sentar⁶².

C. S. Lewis o descreveu como um grupo de *"amigos literários.* [Williams] *nos lia seus manuscritos e nós líamos para ele os nossos: fumávamos, conversávamos, discutíamos e bebíamos juntos"*⁶³. Lewis perguntou a um amigo beneditino: *"Existe prazer maior na Terra que um cír-*

---

59 LEWIS, W. H. (Ed.). *Letters of C. S. Lewis. Op. cit.*, p. 292.
60 SAYER, George. *Jack. Op. cit.*, p. 151-52; SUGERMAN, Shirley (Ed.). "A Conversation with Owen Barfield". *In*: *Evolution of Consciousness: Studies in Polarity*. Middletown: Wesleyan University Press, 1975. p. 9.
61 DUNDAS-GRANT, James. "From an 'Outsider'". *In*: COMO, James T. (Ed.). *C. S. Lewis at the Breakfast Table and Other Reminiscences*. New York: Collier, 1979. p. 231.
62 WAIN, John. *Sprightly Running. Op. cit.*, p. 184.
63 LEWIS, C. S. "Preface". *In*: *Essays Presented to Charles Williams*. Grand Rapids: Eerdman's, 1974. p. v.

culo de amigos cristãos ao redor da lareira?"[64] Os visitantes, também, viam os *Inklings*, essencialmente, como um grupo de Lewis[65]. Comumente, Lewis liderava o grupo e a discussão, mas ele gostava muito de ter outros lendo para ele[66]. "Warnie", como era chamado o irmão de Lewis, descreveu os encontros da seguinte maneira:

> O ritual de um *Inklings* era invariável. Quando meia dúzia deles chegasse, seria feito o chá; depois disso, quando os cachimbos estivessem acesos, Jack diria: "bem, alguém tem algo para nos ler?" Surgiria um manuscrito e nos acomodávamos nos assentos para julgá-lo. Um julgamento verdadeiro, demasiado imparcial, pois, nos *Inklings* não éramos uma sociedade de admiração mútua; conosco, o elogio ao bom trabalho não tinha restrições, mas a repreensão ao mau, ou mesmo ao não tão bom, muitas vezes, era brutalmente sincera. Ler para os *Inklings* era uma provação formidável[67].

Certamente, os *Inklings* podiam ser grosseiros uns com os outros e, raras vezes, trocavam golpes. Ainda que Tolkien, é provável, tenha dado sua parcela de golpes, recebeu inúmeros, especialmente de Dyson. Enquanto lia *O Senhor dos Anéis*, capítulo por capítulo, Dyson normalmente fazia um comentário negativo ou suspirava alto. Numa noite, chegou a ponto de dizer *"Ah, merda! Outro elfo, não!"*[68] Após Tolkien alcançar imensa popularidade com *O Senhor dos Anéis*, Dyson contou a um repórter: *"O Ronald, querido, escrevendo todos aqueles livros bobos com três introduções e dez apêndices. A imaginação dele não era*

---

64 LEWIS, W. H. (Ed.). *Letters of C. S. Lewis. Op. cit.*, p. 363.
65 STARR, Nathan C. "Good Cheer and Sustenance". *In*: COMO, James T. (Ed.). *C. S. Lewis. Op. cit.*, p. 122-23; HAVARD, Robert E. "Philia: Jack at Ease". *In*: COMO, James T. (Ed.). *C. S. Lewis. Op. cit.*, p. 217; DUNDAS-GRANT, James. "From an 'Outsider'". *In*: COMO, James T. (Ed.). *C. S. Lewis. Op. cit.*, p. 231.
66 Carta de Tolkien para White de 11 de setembro de 1967. Em: WHITE, William Luther. *The Image of Man in C. S. Lewis. Op. cit.*, p. 222.
67 LEWIS, W. H. *C. S. Lewis: A Biography.* Manuscrito não publicado, em: WCWC.
68 Dyson, citado em: WILSON, A. N. *C. S. Lewis: A Biography.* New York: W.W. Norton, 1990. p. 217; LEWIS, W. H. *Brothers and Friends. Op. cit.*, p. 200.

verdadeira, sabe: inventou tudo"[69]. Para um homem tão sensível como Tolkien, esse tipo de comentário deve ter sido bem doloroso. No entanto, como observou C. S. Lewis, Tolkien tinha *"somente duas reações à crítica: começava todo o trabalho de novo ou não dava a mínima"*[70]. O próprio Tolkien parecia ter orgulho de ser difícil de influenciar. Lewis, disse ele,

> [...] costumava insisitir que lesse em voz alta minhas passagens e quando as terminava, ele, então, fazia sugestões. Ficava furioso quando eu não as aceitava. Certa vez, disse: 'É inútil tentar te influenciar, és ininfluenciável!" Entretanto, isso não é bem verdade. Sempre que ele dizia: "você pode fazer melhor que isso, Tolkien, por favor!", eu costumava tentar[71].

Quando um acadêmico, Charles Moorman (1925-1996), escreveu a respeito dos *Inklings* como uma entidade coletiva, Warnie registrou em seu diário: *"Sorri ao pensar no Tollers* sob a influência da mentalidade de grupo de Moorman"*[72].

Os *Inklings* faziam mais do que criticar os escritos uns dos outros; os encontros também eram ocasiões de conversas e discursos acadêmicos sofisticados – e acalorados. Infelizmente, restaram apenas breves indícios das discussões dos *Inklings*, mas os tópicos incluíam os julgamentos de Nuremberg, a Santa Eucaristia como forma de canibalismo, a mortalidade infantil, para citar apenas

---

[69] Dyson citado em: DAVENPORT, Guy. "Hobbits in Kentucky". *Op. cit.*, A27. Ver também: HAVARD, Robert E. "Philia: Jack at Ease". *Op. cit.*, p. 217.

[70] Carta de C. S. Lewis a Charles Moorman, 15 de maio de 1959, citada em: CARTER, Lin. *Tolkien: A Look Behind The Lord of the Rings*. New York: Ballantine, 1969. p. 18; SAYER, George. "Recollections of J. R. R. Tolkien". *Op. cit.*, p. 10. Carta de C. S. Lewis ao padre Gardiner, 5 de outubro de 1962, em: LEWIS, W. H. *C. S. Lewis: A Biography*. (não publicada), p. 460, em: WCWC; LEWIS, W. H. (Ed.). *Letters of C. S. Lewis. Op. cit.*, p. 376; Clyde Kilby, partes não publicadas do capítulo "Woodland Prisoner", p. 11, em: WCWC, Kilby Files, p. 3-8; "Tolkien the Man" de *TOLKIEN AND THE SILMARILLION*; FULLER, Edmund. "A Superb Addition to Tolkien's Mythological Realm, *Wall Street Journal*, September 19, 1977.

[71] PLIMMER, Charlotte & PLIMMER, Denis. "The Man Who Understands Hobbits". *Op. cit.*, p. 32.

* Tollers era o apelido de J. R. R. Tolkien no grupo dos *Inklings*. (N. T.)

[72] LEWIS, W. H. (Ed.). *Brothers and Friends. Op. cit.*, p. 268.

alguns[73]. *"Os* Inklings *agora estão muito bem providos, temos Fox como capelão, você no Exército, Barfield como advogado, Havard como médico – quase todas as classes"*, Lewis brincava em 1940, *"salvo, é claro, quem quer que realmente possa produzir uma única necessidade vital: um pão, uma bota ou uma cabana"*[74].

Os visitantes e os *Inklings* mais novos dificilmente encontraram um grupo tão intelectualmente diverso quando o dos membros antigos. O aluno de Lewis, John Wain, por exemplo, confirmou a tese de Moorman sobre uma mentalidade corporativa. Partindo de uma perspectiva modernista e esquerdista, Wain via os *Inklings* como muito conservadores em política, em religião, muito católicos (anglicanos ou romanos), e, artisticamente, muito antimodernistas[75]. Eram, escreve Wain, *"um círculo de pesquisadores, quase incendiários, encontrando-se para incitarem, uns aos outros, a tarefa de redirecionar toda a corrente da arte e da vida contemporâneas"*[76]. Na visão de Wain, C. S. Lewis liderava o grupo como uma célula política pró-cristã, trabalhando com companheiros de viagem como a já mencionada escritora Dorothy Sayers, o biógrafo Roger Lancelyn Green (1918-1987) e o poeta Roy Campbell (1901-1957). O único entre os *Inklings* mais fixos que era abertamente esquerdista foi o professor de literatura inglesa Nevill Coghill[77]. No fim das contas, conclui Wain, os *Inklings* fracassaram na reconstrução do mundo à imagem tradicionalista; *"Jack não matou o gigante, mas a luta foi boa e valeu a pena assistir"*[78].

A ascensão e queda dos *Inklings* refletiu os altos e baixos da amizade de Tolkien e Lewis. Depois do outono de 1949, os *Inklings*

---

73 Ver, por exemplo: Idem. *Ibidem.*, p. 189, 212, 218. No que só pode ser considerado um escrito brilhante, Humphrey Carpenter recriou o que imaginou que deveria ser um típico encontro dos *Inklings*. Ver, CARPENTER, Humphrey. *The Inklings. Op. cit.*, p. 127-52. Tolkien recriou, também, uma discussão dos *Inklings*. Ver: TOLKIEN, "The Notion Club Papers, parts 1 and 2". *In*: *Sauron Defeated: The End of the Third Age – History of Middle-earth: Volume 9*. Ed. Christopher Tolkien. Boston: Houghton Mifflin, 1992. p. 145-327.
74 LEWIS, W. H. (Ed.). *Letters of C. S. Lewis. Op. cit.*, p. 337.
75 WAIN, John. *Sprightly Running. Op. cit.*, p. 181. Ver, também: HAVARD, Robert E. "Philia: Jack at Ease". *Op. cit.*, p. 226.
76 WAIN, John. *Sprightly Running. Op. cit.*, p. 181.
77 LEWIS, C. S. *The Kilns*, para Warnie Lewis, 17 de março de 1940, WCWC, cartas de C. S. Lewis para Warnie Lewis, Index 172.
78 WAIN, John. *Sprightly Running. Op. cit.*, p. 181-85.

Capítulo I | A Vida e a Obra de J. R. R. Tolkien

começaram a se encontrar com menos frequência, embora não tenham rompido oficialmente até a morte de Lewis em 1963. O mesmo pode ser dito da amizade dos dois homens, que sofreu desgaste por vários fatores. Como discutiremos de modo mais completo no capítulo 3, as diferenças teológicas entre eles tiveram um papel muito significativo na diminuição do afeto mútuo. Imiscuíram-se também outras questões. J. R. R. Tolkien ressentia-se da amizade forte e rápida de C. S. Lewis com Charles Williams, que começou em 1940[79]. Tolkien também parecia perturbado com o empréstimo significativo que Lewis fazia de suas ideias e mitologia privada nos romances[80]. No final da década de 1950, Tolkien lamentou a decisão de Lewis de casar-se com uma mulher divorciada, Joy Gresham, o que era proibido pela Igreja Católica[81]. Por fim, Tolkien rejeitou abertamente a ficção infantil de Lewis, em especial, os contos de Nárnia[82]. *"Vi que você anda lendo as histórias infantis de Jack. São inaceitáveis, sabe!"*, disse Tolkien para, o amigo de Lewis e futuro biógrafo, Roger Lancelyn Green, *"'As ninfas e seus métodos', 'A vida amorosa de um fauno'. Ele não sabe do que fala?"*[83]

Lewis também notou o desgaste. Certa vez, no final dos anos 1950 ou início dos anos 1960, Lewis perguntou a Christopher Tolkien, tomando um drinque, por que o pai *"permitira que a amizade deles terminasse"*. Christopher, talvez envergonhado com a pergunta altamente pessoal, não deu explicação alguma[84]. Um dos biógrafos de C. S. Lewis, o escritor Andrew Norman Wilson sugere que Lewis e Tolkien só se viram poucas vezes nos últimos anos antes da morte de Lewis e, mesmo assim, os encontros foram muitíssimo embaraçosos[85].

---

79 CARPENTER, Humphrey (Ed.). *Letters. Op. cit.*, p. 349.
80 Idem. *Ibidem.*, p. 33, 113, 151, 224, 303, 361, 378.
81 Idem. *Ibidem.*, p. 341.
82 Idem. *Ibidem.*, p. 265.
83 Tolkien, citado em: GREEN, Roger Lancelyn & HOOPER, Walter. *C. S. Lewis: A Biography. Op. cit.*, p. 241. Ver também: SAYER, George. "Recollections of J. R. R. Tolkien". *Op. cit.*, p. 14.
84 WILSON, A. N. *C. S. Lewis. Op. cit.*, p. 273.
85 Idem. *Ibidem.*, p. 294

O MITO SANTIFICADOR DE J. R. R. TOLKIEN | BRADLEY J. BIRZER

Ainda assim, é possível exagerar muito nas diferenças entre Tolkien e Lewis depois de 1940. Tolkien, por exemplo, agiu com entusiasmo e foi bem-sucedido em garantir para Lewis uma cátedra de prestígio em Cambridge[86]. A mulher de Tolkien, Edith, e a mulher de Lewis, Joy, tornaram-se boas amigas no final dos anos 1950[87]. Walter Hooper afirma que Tolkien visitou *"Lewis diversas vezes [...] antes de Lewis falecer naquele outono, e, certamente, não o abandonou nos seus últimos dias"*[88]. Douglas Gresham, filho de Joy, confirma a afirmação de Hooper, observando ainda que Tolkien ofereceu para ajudar Douglas de qualquer maneira que pudesse[89]. O professor de Inglês em Wheaton, Clyde Kilby (1902-1986), que conheceu os dois homens no início dos anos 1960, disse numa entrevista: *"C. S. Lewis tinha um amor puro por Tolkien, sem problema algum; e, de cara, criticava Tolkien"*[90]. A morte de Lewis abalou muito Tolkien. *"Isso parece como um golpe de machado perto das raízes"*, Tolkien escreveu à filha. *"Muito triste que estivéssemos separados nos últimos anos; mas, nossa época de comunhão íntima perdurou na memória de ambos"*[91].

Tolkien sabia que seus escritos nunca seriam publicados não fosse o encorajamento constante de Lewis. Foi Lewis quem primeiro mostrou verdadeiro entusiasmo com relação ao *Silmarillion*, foi Lewis quem primeiro instigou o editor de Tolkien a aceitar *O Hobbit*, e foi Lewis quem animou a escrita e publicação de *O Senhor dos Anéis* desde os primórdios, no final de 1938, até a publicação em 1954, 1955 e 1956[92]. Depois da publicação, Lewis o resenhou e o elogiou tanto no público quanto no privado. Nos próprios escritos publicados, Lewis referiu-se às obras de Tolkien como indispensáveis. De fato, teria sido impossível a Tolkien encontrar um promotor melhor ou mais entusiasta com relação às suas obras. Tolkien admitiu isso em uma carta a Clyde Kilby, em 1965: *"quanto ao encorajamento de C. S. Lewis, não*

---

86 BARBOUR, Brian. "Lewis and Cambridge". *Modern Philology* 96 (May 1999), p. 439-84.
87 CARPENTER, Humphrey. *Tolkien. Op. cit.*, p. 237.
88 HOOPER, Walter. "Tolkien and C. S. Lewis: An Interview with Walter Hooper". *Op. cit.*, p. 190.
89 GRESHAM, Douglas. *Lenten Lands. Op. cit.*, p. 152.
90 FOSTER, Michael A. "Dr. Clyde S. Kilby Recalls the Inklings". [entrevista] 6 de outubro de 1980, JRRT Series 5, Box 1, Folder 23, p. 4, *Tolkien Papers*, Marquette University Archives.
91 CARPENTER, Humphrey (Ed.). *Letters. Op. cit.*, p. 341.
92 "Tolkien [obituary]". *New York Times*, September 3, 1973, p. 18.

CAPÍTULO I | A VIDA E A OBRA DE J. R. R. TOLKIEN

creio que tivesse completado ou levado O Senhor dos Anéis *para a publicação"*[93]. Tolkien, certa vez, admitiu que *"escreveu* O Senhor dos Anéis *para dar a Lewis a história d'*O Silmarillion*"*[94].

* * *

Embora Tolkien tenha sido um escritor prolífico, publicou muito poucas obras durante a vida. Em 1937, aproximadamente quatro anos após terminá-lo, Tolkien publicou *O Hobbit*[95]. *The New York Herald-Tribune* o premiou como *"a melhor história infantil do ano de 1938"*[96]. Com o sucesso de *O Hobbit*, os editores pediram uma continuação. Tolkien, contudo, queria revisar e terminar *O Silmarillion*. Os editores, no entanto, o rejeitaram, ou assim ele pensou, portanto, prosseguiu com a continuação[97] (na verdade, o resenhista do editor nunca se aprofundou n'*O Silmarillion*, mas Tolkien acreditou que ele tinha sido rejeitado)[98]. No entanto, quando um ser que Tolkien chamou de "espectro do Anel" (ou Nazgûl) mostrou-se à imaginação de Tolkien, o "novo Hobbit" rapidamente se tornou uma história muito mais sombria e adulta que a anterior. Hesitante, Tolkien escreveu *O Senhor dos Anéis* ao longo dos anos entre 1937 e 1949, enviando grande parte dos manuscritos iniciais de forma seriada para Christopher, que servia como piloto da RAF (Royal Air Force) na África do Sul durante a Segunda Guerra Mundial.

A insistência de Tolkien de que *O Silmarillion* e *O Senhor dos Anéis* fossem publicados juntos, além da escassez de papel durante o período pós-guerra, fez com que o último não fosse publicado antes de 1954. Os editores Allen & Unwin o consideraram apenas como um livro de prestígio, e decidiram publicar como trilogia, distribuindo os custos ao longo dos três livros, em vez de em um só[99]. O editor

---

[93] CARPENTER, Humphrey (Ed.). *Letters. Op. cit.*, p. 366.
[94] Citado em: PEARCE, Joseph. *Tolkien: Man and Myth*. San Francisco: Ignatius Press, 1999. p. 70.
[95] HOOPER, Walter (Ed.). *The Letters of C. S. Lewis to Arthur Greeves. Op. cit.*, p. 449.
[96] "Tolkien [obituary]". *New York Times, Op. cit.*, p. 18.
[97] CARPENTER, Humphrey (Ed.). *Letters. Op. cit.*, p. 25-27.
[98] Christopher Tolkien explica isso em: TOLKIEN, J. R. R. *The Lays of Beleriand. Op. cit.*, p. 366.
[99] CARPENTER, Humphrey (Ed.). *Letters. Op. cit.*, p. 34.

norte-americano, Houghton Mifflin, amou os livros, mas não tinha certeza como o público responderia. *"Diria que a reação geral na Houghton Mifflin era de espanto, talvez até mesmo de perplexidade, de qual seria a reação do público a um livro como aquele"*, afirmou Austin G. Olney (1922-2008), editor da Houghton Mifflin[100]. As resenhas de *O Senhor dos Anéis* tenderam a extremos. W. H. Auden, um ex-aluno de Tolkien, decididamente, veio em seu favor, chegando mesmo a declarar que a opinião sobre a trilogia servia como um teste decisivo da aptidão da pessoa como resenhista[101]. No entanto, muitos dos colegas de academia de Tolkien estavam horrorizados com a criação do professor de Oxford. *"Ele deveria estar lecionando"*, reclamou um professor[102]. A maior e mais famosa desaprovação dos críticos literários profissionais veio de Edmund Wilson (1895-1972). *"Como esses volumes extensíssimos, que soam a este resenhista como disparates, suscitaram tais tributos?"*, Wilson perguntou retoricamente. *"A resposta, creio, é que certas pessoas, em especial, na Grã-Bretanha, têm um apetite perpétuo por lixo juvenil"*[103]. Um resenhista anônimo da revista *New Yorker* classificou *As Duas Torres* como *"tedioso, na maior parte do tempo"*[104]. Mark Roberts, um professor de Inglês da University of Sheffield, via a trilogia apenas como *"uma questão de capacidade inventiva"*, pois por faltar *"um princípio controlador sério, a obra se alastra"*[105], concluiu. Um monge brasiliano, Robert H. Flood, C.S.B. (1919-1974), menosprezou *A Sociedade do Anel*, classificando-o como *"esnobismo pretensioso"*, tendo prosseguido na severa crítica com a afirmação que *"embelezar um conto de fadas alongado e vendê-lo com conotações de grandeza é uma fraude"*[106].

---

100 Citado em: WILLIAMS, Lynn. "Tolkien Is Still Fantastic, 100 Years after His Birth". *St. Louis Post-Dispatch*, January 12, 1992, 1C.
101 AUDEN, W. H. "At the End of the Quest, Victory". *New York Times Book Review*, January 22, 1956, p. 5; WILSON, Colin. *Tree by Tolkien*. Santa Barbara: Capra Press, 1974. p. 7.
102 Citado em: SHIPPEY, T. A. *The Road to Middle-earth*. Boston: Houghton Mifflin, 1983. p. 34.
103 WILSON, Edmund. "Oo, Those Awful Orcs!". *Nation*, 182 (April 14, 1956), p. 314. Sobre o esquerdismo de Wilson e um pequeno afastamento disso, ver: JOHNSON, Paul. *Os Intelectuais*. Trad. de André Luiz Barros da Silva. Rio de Janeiro: Imago, 1990. p. 331-52.
104 "The Two Towers". *New Yorker*, May 14, 1955, p. 173.
105 ROBERTS, Mark. "Adventure in English". *Essays in Criticism*, 6 (October, 1956), p. 459.
106 FLOOD, C.S.B., Robert H. "Hobbit Hoax? The Fellowship of the Ring", *Books on Trial* (February, 1955).

Não obstante, vários resenhistas admiraram muito a obra. Auden escreveu que autor *"tem a sorte de apresentar um dom extraordinário para nomear e um olho maravilhosamente preciso para descrever; quando a pessoa termina o livro conhece as histórias dos hobbits, dos elfos, dos anões e o cenário que habitam, da mesma maneira como conhece a própria infância"*[107]. Um professor de Inglês da Columbia University, Donald Barr (1921-2004), escreveu:

> É uma obra extraordinária – entusiasmo puro, uma narrativa desenvolta, vivacidade moral, uma alegria sem disfarces pela beleza, mas, sobretudo, entusiasmo; ainda, uma ficção séria e escrupulosa, nada confortável, sem visitinhas à infância[108].

Outro professor de Inglês, William Frank Blissett, da University of Toronto, observou que ao ler *O Senhor dos Anéis*, *"Estamos sob um encantamento desde o início"*[109]. Naquela que é, talvez, uma das resenhas mais elogiosas, Louis J. Halle (1910-1998), no *Saturday Review*, tratou *A Sociedade do Anel*, como uma história séria, de tempo e lugar reais. O resenhista viu-se *"incapaz de largar o livro em algum momento. E quando terminou, tarde da noite, imediatamente voltou às primeiras páginas para lê-lo de novo"*[110]. Patricia Meyer Spacks, do Wellesley College, previu que a trilogia *"assumiria [...] uma posição central no cânone da literatura sobrenatural séria"*[111]. O resenhista da *New Republic* chamou a trilogia de uma das *"pouquíssimas obras de gênio na literatura recente"*[112]. E, Edward Wagenknecht (1900-2004) do *Chicago Sunday Tribune* classificou *A Sociedade do Anel* de *"uma criação literária de beleza duradoura"*[113].

---

107 AUDEN, W. H. "The Hero Is a Hobbit". *New York Times Book Review*, 31 (October 1954).
108 BARR, Donald. "Shadowy World of Men and Hobbits". *New York Times Book Review*, May 1, 1955, p. 4.
109 BLISSETT, William. "The Despot of the Rings". *South Atlantic Quarterly* (Summer 1959), p. 451.
110 HALLE, Louis J. "Flourishing Orcs". *Saturday Review*, January 15, 1955, p. 17-18.
111 SPACKS, Patricia Meyer. "Ethical Pattern in The Lord of The Rings". *Critique*, 3 (1959), p. 41.
112 STRAIGHT, Michael. "The Fantastic World of J. R. R. Tolkien". *New Republic*, January 16, 1956, p. 26.
113 WAGENKNECHT, Edward. "'Ring' Joins Great Novels of the Year". *Chicago Sunday Tribune*, December 26, 1954.

Tolkien não estava em posição tão superior, e deu uns golpes nos críticos. No prefácio à segunda edição d'*A Sociedade do Anel*, Tolkien escreveu:

> Alguns que leram o livro, ou de alguma forma o criticaram, o acham enfadonho, absurdo ou desprezível; e não tenho motivos para me queixar, visto que tenho opiniões semelhantes sobre as obras deles, ou sobre os tipos de escrita que eles evidentemente preferem[114].

O biógrafo Humphrey Carpenter escreve que as críticas duras à obra *O Senhor dos Anéis* "divertiam" Tolkien[115]. A respeito disso, Tolkien até escreveu o seguinte poeminha: *"Senhor dos Anéis / coisa ou outra é: / quem gostou, gostou, / quem não gostou, vaiou!"*[116].

Apesar da recepção crítica confusa, a trilogia de Tolkien revelou um séquito fervoroso na Inglaterra e nos Estados Unidos. Diferente da horda de seguidores-alunos que surgiu em meados da década de 1960, os admiradores mais zelosos da primeira década após a publicação da trilogia foram, na maioria, acadêmicos[117]. Daphne Castell (1929-1983) recordou que o corpo docente de ciências de Oxford ficou encantado com *O Senhor dos Anéis* quando surgiu o primeiro volume em 1954. Frequentemente o citavam e até escreviam mensagens entre si em Quenya, uma das muitas línguas inventadas por Tolkien[118].

Nos Estados Unidos, os anglófilos de Harvard e de Yale iniciaram um culto seguindo o autor inglês. A partir daí a popularidade de Tolkien parece ter se espalhado para Cornell, via departamento de Matemática, até um grupo de magia negra da University of Virginia e, depois até as *"pessoas mais legais"* em Bryn Mawr, relatou um dos

---

114 TOLKIEN, J. R. R. *A Sociedade do Anel – O Senhor dos Anéis: Parte I*. Trad. Ronald Kyrmse. Rio de Janeiro: Harper Collins Brasil, 2019. p. 33.
115 CARPENTER, Humphrey. *Tolkien. Op. cit.*, p. 223.
116 No original: *"The Lord of the Rings / is one of those things: / if you like you do: / if you don't, then you boo!"*. Citado em: CARPENTER, Humphrey. *Tolkien. Op. cit.*, p. 223.
117 CATER, William. "Lord of the Hobbits". *London Daily Express*, November 22, 1966.
118 CASTELL, Daphne. "The Realms of Tolkien". *New Worlds*, November 1966, p. 143.

autores da *Esquire*[119]. Por volta de 1959, ainda que só estivesse disponível em capa-dura, foram vendidas mais de 156 mil cópias de *O Senhor dos Anéis*[120]. Em meados da década de 1960, Tolkien alcançou o *status* de ícone popular[121]. Isso se mostrou, em particular, verdadeiro nos Estados Unidos, onde nos primeiros dez meses do surgimento do livro em brochura, em 1965, *O Senhor dos Anéis* vendeu 250 mil cópias[122]. De fato, *O Senhor dos Anéis* vendeu rapidamente em quase todos os *campi*. As livrarias das faculdades e universidades quase não conseguiam atender a demanda com a oferta adequada[123].

Os *hippies* e a esquerda política adotaram a trilogia de meados ao fim da década de 1960. Era, supostamente, um dos livros favoritos do guru das drogas, Timothy Leary (1920-1996) e as *head shops** por todos os Estados Unidos vendiam todo tipo de parafernália de Tolkien[124]. Como relatou o biógrafo dos Beatles, Philip Norman, *O Senhor dos Anéis*, tornou-se parte vital da cultura *hippie*, encontrando admiradores entre os devotos *"da religião indiana, da* cannabis *e do amor livre"*[125]. Disse o gerente da livraria do *campus* de Berkeley, em 1966, que *"isso é mais que uma mania no* campus*, é como um sonho de drogas"*[126].

O Senhor dos Anéis encontrou seguidores muito além das fronteiras do mundo das drogas. *"Ir para a faculdade sem Tolkien é como ir sem os tênis"*, a mãe de um estudante universitário disse a um repórter

---

119 MATHEWSON, Joseph. "The Hobbit Habit". *Esquire*, September 1966, p. 131.
120 CURTIS, Anthony. "Remembering Tolkien and Lewis". *Op. cit.*, p. 430.
121 PLIMMER, Charlotte & PLIMMER, Denis, "The Man Who Understands Hobbits". *Op. cit.*, p. 31. Charlie Elliott (1906-2000), um editor da revista *Life*, reclamou que gostar de Tolkien não era mais uma coisa boa, visto que muitas pessoas o tornaram popular, tendo reclamado que *"Ele deixou de ser propriedade de um culto"*. Ver: ELLIOTT, Charles. "Can American Kick The Hobbit?". *Life*, February 24, 1967, p. 10.
122 "J. R. R. Tolkien". *New York Times*, September 3, 1973, p. 18.
123 CATER, William. "Lord of the Hobbits". *Time*, July 15, 1966; Idem. "The Hobbit Habit". *Ibidem*.
* Termo usado para designar as lojas de produtos relacionados ao uso da *cannabis*, do fumo e de outras substâncias psicoativas. (N. T.)
124 RATLIFF, William E. & FLINN, Charles G. "The Hobbit and the Hippie". *Modern Age* (Spring 1968), p. 142.
125 NORMAN, Philip. "The Magic of Meeting the REAL *Lord of the Rings*". *London Daily Mail*, December 13, 2001, p. 13.
126 Citado em: NORMAN, Philip. "The Prevalence of Hobbits". *Op. cit.*

da revista *Time*[127]. *"Donas de casa lhe escreviam de Winnipeg, traficantes de drogas de Woomera, cantores-pop de Las Vegas"*, Charlotte Plimmer e Denis Plimmer escreveram, em 1968. *"Publicitários discutiam-no nos pubs de Londres. Alemães, espanhóis, portugueses, poloneses, japoneses, israelenses, suecos, holandeses e dinamarqueses o liam nas próprias línguas"*[128]. Os fã-clubes surgiram por todos os Estados Unidos, e usavam a saudação "Que os pelos de seus pés cresçam cada vez mais!", uma referência aos pés dos hobbits que são cobertos por pelos encaracolados e lanosos[129]. Quando o professor de Inglês do Wheaton College, Clyde Kilby, ajudou Tolkien a organizar *O Silmarillion* para ser publicado, no verão de 1966, alguns amigos lhe escreveram: *"Estamos todos orando e acendendo velas para a pronta publicação de* O Silmarillion. *Diga a Tolkien que seus seguidores não formam mais um culto. É um* zeitgeist. *Ele está determinando a mentalidade de toda uma geração universitária"*[130].

O *status* de ícone oprimiu o velho Tolkien. Reclamava que muitos o viam como *"uma gárgula com a qual se embasbacavam"*[131]. Os fãs norte-americanos *"estão envolvidos pelas histórias de um modo que eu não estou"*, Tolkien disse a um repórter em 1966[132]. Referia-se aos fãs norte-americanos como *"meu culto deplorável"*[133]. O autor católico conservador detestava, em especial, os *hippies*[134]. Nem o estilo de vida nem a visão de mundo de Tolkien combinavam com os deles. Em 1966, afirmou: *"Creio que sou um reacionário"*[135]. (Ironicamente, como a conclusão deste livro examinará em mais detalhes, os temas reacionários antimecanicistas e pró-ambientalistas de Tolkien foram exatamente os pontos com os quais os *hippies* se identificaram). Em uma carta

---

127 CATER, William. "The Hobbit Habit". *Op. cit.*, p. 51.
128 PLIMMER, Charlotte & PLIMMER, Denis. "The Man Who Understands Hobbits". *Op. cit.*, p. 31.
129 CATER, William. "The Hobbit Habit". *Op. cit.*, p. 48.
130 Notas de CSK, tomadas ao ler o manuscrito de *O Silmarillion* para JRRT em 1966, "Comment on Ainulindale", WCWC, Kilby Files, p. 3-9.
131 Citado em: KILBY, Clyde S. *Tolkien and The Silmarillion*. Wheaton: Harold Shaw, 1976. p. 16.
132 Citado em: NORMAN, Philip, "The Prevalence of Hobbits". *Op. cit.* Ver também: SWANN, Donald. *Swann's Way: A Life in Song*. London: Heinemann, 1991. p. 209.
133 DIBBELL, Julian. "J. R. R. Tolkien Still Feeds the Nerd Nation's Imagination: Lord of the Geeks". *Village Voice*, June 2001, p. 6-12.
134 Citado em: William E. & FLINN, Charles G. "The Hobbit and the Hippie". *Op. cit.*, p. 144.
135 "Tolkien Talking", *London Sunday Times*, November 27, 1966, p. 9.

escrita em 1971, Tolkien sugeriu que os Estados Unidos oferecem *"o solo em que o fungo dos cultos"* surge facilmente[136]. Tolkien, segundo um amigo, detestava *"o culto e as pessoas que não tinham absolutamente nada em comum com ele, lucrando"*[137]. Ainda assim, concluiu que pouco podia fazer a esse respeito. *"Penso que é preciso esforço para fazer o trabalho à própria maneira e não se desviar"*, Tolkien escreveu para um acadêmico norte-americano. *"Ninguém que publica alguma coisa pode controlar os efeitos ou os usos que possam ter nas mentes dos outros"*[138].

Os fãs de todas as partes do mundo, mas, em particular, dos Estados Unidos, perturbavam Tolkien de todas as maneiras imagináveis. Apareciam na casa dele sem aviso e sem convite. Telefonavam em todas as horas. Imploravam por autógrafos, mapas, páginas manuscritas, fios de cabelo e outros itens colecionáveis. Enviavam-lhe cartas e outros objetos que chegavam *"três vezes por dia, seis dias por semana, chegam há anos e ainda continuam a chegar; a gota se tornou um riacho, um rio, uma inundação"* relatou a secretária de Tolkien, Joy Hill[139]. Os fãs mandavam inúmeros presentes: pinturas, tapeçarias, fitas-cassetes, um cálice de prata e até comida, que raras vezes sobrevivia ao vôo transatlântico[140]. Tolkien os rotulava *"Salientes, bisbilhoteiros, caipiras ignorantes, bichos de ouvido, caçadores de leão transatlânticos e aficionados por gárgulas"*[141].

* * *

Com o sucesso incrível de *O Senhor dos Anéis*, os editores de Tolkien pediram *O Silmarillion*. Há muito Tolkien queria publicá-lo e agora tinha oportunidade. Como disse a um repórter, estava *"traba-*

---

136 CARPENTER, Humphrey (Ed.). *Letters. Op. cit.*, p. 412.
137 MILLER, Dan. "The Hobbit Cult: A Fantastic Ring". *Chicago Daily News*, September 8-9, 1973, p. 6.
138 J. R. R. Tolkien para William E. Ratliff, Seattle, Washington, 25 de agosto de 1967; cópia da carta com o autor.
139 HILL, Joy. "Brief Account", 2 de janeiro de 1972, Folder 7, Box 2, Series 5, em: J. R. R. Tolkien Papers, Marquette University.
140 Idem. *Ibidem.*; HILL, Joy. "Echoes of the Old Ringmaster". *London Times*, December 10, 1990, p. 16.
141 Citado em: "Letters Give Insight into Author Tolkien". *Coventry Evening Telegraph*, December 12, 2001, p. 6.

lhando como um condenado! A caneta é para mim o que o bico é para a galinha"[142]. Entretanto, expressou certa amargura com relação à editora Allen & Unwin. *"Grande parte* [de *O Silmarillion*] *está escrita, é claro"*, disse numa entrevista telefônica, *"mas, quando pela primeira vez o ofereci ao editor* [antes de *O Senhor dos Anéis*]... *eles o recusaram, como se fossem muito superiores e poderosos"*[143].

Várias coisas colaboraram para que *O Silmarillion* não fosse terminado. Em uma carta para Kilby, Tolkien revelou muitas de suas frustrações:

> Quando recebi sua carta, estava bem sobrecarregado e distraído. A saúde de minha mulher, por mais de um mês, tem me causado muita aflição (necessitou que fosse duas vezes para a costa Sul no outono, o que gerou muita perda de tempo, mas piorou com o início repentino do inverno). Uma secretária competente que trabalhava meio-expediente, após ajudar-me com o negócio da Ballantine, foi embora. E, subitamente, surgiu a necessidade de revisar e corrigir as provas de *O Hobbit* para novas edições. Todo dia achava que ia terminar, mas só dei conta do último material há poucos dias[144].

O perfeccionismo de Tolkien também consumiu o que havia de melhor nele[145]. Queria que *O Silmarilion* fosse totalmente consistente com *O Senhor dos Anéis*. Considerando a complexidade de cada uma das obras, essa não se mostrou uma tarefa fácil. De fato, é extraordinário que Tolkien tenha alcançado tamanha coesão. No entanto, dado o crescente *status* de ícone pop das obras, o que era ainda mais importante para Tolkien é que *O Silmarillion* fosse tão internamente coeso, com relação a Teologia e a Filosofia, quanto possível[146].

---

142 Citado em: NORMAN, Philip. "Lord of the Flicks". Show 1 (January 1970), p. 29.
143 RESNICK, Henry. "An Interview with Tolkien". *Niekas* (Spring 1966), p. 42.
144 JRRT, Oxford, para Clyde Kilby, Wheaton, Illinois, 18 de dezembro de 1965, em: JRRT to Miscellaneous Correspondents, WCWC.
145 KILBY, Clyde S. *Tolkien and The Silmarillion. Op. cit.*, p. 19.
146 CATER, William. "Filial Duty". *In*: *The Tolkien Scrapbook*. Philadelphia: Running Press, 1978. p. 93. Ver, especialmente, os últimos escritos de Tolkien com relação ao *Silmarillion* em: TOLKIEN, J. R. R. *Morgoth's Ring: The Later Silmarillion, Volume 1 – History of Middle-Earth: Volume 10*. Ed. Christopher Tolkien. Boston: Houghton Mifflin, 1993; Idem. *The War of the*

Estava resoluto, não queria ser o criador de um culto religioso. As inseguranças também o atormentavam. Os mesmos medos que o levaram a escrever o autobiográfico "A Folha de Cisco" [ou Folha por Niggle] – em que o pintor continua a "perder-se em minúcias" ao aperfeiçoar a pintura individual das folhas, temendo que a grande imagem da árvore acabe por fugir dele – ressurgiram ao tentar terminar *O Silmarillion*[147]. Também temia, nas palavras de seu filho Christopher, que muitos leitores d'*O Senhor dos Anéis* "*se deliciassem com a sensação de profundidade sem desejar explorar os lugares profundos*"[148]. Por fim, Tolkien estava com setenta e poucos anos e decaindo fisicamente. George Sayer, que frequentemente o visitou durante a última década, recordou terem sido raras as vezes em que pareceu que Tolkien estivesse trabalhando em sua mitologia[149].

  Tolkien morreu sem completar *O Silmarillion*, mas antes de falecer fez de Christopher seu herdeiro literário. A escolha fazia todo o sentido. Ainda que todos os filhos de Tolkien tivessem algum papel na sua coleção literária de lendas, Christopher era o que estava mais intimamente envolvido. Tolkien enviara grandes partes d'*O Senhor dos Anéis* para Christopher, serializadas, durante a Segunda Guerra Mundial. Christopher fez os mapas da Terra Média para o pai, entrou para os *Inklings* em 1946, graduou-se em Literatura Medieval e lecionou em Oxford. Também amava os detalhes[150]. Era famoso em Oxford pelas palestras brilhantes e, como afirmou A. N. Wilson: "*Christopher é um homem de inteligência extraordinária*"[151]. John e Priscilla lembraram de Christopher corrigindo o pai com relação a detalhes das

---

  Jewels: The Later Silmarillion, Volume 1 – History of Middle-Earth: Volume 10. Ed. Christopher Tolkien. Boston: Houghton Mifflin, 1994.
147 KILBY, Clyde S. *Tolkien and The Silmarillion*. *Op. cit.*, p. 33.
148 TOLKIEN, Christopher. "Preface". *In*: TOLKIEN, J. R. R. *The Book of Lost Tales: Part One – History of Middle-Earth: Volume 1*. Ed. Christopher Tolkien. Boston: Houghton Mifflin, 1983. p. 7.
149 SAYER, George. "Recollections of J. R. R. Tolkien". *Op. cit.*, p. 15.
150 CATER, William. "Filial Duty". *Op. cit.*, p. 94; UNWIN, Raynor. "Early Days of Elder Days". *In*: *Tolkien's Legendarium: Essays on The History of Middle-earth*. Westport: Greenwood Press, 2000. p. 5-6; carta de Betram Rota, London, para William Ready, Marquette, 10 de janeiro de 1957, em: MU, J. R. R. Tolkien, Acquisition File, 1957-59; carta de J. R. R. Tolkien para J. L. N. O'Loughlin, 29 de janeiro de 1943, em: MU, JRRT COLLECTION, Series 7, Box 1, Folder 8.
151 WILSON, A. N. "Tolkien Was Not a Writer". *London Daily Telegraph*, November 24, 2001, p. 7.

histórias da Terra Média, e de Tolkien exclamando: *"maldito menino!"*, mas rapidamente tomava nota daquilo que o filho lhe dissera[152].

Para terminar *O Silmarillion*, Christopher abandonou seu posto em Oxford, onde se tornara um acadêmico bem-sucedido[153]. Terminá-lo, contudo, provou não ser uma tarefa simples. Teve de perpassar sessenta anos da obra do pai, esquadrinhando várias versões das mesmas histórias e lidando com versões primitivas de outras. Além disso, havia uma imensa pressão dos fãs de Tolkien para que surgisse *O Silmarillion*. Somente um dia após a morte de Tolkien, o *New York Times* assegurou aos fãs que *O Silmarillion* ainda seria lançado[154]. Para ajudá-lo, Christopher contratou o canadense Guy Gavriel Kay, na ocasião, recém-saído da faculdade, mas agora um famoso escritor do gênero fantástico. Kay trabalhou para Christopher de outubro de 1974 até junho de 1975. No depósito de Christopher, organizaram, analisaram e discutiram muitos arquivos das várias histórias, poemas e cartas de Tolkien. Kay lembra que *"o depósito era como uma ilha, um santuário de luz em meio às trevas"*. Ele e Christopher sentiam-se *"como se fôssemos monges medievais"*[155]. Enclausurados, tentaram reconstruir *O Silmarillion*. O dilema: tornavam a narrativa compreensível ou uma coletânea acadêmica de escritos díspares[156]. O próprio Tolkien, certa vez, brincou com a idea de Bilbo simplesmente encontrar o manuscrito de *O Silmarillion* em Valfenda. Nesse caso, o romance teria surgido como uma série de contos e histórias[157]. No entanto, ao fim, a frustração de Tolkien por não encontrar um plano organizacional para o livro

---

152 Citado em: TOLKIEN, John & TOLKIEN, Priscilla. *The Tolkien Family Album*. Boston: Houghton Mifflin, 1992. p. 58.
153 MITGANG, Herbert. "Behind the Best Sellers: J. R. R. Tolkien". *Op. cit.*, p. 48.
154 "Tolkien's Publisher Says 'Silmarillion' Will Be Released". *New York Times*, September 4, 1973, p. 31.
155 NOAD, Charles E. "A Tower in Beleriand: A Talk by Guy Gavriel Kay". *Mythprint* (April 1989), p. 4.
156 Idem. *Ibidem.*, p. 3-4. Ver também: TOLKIEN, J. R. R. *Book of Lost Tales: Part One. Op. cit.*, p. 6.
157 KILBY, Clyde S. "Tolkien the Man" de *TOLKIEN AND THE SILMARILLION*, K23, WCWC, Kilby Files, p. 3-8. Christopher discute a possibilidade desse recurso narrativo no prefácio a: TOLKIEN, J. R. R. *The Book of Lost Tales: Part One. Op. cit.*, p. 5-6.

ajudou a deixá-lo inconcluso[158]. Christopher e Kay adotaram a narrativa coerente.

> *O Silmarillion* é, veementemente, um livro de meu pai e, de modo algum, meu. Aqui e ali tive de desenvolver narrativas a partir de notas e de esboços brutos; tive de fazer muitas escolhas entre versões concorrentes e mudar muitos detalhes; nos últimos capítulos (que ficaram intocados por muitos anos), tive de, nalguns lugares, modificar a narrativa para torná-la coerente. Mas, em essência, o que fiz foi um trabalho de organização, não de conclusão[159].

"*Quando terminei, senti um alívio enorme por ter sobrevivido*", Christopher afirmou. "*Tive medo de que, por algum motivo, não fosse capaz de completá-lo. Foi uma responsabilidade muito grande*"[160]. As obras *History of Middle-Earth* [*A História da Terra Média*], lançada em doze volumes, entre os anos de 1983 e 1996, e *Unfinished Tales of Númenor and Middle-earth* [*Contos Inacabados de Númenor e da Terra-Média*][161], de 1980, serviram como a versão acadêmica de *O Silmarillion*.

Embora a procura por *O Silmarillion* tenha estabelecido recordes de publicação e vendas[162], quando apareceu pela primeira vez em setembro de 1977, apenas um resenhista expressou ilimitados elogios. "*É uma obra de força, eloquência e visão nobre, que seria notável mesmo se 'O Hobbit' e 'O Senhor dos Anéis' nunca tivessem existido*"[163], escreveu Edmund Fuller (1914-2001), do *Wall Street Journal*. Das primeiras rese-

---

158 "Tolkien's Publisher Says 'Silmarillion' Will Be Released", *New York Times*; DAHLIN, Robert. "Houghton Mifflin's Fall Title by J. R. R. Tolkien to Excavate the Founding of Middle-earth". *Publisher's Weekly*, February 14, 1977, p. 59.
159 TOLKIEN, Christopher. *The Silmarillion: A Brief Account of the Book and Its Making*. Boston: Houghton Mifflin, 1977. p. 4.
160 CATER, William. "We Talked of Love, Death, and Fairy Tales". *Op. cit.*, p. 23.
161 A obra está disponível, atualmente, na seguinte edição em língua portuguesa: TOLKIEN, J. R. R. *Contos Inacabados de Númenor e da Terra-Média*. Trad. Ronald Kyrmse. Rio de Janeiro: Harper Collins Brasil, 2020. (N. T.)
162 Sobre recordes de venda, ver: "HM's 'The Silmarillion' Sets New Records". *Publishers Weekly*, September 26, 1977, p. 106-08.
163 FULLER, Edmund. "A Superb Addition to Tolkien's Mythological Realm". *Op. cit.*

nhas que surgiram, só outras três fizeram elogios, também, mas limitados. Joseph McLellan (1929-2005), do *Washington Post*, argumentou que *O Silmarillion* era irregular, no entanto, *"as melhores partes ficam bem abaixo [...], comparativamente"* às obras do poeta grego Hesíodo, ao *Paraíso Perdido*, de John Milton, e ao Livro do Gênesis[164]. Até a *National Review*, que apoiou firmemente Tolkien desde o início ds década de 1960, deu ao livro *O Silmarillion* senão um elogio cauteloso. Existem *"lacunas e fartos enxertos na narrativa"*, reclamou Richard Brookhiser. No entanto, Brookhiser comparou J. R. R. Tolkien a Dante Alighieri (1265-1321) e concluiu que o livro *"é uma prequela válida ao Senhor dos Anéis, sem descrédito algum ao homem que tanto tempo dedicou a isso"*[165]. Após uma explicação estranha e extensa sobre como os esquizofrênicos se escondem em linguagens e mundos imaginários, o resenhista da *Harper's*, Charles Nicol (1940-2020), concluiu sua avaliação: *"Uma produção curiosa, difícil, que realmente não é para o leitor comum, mas totalmente necessária para os admiradores zelosos de Tolkien,* O Silmarillion *é o maior e o mais estranho monumento da Terra Média"*[166]. Os leitores dessa resenha singular devem ter imaginado que o próprio J. R. R. Tolkien sofrera de esquizofrenia.

  Resenhas negativas surgiram de todas as direções e, em termos de quantidade, superaram as críticas positivas acima mencionadas. Estranhamente, a *Christianity Today* reclamou que a prequela era muito cristã. Visto que *O Senhor dos Anéis* fora original, *O Silmarillion* parecia muitíssimo uma cópia da Bíblia[167]. Várias outras resenhas também acusaram o livro pela estutura e imitação do estilo bíblico. A revista *Time* lamentou que Tolkien *"tenha escrito uma paródia de Edgar Rice Burroughs (1975-1950) no estilo do Apocalipse"*[168]. Na matéria de capa da edição de 1 de outubro de 1977, a *New Republic* o comparou ao Livro dos Mórmons, uma

---

164 MCLELLAN, Joseph. "Frodo and the Cosmos". *Washington Post*, September 4, 1977.
165 BROOKHISER, Richard. "Kicking the Hobbit". *National Review*, December 9, 1977, p. 1439-40.
166 NICOL, Charles. "The Invented Word". *Harper's*, 255 (November 1977): 103.
167 FORBES, Cheryl. "Answers about Middle-earth". *Christianity Today*, October 7, 1977, p. 30-31.
168 FOOTE, Timothy. "Middle-earth Genesis". *Time*, October 24, 1977, p. 122.

"mistura de Joseph Smith, Jr. (1805-1844) com L. Ron Hubbard (1911-1986)*". Além disso, afirmou o resenhista, Melkor acaba sendo mais um empresário como John D. Rockefeller (1839-1937) do que uma figura satânica. Os angélicos Valar, os heróis do livro, são simplesmente *"funcionários que impedem negócios ilícitos"*[169]. A *America* (uma revista jesuíta), a *Economist* e a *Newsweek*, cada uma delas lamentou que a linguagem de O Silmarillion era *"tediosa, pretensiosa ou, um 'blá blá blá genealógico'"*[170]. *"Ilegível"* foi a opinião do *London Times Literary Supplement*[171]. A *New York Review of Books*, a *Christian Science Monitor*, e a *Atlantic Monthly* referiram-se ao livro como pomposo, maçante e cansativo[172]. Embora tenha observado ter alguns elementos fortes, o famoso crítico literário John Gardner (1933-1982), queixou-se que O Silmarillion *"lembrava o* Fantasia *da Disney"* e *"a linguagem é [...] imitação barata da linguagem do* Príncipe Valente*"*[173]. (Caso estivesse vivo, Tolkien teria ficado irritado com a comparação. Desprezava Walt Disney (1901-1966), e alegava ser *"simplesmente um trapaceiro – disposto, e, até mesmo, ávido por ludibriar os menos experientes com imposturas 'legais' o bastante para mantê-lo fora* rever decentemente. Embora nenhum Hobbit apareça n'*O Silmarillion*, Conrad escreveu que *"Tolkien agrada não porque é misterioso e remoto, mas, porque é um defensor circunspeto da mediocridade. A Terra Média é um subúrbio; os hobbits são comerciantes convencionais e ignorantes, lojistas caseiros e monótonos"*[174].

---

* Referências aos fundadores, respectivamente, da Igreja de Jesus Cristo dos Santos dos Últimos Dias, popularmente conhecida como a Igreja Mórmon, e da Cientologia. (N. T.)
169 DAVIS, L. J. "The Silmarillion". *New Republic*, October 1, 1977, p. 38-40.
170 COOGAN, Daniel. "Failing Fantasy, Tragic Fact". *America*, November 5, 1977, p. 315; "J. R. R. Tolkien: Mythbegotten". *Economist*, September 17, 1977, p. 141; JEFFERSON, Margo. "Fool's Gold". *Newsweek*, October 24, 1977, p. 114, 117.
171 KORN, Eric. "Doing Things by Elves". *Times Literary Supplement*, Septeber 30, 1977, p. 1097.
172 ADAMS, Robert M. "The Hobbit Habit". *New York Review of Books*, November 24, 1977, p. 22; GERVILLE-REACHE, Joy. "Tolkien's 'Silmarillion' Tests Fans". *Christian Science Monitor*. September 21, 1977; SPAULDING, Martha. "The Silmarillion". *Atlantic Monthly*, October 1977, p. 105.
173 GARDNER, John. "The World of Tolkien". *New York Times Book Review*, October 23, 1977, 1, p. 39-40.
174 CONRAD, Peter. "The Babbit". *New Statesmen*, September 23, 1977, p. 408-09.

Tolkien, é claro, estava morto há quatro anos quando essas resenhas surgiram. Christopher nunca publicou as próprias reações a essas críticas[175].

***

Apesar não ter tido sucesso em completar *O Silmarillion*, a última década de vida de Tolkien foi produtiva. Livre das obrigações acadêmicas e vendo-se, de modo súbito, seguro financeiramente pela primeira vez na vida[176], Tolkien encontrou tempo de publicar o autobiográfico *Tree and Leaf* [Árvore e Folha][177], em 1964; a coletânea de poemas *The Adventures of Tom Bombadil* [*As Aventuras de Tom Bombadil*] em 1962; o já citado *Smith of Wootton Major* [*Ferreiro de Bosque Grande*], em 1967; e o conjunto de canções *The Road Goes Ever On* [*O Caminho Continua*], no ano de 1967. Tolkien sabia que sua hora estava chegando, e determinou-se a terminar o maior número possível de obras.

Com a fama, no entanto, vinham as interrupções constantes. *"Estávamos discutindo os elfos, o professor e eu, e havia um despertador ao nosso lado como um lembrete para ser breve"*, escreveu um entrevistador[178]. As hordas de fãs se tornaram tão grandes que Tolkien e Edith tiveram de se mudar da casa de Oxford. *"Pergunto-me como vão as coisas contigo. E, ouso dizer, que pensas que fui um tanto rude em meu silêncio"*, Tolkien escreveu a um amigo e companheiro Inkling, *"o charlatão inútil"* [Humphrey Havard]. *"Mas essa 'mudança' foi desastrosamente desarranjada por todos os tipos de contratempos, menores e maiores, e ainda não sou capaz de viver na minha própria casa, visto que todos os meus livros, do-*

---

175 Christopher, todavia, mencionou a crítica negativa no prefácio ao seguinte volume: TOLKIEN, J. R. R. *The Book of Lost Tales: Part One. Op. cit.*, p. 2.
176 Um exemplo da recém-descoberta riqueza de Tolkien; ele recebeu 250 mil dólares pelos direitos cinematográficos de *O Senhor dos Anéis*, em 1969. Ver: EZARD, John. "So, Would Tolkien Have Liked the Film?". *London Guardian*, December 14, 2001, p. 4.
177 Sobre o conto "Leaf by Niggle" [Folha por Niggle], na obra *Tree and Leaf* [Árvore e Folha], ser autobiográfico, ver: FOSTER, Michael A., "Dr. Clyde S. Kilby Recalls the Inklings", 10 de outubro de 1980, JRRT MSS., Series 5, Box 1, Folder 23, Marquette University Archives.
178 CATER, William. "Lord of the Hobbits". *London Daily Express*, November 22, 1966.

cumentos e arquivos continuam empilhados, confusos"[179]. Ainda assim, Tolkien nunca quis deixar a Inglaterra, nem mesmo para fugir dos altos impostos e do incômodo da fama. Como o filósofo grego Sócrates (470-399 a.C.), J. R. R. Tolkien lamentou que uma mudança significaria, simplesmente, viver num lugar onde ninguém entenderia suas piadas[180].

Durante a década de 1960, a saúde de Edith piorou rapidamente. Ela faleceu em 29 de novembro de 1971. Poucos meses depois, a rainha Elizabeth II concedeu a Tolkien o prestigioso título de C.B.E., ou *"Comendador do Império Britânico"*[181], recebido em 28 de março de 1972. Naquele mesmo ano, a universidade de Oxford o agraciou com um doutorado honorário por seu trabalho em Filologia. No dia 2 de setembro de 1973, aos oitenta e um anos, Tolkien morreu, em decorrência de uma úlcera hemorrágica e de uma infecção no peito.

---

179 Carta de JRRT para Havard, 9 August 1968, in MU JRRT Collection, Series 7, Box 1, Folder 9.
180 CATER, William. "More and More People Are Getting the J. R. R. Tolkien Habit". *Op. cit.*, p. 14.
181 WEINRAUB, Bernard. "Cecil Beaton Knighted by Queen; A Racing Driver Is Also Honored". *New York Times*, January 1, 1972, p. 3.

Capítulo II

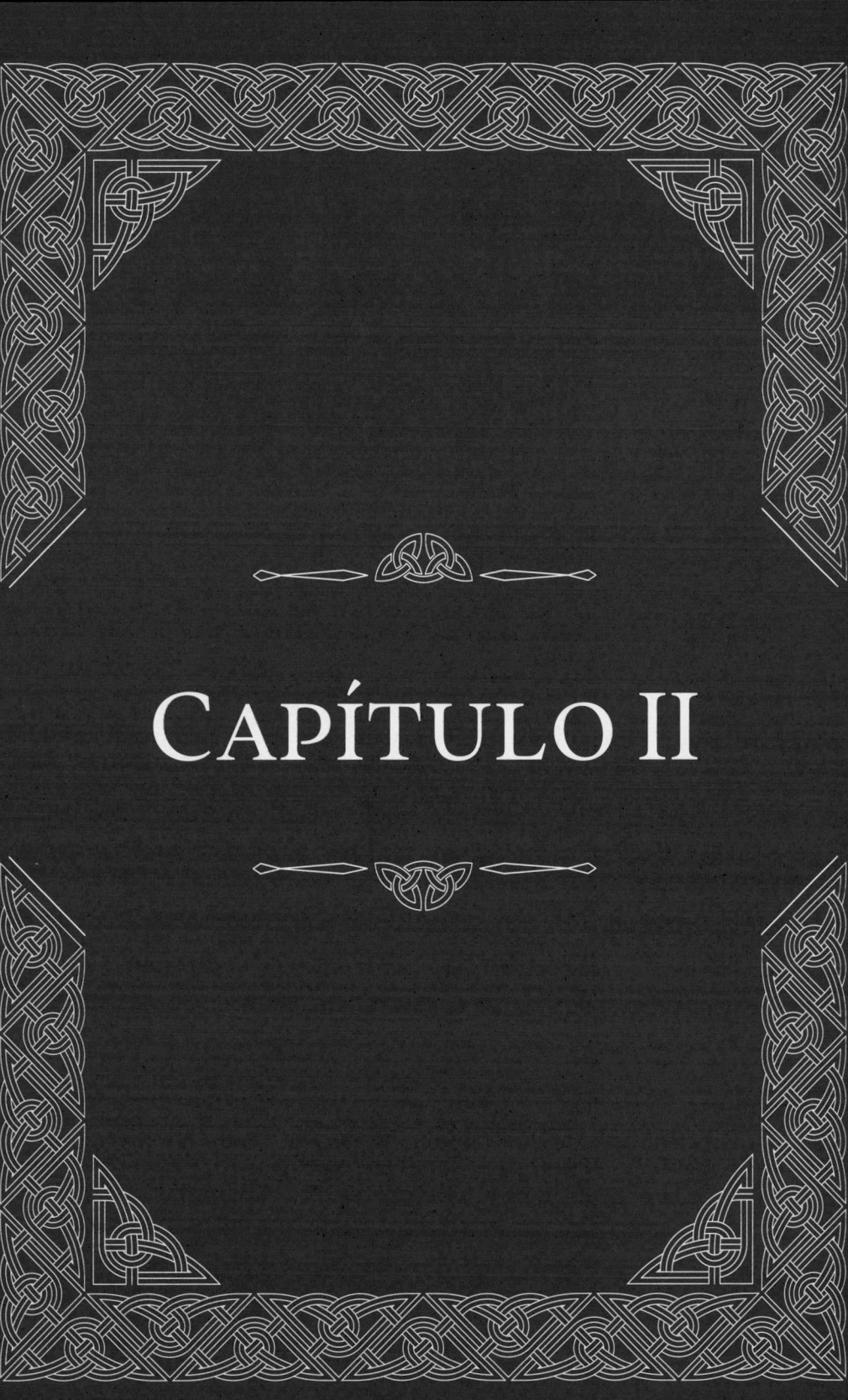

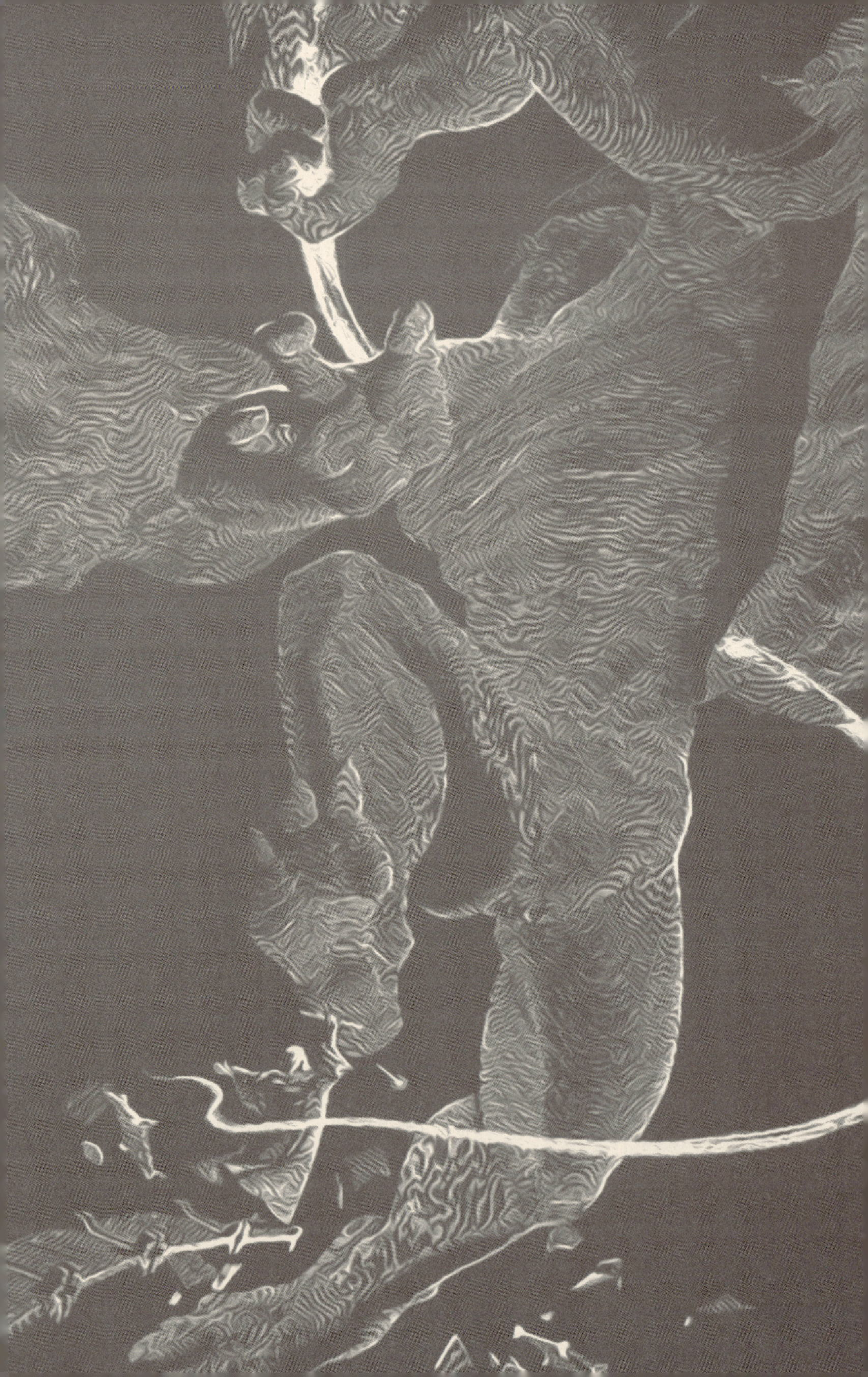

Mito e Subcriação

No verão de 1972, pouco mais de um ano antes de morrer, J. R. R. Tolkien pediu que na lápide de sua mulher, recém-falecida, fosse escrito: "Edith Mary Tolkien, 1889-1971, Lúthien". A lápide dele traria o nome de "Beren". Uma das personagens centrais de *O Silmarillion* e de muitas das histórias da Terra Média, Lúthien é uma bela elfa que renuncia à imortalidade terrena para passar uma eternidade "celestial" com seu verdadeiro amor, e dedica a inteligência e até a coragem física a ajudar o amado. Ela e seu amante, Beren, funcionam como um time perfeito, fazendo oposição ao pai dela, cético e provocador, bem como a Morgoth, o equivalente mitológico a Lúcifer[182]. É revelador, como sugere a lápide de sua mulher, que Tolkien a visse em termos históricos e mitológicos. De fato, a Edith da adolescência e dos vinte anos serviu de inspiração para Lúthien. Tolkien mitologi-

---

[182] Ver, em especial: TOLKIEN, J. R. R. *The Lays of Beleriand. Op. cit.*, p. 150-367; TOLKIEN, J. R. R. "De Beren e Lútien". *In*: *O Silmarillion*. Trad. Reinaldo José Lopes. Rio de Janeiro: Harper Collins, 2020. p. 223-55. Ver também: SWANN, Donald. *Swann's Way. Op. cit.*, p. 208.

zava quase tudo na vida. *"Nunca escreverei biografia ordenada alguma"*, Tolkien explicou ao filho, Christopher, pois, *"é contra minha natureza, que se expressa a respeito das coisas sentidas com mais profundidade em contos e mitos"*[183]. Para Tolkien, o mistério nos envolve. No entanto, a modernidade deformou nossa percepção dessa realidade. A mitologização do mundo, cria Tolkien, aumentou nossa capacidade de ver a beleza e a sacramentalidade da criação. Também permitiu que ideias e amores transcendessem tempo e espaço. Em essência, a mentalidade de Tolkien permaneceu complexamente medieval e orientada para o mito e o mistério.

Tolkien lutou com o conceito, o significado e a interpretação do mito por toda a vida adulta, bem como, por um número significativo de anos durante a infância. Mais do que qualquer outra coisa, seu amor pelo mito proporcionou uma ponte entre as obras acadêmica e ficcional. *"Sou um filólogo e todo o meu trabalho é filológico. Evito passatempos porque sou uma pessoa muito séria e não consigo distinguir diversão privada de dever"*, Tolkien escreveu para Harvey Breit (1909-1968) do *New York Times Book Review*. *"Só trabalho por diversão privada, uma vez que acho meus deveres particularmente divertidos"*[184]. Um dos alunos de Tolkien, Anthony Curtis, notou que Tolkien *"falava, sem autoconsciência alguma, de uma série de acontecimentos que na sua cabeça pareciam existir, tão reais quanto a Revolução Francesa ou a Segunda Guerra Mundial"*[185].

De fato, para Tolkien, os mitos expressavam verdades muito maiores que os fatos ou os acontecimentos históricos. Mitos santificados, inspirados pela graça, serviam como anamnese, ou como um percurso para as pessoas recordarem os encontros com a transcendência que as tinham ajudado a ordenar as almas e a sociedade. O mito herdado ou criado, também, podia oferecer *"um súbito vislumbre da Verdade"*, ou seja, uma breve visão do Paraíso. No mínimo, o mito santificado revelou a vida que os humanos estavam destinados a ter antes do Pecado Original[186].

---

183 CARPENTER, Humphrey (Ed.). *Letters. Op. cit.*, p. 420-21.
184 J. R. R. Tolkien citado em: BREIT, Harvey. *New York Times Book Review*, June 5, 1955, p. 8.
185 CURTIS, Anthony. "Remembering Tolkien and Lewis". *Op. cit.*, p. 429-30.
186 CARPENTER, Humphrey (Ed.). *Letters. Op. cit.*, p. 100.

Capítulo II | Mito e Subcriação

Dois aspectos fundamentais da mitologia de Tolkien devem ser expostos desde o início. Primeiro, como todo leitor de Tolkien já descobriu – seja para deleite ou para desgosto – Tolkien criou um mundo imensamente complexo e matizado. Para os que gostam, a mitologia é convidativamente real e incrivelmente completa. Para Tolkien, *O Silmarillion*, *O Hobbit* e *O Senhor dos Anéis* representam manifestações ou fragmentos do mundo mitilógico da Terra Média. Essas histórias não esgotam, de modo algum, a história da Terra Média. Quando a popularidade de Tolkien na cultura *mainstream* chegou ao ápice, em meados dos anos 1960, entrevistadores e repórteres, sem acreditar, comentaram que o vetusto autor acreditava que o maior problema, nas mais de mil páginas d'*O Senhor dos Anéis*, era o livro ser muito curto[187]! Como Christopher Tolkien demonstrou nos doze volumes da *História da Terra Média*, a criatividade de seu pai era imensa, para não dizer, opressiva.

Tolkien acreditava que sua coleção literária de lendas era uma entidade única, que lhe era revelada ao longo do tempo[188]. Para ele, *O Silmarillion* e *O Senhor dos Anéis* eram continuação de uma mesma história, inseparáveis, e quando divididos, incompreensíveis. De fato, como observou Clyde Kilby, há mais de seiscentas referências a *O Silmarillion* em *O Senhor dos Anéis*[189]. *"Veja Beren, ele nunca pensou que ia conseguir aquela Silmaril da Coroa de Ferro em Thangorodrim e, no entanto, conseguiu e aquele era um lugar pior e um perigo mais sombrio que o nosso"*, disse Sam em *O Senhor dos Anéis*, enquanto Frodo e Sam seguiam, com relutância, Gollum até as escadarias de Cirith Ungol, na entrada de Mordor. Sam, olhando para a luz do frasco de vidro de Galadriel, percebe que a demanda para destruir o Anel é uma continuação da história do Silmarillion. *"O senhor tem um pouco da luz dela naquele cristal-de-estrela que a Senhora lhe deu! Ora, é de pensar que ainda*

---

187 Ver, por exemplo: RESNICK, Henry. "An Interview with Tolkien". *Op. cit.*, p. 40.
188 TOLKIEN, Christopher. *The Silmarillion: A Brief Account of the Book and Its Making. Op. cit.*, p. 3; TOLKIEN, J. R. R. *Morgoth's Ring. Op. cit.*, p. viii-ix; HAMMOND, Wayne G. & SCULL, Christian. "The History of Middle Earth: Review Article", VII 12 (1995), p. 105, 109; CARPENTER, Humphrey (Ed.). *Letters. Op. cit.*, p. 216.
189 KILBY, Clyde S. *Tolkien and The Silmarillion. Op. cit.*, p. 45.

estamos na mesma história! Ela ainda continua"[190]. Quando um cavaleiro de Rohan encontra Aragorn, o futuro rei, pela primeira vez, uma conversa semelhante é iniciada. Depois da menção aos Pequenos, o cavaleiro exclama: *"Pequenos! Mas são apenas um povo diminuto em velhas canções e contos infantis vindos do Norte. Caminhamos em lendas ou na terra verde à luz do dia?"* Impassível, Aragorn responde que *"Um homem pode fazer ambas as coisas"*, acrescentando que *"Pois não nós, e sim os que vierem depois farão as lendas de nosso tempo. A terra verde, tu dizes? Esse é um poderoso tema de lendas, apesar de tu a pisares sob a luz do dia!"*[191]. Pouca diferença, afirmam as personagens de Tolkien, existe entre história e mito, ou, entre o historiador e o menestrel. De fato, o menestrel pode entender as complexidades da vida muito mais que o historiador, preso em seus arquivos e no seu mundo limitado, especializado.

Embora essas passagens unam muito bem os dois principais contos (ou "manifestações", como preferia Tolkien) da Terra Média, também advertem o leitor que a luta contra o mal deve continuar até o fim dos tempos. Quando Sam pergunta se *"As grandes histórias não terminam nunca?"*, Frodo responde, não, *"mas as pessoas nelas vêm e vão quando seu papel acabou. Nosso papel vai acabar mais tarde — ou mais cedo"*[192]. O mundo dos mitos de Tolkien precede nosso mundo histórico, e seu conto — porque ligado ao nosso conto, ao conto de um mundo decaído — nunca acaba de verdade, até o Apocalipse[193].

O segundo aspecto da mitologia de Tolkien que deve ser compreendido é sua firme convicção de que Deus foi o autor da história da Terra Média, em todas as manifestações. Tolkien acreditava que servira apenas como escrivão do mito divino[194]. *"Há muito deixei de inventar"*, escreveu Tolkien em 1956, *"aguardo até parecer saber o que realmente aconteceu. Ou, até que se escreva por si"*[195]. Um membro do Par-

---

190 TOLKIEN, J. R. R. *As Duas Torres — O Senhor dos Anéis: Parte II*. Trad. Ronald Kyrmse. Rio de Janeiro: Harper Collins Brasil, 2019. p. 1016.
191 Idem. *Ibidem.*, p. 651.
192 Idem. *Ibidem.*, p. 1016.
193 KILBY, Clyde S. *Tolkien and The Silmarillion. Op. cit.*, p. 43.
194 CARPENTER, Humphrey (Ed.). *Letters. Op. cit.*, p. 79, 231, 252, 258; TOLKIEN, Christopher. *The Silmarillion: A Brief Account of The Book and Its Making. Op. cit.*, p. 4.
195 CARPENTER, Humphrey (Ed.). *Letters. Op. cit.*, p. 231.

Capítulo II | Mito e Subcriação

lamento britânico, certa vez, disse a Tolkien: *"você não escreveu O Senhor dos Anéis"*, sugerindo que a história tivera uma fonte divina[196]. Tolkien concordou. *"O Outro Poder, então, assumiu o controle: o Autor da História (e, por isso, não indico a mim mesmo), 'essa Pessoa única, sempre presente, que nunca está ausente e nunca é nomeada'"*[197]. Normalmente, isso não era um grande fardo para Tolkien. Sua tarefa de registrar, sabia, era um dom supremo. Afinal, tanto Tolkien quanto Lewis argumentavam que Deus falou pelas mentes dos poetas. *"A história de Cristo é, simplesmente, um mito verdadeiro"*, Lewis escreveu para o amigo Arthur Greeves. *"Devemos, do mesmo modo, nos contentar em aceitá-lo, lembrando que esse é um mito de Deus, ao passo que os outros são mitos dos homens, por exemplo, as histórias pagãs são Deus expressando a si mesmo pela mente dos poetas, usando as imagens que lá encontrou"*[198]. G. K. Chesterton afirmou algo semelhante em 1925: *"A mitologia, então, procurava a Deus por meio da imaginação; ou buscava a verdade por meio da beleza"*[199]. De modo semelhante, Tolkien acreditava que servia como um poeta-receptor dos mitos secundários de Deus, e era um registrador em vez de inventor.

A palavra "hobbit" ilustra o modo como Tolkien, muitas vezes, era inspirado: *"Estava realizando o tedioso trabalho de corrigir provas quando me deparei com uma página em branco que alguém havia entregue – uma bênção para todos os examinadores"*, disse a um entrevistador em 1972, *"virei a folha e escrevi no verso, 'Num buraco no chão viva um hobbit'. Nunca tinha ouvido ou empregado antes a palavra"*[200]. Bilbo Baggins, Tolkien observou diversas vezes, simplesmente vagou por uma mitologia maior[201]. *"Não escolhi muito [...] escolhi* O Hobbit, *veja, [...] tudo que estava tentando fazer* [com O Senhor dos Anéis] *era continuar do ponto onde* O Hobbit *parou. Tinha os hobbits nas minhas mãos, não tinha?"*[202].

---

196 Citado em: KILBY, Clyde S. *Tolkien and The Silmarillion*. Op. cit., p. 13.
197 CARPENTER, Humphrey (Ed.). *Letters*. Op. cit., p. 145, 253.
198 HOOPER, Walter (Ed.). *The Letters of C. S. Lewis to Arthur Greeves*. Op. cit., p. 427.
199 CHESTERTON, G. K. *O Homem Eterno*. Op. cit., p. 131.
200 FOSTER, William. "An Early History of the Hobbits [interview with Tolkien]". *Edinburgh Scotsman*, February 5, 1972.
201 CARPENTER, Humphrey (Ed.). *Letters*. Op. cit., p. 21, 31.
202 GUEROULT, Denys. *Now Read On* [interview with Tolkien]. Programa de rádio. Londres: BBC Radio 4, 1971.

Tolkien, com frequência, achava as próprias histórias e mitologia intrigantes, e sempre buscou mergulhar mais profundamente na Terra Média para encontrar as respostas às questões que se lhe apresentavam[203]. Uma das manifestações mais problemática dos "registros" de Tolkien ocorreu bem no início d'*O Senhor dos Anéis*, com a chegada inesperada dos Espectros do Anel [os Nazgûl]. *"As histórias tendem a 'sair da linha' e essa tomou um rumo imprevisível"*[204], confidenciou ao editor em 1938. A aparição dos Espectros do Anel, observou Tolkien, o perturbou tanto quanto aos hobbits da história[205]. Assim, a nova história rapidamente transformou-se de continuação infantil encantadora e fantástica d'*O Hobbit* numa história adulta que ataca questões de enorme impotância e sutiliezas filosóficas e teológicas.

Além dos Espectros do Anel e dos hobbits, outras personagens se mostraram a Tolkien, e ele nem sempre teve tempo de discuti-las em detalhes[206]. Uma das omissões mais intrigantes nos contos é a história de Berúthiel, rapidamente mencionada por Aragorn durante a jornada angustiante da Sociedade do Anel através de Moria[207]. *"Há uma exceção que me intriga – Berúthiel"*, disse Tolkien a um entrevistador. *"Realmente não sei nada a respeito dela [...] ela apareceu e, obviamente, chamou atenção, mas, ao certo, não sei nada sobre ela"*. Começou a fazer uma conjectura espontânea de quem ela poderia ser e por que detestava gatos. A entrevistadora, uma ex-aluna de Tolkien, escreveu que aquilo poderia ter sido uma discussão desconcertante e surreal, salvo ela ter gostado de estar na presença de um excelente contador de histórias[208]. Tolkien também lamentou deixar Círdan, o senhor dos Portos Cinzentos, como uma personagem menor e mal desenvolvida em *O Senhor dos Anéis*. *O Silmarillion* e o décimo segundo

---

203 CARPENTER, Humphrey (Ed.). *Letters. Op. cit.*, p. 278.
204 Idem. *Ibidem.*, p. 34.
205 Ver, também: TOLKIEN, J. R. R. *The Return of the Shadow: The History of The Lord of the Rings, Part One – History of Middle-Earth: Volume 6*. Ed. Christopher Tolkien. Boston: Houghton Mifflin, 1988. p. 43-44.
206 CARPENTER, Humphrey (Ed.). *Letters. Op. cit.*, p. 216-17. Aqui é enumerada uma série de surpresas que Tolkien encontrou enquanto escrevia *O Senhor dos Anéis*.
207 TOLKIEN, J. R. R. *A Sociedade do Anel. Op. cit*, p. 439.
208 CASTELL, Daphne, "The Realms of Tolkien". *Op. cit.*, p. 147.

Capítulo II | Mito e Subcriação

volume da *História da Terra Média* criaram para ele um contexto interessante e satisfatório, mas o leitor, realmente, nunca chega a conhecer Círdan como pessoa. Por fim, Tolkien parecia genuinamente atrapalhado com os nomes, paradeiros e destinos de dois magos inominados (membros do Istari) que chegam quase ao mesmo tempo que Gandalf, Saruman e Radagast. Conhecidos apenas como "Magos Azuis", simplesmente, saíram das lendas, para nunca mais serem vistos por quaisquer das personagens que habitam a Terra Média. Tolkien previu que Sauron os corrompera para o mal, ou que teriam se tornado fundadores das religiões de mistérios orientais e de cultos gnósticos[209]. Considerando que Tolkien criou esse mundo complexo e verossímil com o que chamou de *"consistência interna de realidade"*, acrescida de cultura, religião, política, leis, povos, línguas, topografia e climas próprios, é surpreendente não existir fios soltos na mitologia de Tolkien.

***

O que formou a imaginação imensamente fértil de Tolkien? Ele assegurava que era seu amor pela linguagem.

> A semente [do mito] é a linguística, é claro. Sou um linguista e tudo é linguística – é por isso que perco tempo e esforço-me muito com os nomes. A verdadeira semente brotou quando era bem menino, ao inventar línguas, em grande parte, para tentar apreender a estética das línguas que estava a aprender e, por fim, descobri que cada língua não pode existir no vácuo e se você mesmo inventa uma lín-

---

[209] Sobre o possível destino deles, ver: TOLKIEN, J. R. R. *Contos Inacabados. Op. cit.*, p. 513-31. Ver, também: CARPENTER, Humphrey (Ed.). *Letters. Op. cit.*, p. 231, 248, 277, 280, e 448. Tolkien ainda nos dá outra possibilidade com relação aos Magos Azuis nos escritos publicados postumamente. Podem ser, argumentou, rebeldes contra Sauron a Leste de Mordor, talvez, *"enfraquecendo e dispersando as forças do Leste"*. Os nomes que ele lhes deu, *"Morinehtar e Rómestámo"*, que significam *"Algoz das trevas"* e *"Auxílio do Leste"* [Vale lembrar que não está claro se tais nomes eram realmente uma substituição a Alatar e Pallando, ou se eram um segundo nome e/ou sobrenome. (N. T.)]. Ver: TOLKIEN, J. R. R. *The Peoples of Middle-Earth – History of Middle-Earth: Volume 12*. Ed. Christopher Tolkien. Boston: Houghton Mifflin, 1996. p. 384-385.

gua, não pode parti-la ao meio. Ela tem de ganhar vida – portanto, realmente as línguas vêm primeiro e a região, depois[210].

Desde a tenra infância, Tolkien amara e distinguira-se nas línguas. No entanto, raras vezes abraçou a língua que supostamente deveria estar estudando. *"Quando deveria estar estudando latim e grego, estudei galês e inglês"*, disse a um entrevistador. *"Quando deveria estar concentrado no inglês, comecei a estudar finlandês"*[211]. Prosseguiu sozinho formal e informalmente na adolescência a estudar espanhol, francês, anglo-saxão, nórdico antigo, gótico e galês[212]. Tolkien trabalhou no Oxford English Dictionary depois da Primeira Guerra Mundial. Seu chefe no dicionário, dr. Henry Bradley (1845-1923), fez enormes elogios às suas capacidades. *"Seu trabalho evidencia um domínio incomum e total do anglo-saxão e dos fatos e princípios da gramática comparativa das línguas germânicas"*, relatou Bradley. *"Na verdade, não hesito em dizer que nunca conheci um homem de sua idade que, nesses aspectos, fosse igual a ele"*[213].

Além de dominar línguas históricas e contemporâneas, Tolkien criou as próprias línguas, a partir dos treze anos, sendo que a mais detalhada e complexa veio a se tornar o Élfico (na verdade, duas línguas, Sindarin e Quenya)[214]. Escreveu o autor de seu obituário:

> Não se tratava de bobagens arbitrárias, mas uma língua realmente possível com raízes consistentes, leis e inflexões sólidas, em que despejara todas as suas capacidades imaginativas e filológicas e, por mais estranho que esse exercício possa parecer, foi, sem dúvida, a fonte dessa riqueza e concretude sem paralelos que, mais

---

210 RESNICK, Henry, "An Interview with Tolkien". *Op. cit.*, p. 41.
211 PLIMMER, Charlotte & PLIMMER, Denis, "The Man Who Understands Hobbits". *Op. cit.*, p. 32.
212 "Professor J. R. R. Tolkien: Creator of Hobbits and Inventor of a New Mythology [*London Times* Obituary, 3 September 1973]". *Op. cit.* Ver, também: TOLKIEN, J. R. R. "English and Welsh". *In: The Monsters and the Critics. Op. cit.*, p. 191-92.
213 Citado em: CARPENTER, Humphrey. *Tolkien. Op. cit.*, p. 101.
214 FOSTER, William, "An Early History of the Hobbits". *Op. cit.*; CATER, William, "Lord of the Hobbits". *Op. cit.*

tarde, o distinguiria de todos os outros filólogos. Ele esteve dentro da língua[215].

Para inventar o élfico, Tolkien estudou o modo como o galês, uma de suas línguas favoritas, desenvolvera-se a partir do celta antigo. Separou suas alterações linguísticas reais das possibilidades e, então, moldou o élfico naquilo que a língua celta poderia ter se tornado, caso tivesse evoluído de maneira diferente[216]. *"Começamos com o p, t e k, depois, introduzimos b, d e g, seguidos das nasais"*, Tolkien contou a um entrevistador em 1972. *"Ainda lembro de ter visto o substantivo "Ebbw" em uma viagem de trem no País de Gales quando pequeno e nunca superei o fascínio desse nome"*[217]. As outras línguas inventadas por Tolkien seguem uma trajetória de criação semelhante, ao desenvolver o que poderiam ter sido no mundo real, histórico[218]. Dentro de cada língua de Tolkien, portanto, muitos caminhos ainda divergem, mais uma vez, como o fazem nas línguas comuns, historicamente. Nenhuma permanece estática. Ao contrário, Tolkien postula *"uma estrutura básica e fonética do élfico primitivo e, depois modificou-a com uma série de alterações (tais como, na verdade, ocorrem nas línguas conhecidas), de modo que cada uma dessas pontas tenha uma estrutura e características consistentes, mas sejam bem diferentes"*. Na mitologia, por exemplo, *"o hino a Elbereth é totalmente diferente em tom e prosódia do lamento de Galadriel"*[219].

Tolkien, no entanto, rapidamente se cansou das línguas inventadas, mesmo ao aprimorá-las a partir das possíveis linhas divergentes de desenvolvimento. Sem acrescentar-lhes nada, algo que lhes desse peso, significado e profundidade, tornar-se-iam meros jogos mentais, nada mais que abstrações complexas.

---

215 "Professor J. R. R. Tolkien: Creator of Hobbits and Inventor of a New Mythology [*London Times* Obituary, 3 September 1973]". *Op. cit.*
216 CATER, William. "More and More People Are Getting the J. R. R. Tolkien Habit". *Op. cit.*, p. 14.
217 FOSTER, William. "An Early History of the Hobbits". *Op. cit.*
218 Para uma explicação excelente e uma listagem das influências linguísticas específicas da Terra Média de Tolkien, ver: CARPENTER, Humphrey (Ed.). *Letters. Op. cit.*, p. 379-87.
219 CASTELL, Daphne. "Realms of Tolkien". *op. cit.*, p. 149.

> Para dar a sua língua um sabor individual, ela deve ser tecida nos fios de uma mitologia individual, individual por funcionar dentro do plano de uma mitopoéia humana natural, assim como a formação de palavras deve ser individual, ao trabalhar dentro dos limites banais da fonética humana, até mesmo a europeia. Na verdade, o inverso é verdadeiro, a construção da língua gerará uma mitologia[220].

Uma língua sem história pouco significa, e, Tolkien argumentava, de modo inflexível, não podemos abstrair uma linguagem de uma cultura ou de um povo[221].

Outro *Inkling*, Owen Barfield (1898-1997) expressou o que Tolkien queria discutir com relação a mito e língua, mas em meados da década de 1920 não conseguira conciliar em nível intelectual. Barfield argumentou que a língua derivava da mitologia, e não o contrário, como, em geral, se pensava. A obra pioneira de 1928, *Poetic Diction* [*Dicção Poética*], influenciou de maneira significativa tanto Lewis quanto Tolkien[222]. Numa carta a Barfield, Lewis escreveu:

> Creio que gostará de saber que quando eu e Tolkien jantamos noutra noite, ele disse, a propósito de outra coisa bem diferente, que sua concepção da antiga unidade semântica modificara toda a perspectiva dele e que estava prestes a dizer certa coisa numa palestra quando sua concepção o parou a tempo.

Barfield também sentia uma afinidade grande com Tolkien com relação aos mitos[223].

---

220 TOLKIEN, J. R. R. "A Secret Vice". *In*: *The Monsters and the Critics*. *Op. cit*., p. 210-11.
221 NORMAN, Philip. "The Prevalence of Hobbits". *Op. cit.*, p. 98; PLIMMER, Charlotte & PLIMMER, Denis, "The Man Who Understands Hobbits". *Op. cit.*, p. 32; "Tolkien on Tolkien". *Diplomat*, October 1966, p. 39.
222 BARFIELD, Owen. *Poetic Diction: A Study in Meaning*, Hanover: Wesleyan University Press, 1973. Ver, também, o obituário de Owen Barfield, em: *London Daily Telegraph*, December 22, 1997, p. 21.
223 FLIEGER, Verlyn. *Splintered Light: Logos and Language in Tolkien's World*. Grand Rapids: Wm. B. Eerdmans Publishing Co, 1983. p. 38.

Capítulo II | Mito e Subcriação

É impossível para o historiador reconstruir ou descobrir o momento em que Tolkien percebeu que a revelação da língua derivar do mito era verdade na própria vida, na sua obra acadêmica e no seu conjunto de lendas. A ideia de quando elaborou os fundamentos da mitologia da Terra Média mudou com o tempo. Ao ficar mais velho, Tolkien localizou as origens do mito em datas cada vez mais remotas. De fato, ele achava muito difícil distanciar-se da Terra Média. Tudo o que leu ou absorveu durante toda a vida tornou-se parte dele e, por isso, uma parte de sua grandiosa mitologia. Parafraseando um truísmo corriqueiro, ele era o que lia. Em meados da década de 1960, disse a um entrevistador: *"É claro, as imagens que retemos, normalmente, são combinações. Lembramos da mesma cena em circunstâncias diferentes, às vezes, com um grupo de pessoas, às vezes com outro. Juntamos todas as impressões e acreditamos que a imagem que recordamos do lugar é realmente como ele se afigura e, certamente, não é!"*[224]

Clyde Kilby, que passou o verão de 1966 ajudando Tolkien a organizar seus papéis para reescrever *O Silmarillion*, asseverou que Tolkien pode ter desenvolvido a Terra Média já aos quatorze anos.[225] Tolkien escreveu a Kilby que o verso do poema medieval de Cynewulf, *Crist*, o tocou profundamente quando jovem. *"Ëalä Eärendel engla beorhtast ofer middengeard monnum sended (Eis Eärendel, o mais luzidio dos anjos, enviado por Deus para os homens)"*. *"Palavras arrebatadoras"*, escreveu Tolkien, *"das quais, fundamentalmente, surgiu toda a minha mitologia"*[226]. *"Anos depois"*, escreveu Tolkien, *"tive uma sensação de curiosidade, como se algo tivesse se avivado em mim, como se meio acordado de um sono. Algo muito remoto, estranho e belo por trás daquelas palavras, muito além do inglês antigo, caso pudesse compreendê-las"*[227]. Primeiro, Tolkien tentou apreender o significado do verso em anglo-saxão

---

224 PLOTZ, Dick. "J. R. R. Tolkien Talks about the Discovery of Middle-earth, the Origins of Elvish". *Seventeen*, January 1967, p. 93.
225 KILBY, Clyde S. *Tolkien and The Silmarillion. Op. cit.*, p. 47.
226 Idem. *Ibidem.*, p. 57. Ver, também, a carta de J. R. R. Tolkien, Oxford, para Clyde S. Kilby, Wheaton, Illinois, 18 de dezembro de 1965, WCWC, *J. R. R. Tolkien to Misc. Correspondents*. A tradução do anglo-saxão para o inglês [*Here Eärendel, brightest of angels, sent from God to men*] é de Tolkien. Ver o capítulo não publicado em: KILBY, Clyde S. "The Manuscript of THE SILMARILLION", p. 81, WCWC, Kilby Files, 1-12, *TOLKIEN AND THE SILMARILLION*.
227 Citado em: CARPENTER, Humphrey. *Tolkien. Op. cit.*, p. 64.

de Cynewulf quando apresentou uma composição intitulada *"Eärendel"* (Tolkien grafava o nome de maneira inconsistente) no Oxford Essay Club, em 1914[228]. Mais tarde, incorporou uma versão élfica de Eärendil em sua mitologia maior, *"Da Viagem de Eärendil e da Guerra da Ira"*[229].

Embora as origens não estejam claras, parece que Tolkien construiu muito dessa mitologia inicial e a pôs no papel durante a Primeira Guerra Mundial. Atormentado pela guerra mecanizada e desumana das trincheiras e sendo um soldado assumidamente pobre e indisciplinado, Tolkien concebeu *O Silmarillion* em *"cantinas sujas, em palestras sob frios nevoeiros, em casebres cheios de blasfêmia e sujeira ou à luz de velas em barracas, algumas partes, até mesmo, em buracos nas trincheiras sob os bombardeios"*[230].

Descrevê-lo deu uma sensação de alívio e a mitologia emergente serviu como uma catarse. *"Sinto, entre todas as tuas dores (algumas apenas físicas) o desejo de expressar teus sentimentos sobre o bem, o mal, o belo, de algum modo ausentes: racionalizar e evitar que só apodreçam"*, escreveu para Christopher que, na ocasião, servia como piloto da RAF na Segunda Guerra Mundial. *"No meu caso, isso gerou Morgoth"* e *O Silmarillion*[231].

No famoso ensaio acadêmico, "On Fairy-Stories" [Sobre Estórias de Fadas], Tolkien admitiu que seu amor por histórias de fadas foi *"apressado para a vida plena pela guerra"*[232]. Christopher Tolkien confirma que pedaços de *O Silmarillion* e de uma mitologia mais ampla aparecem no verso de documentos oficiais do exército que datam da época da guerra[233].

Tolkien escreveu em 1964 que os parâmetros de sua mitologia foram estabelecidos em 1926. Para ele, os escritos que se segui-

---

228 CARPENTER, Humphrey (Ed.). *Letters. Op. cit.*, p. 7-8.
229 TOLKIEN, J. R. R. *O Silmarillion*. Trad. Reinaldo José Lopes. Rio de Janeiro: Harper Collins, 2019. p. 595ss.
230 CARPENTER, Humphrey (Ed.). *Letters, op. cit.*, p. 78.
231 Idem. *Ibidem*.
232 TOLKIEN, J. R. R. "Sobre Estórias de Fadas". *In*: LOPES, Reinaldo José. *A Árvore das Estórias: Uma proposta de tradução para* Tree and Leaf, *de J. R. R. Tolkien. Op. cit.*, p. 95.
233 TOLKIEN, Christopher, *The Silmarillion: A Brief Account of the Book and Its Making. Op. cit.*, p. 3.

Capítulo II | Mito e Subcriação

ram constituíram novos entendimentos, revelações e manifestações da mitologia, conforme Tolkien começou a entendê-la melhor[234]; dentre eles, os contos de Arda e da Terra Média[235]. *"Surgiram na minha mente como coisas 'dadas' e, ao aparecerem, separadamente, dessa maneira também cresceram as correlações"*, escreveu Tolkien, *"um trabalho absorvente, ainda que continuamente interrompido (sobretudo, apartado até mesmo das necessidades da vida, visto que a mente pode passar para o outro polo e dissipar-se na linguística): contudo, sempre tive a sensação de registrar o que já estava 'lá', em algum lugar: não de 'inventar'"*[236]. No fascinante estudo de Tolkien, *The Road to Middle-earth* [*O Caminho para a Terra Média*], T. A. Shippey observa que "invenção" deriva originalmente do latim e quer dizer *"descobrir"*[*][237]. Filólogos, portanto, segundo Shippey, muitas vezes se veem como verdadeiros historiadores, a descobrir os significados mais profundos de uma cultura[238]. Ainda, Tolkien sugere em entrevistas e cartas que sua "descoberta" era teológica e linguística.

Mesmo que aceitemos a premissa de que Tolkien "recebeu" sua mitologia como uma forma de revelação, o vasto conhecimento que Tolkien tinha da mitologia germânica, romana, grega e até mesmo norte-americana muito o influenciou. Tolkien conhecia muito a literatura mitológica, em especial a do norte europeu. A poesia islandesa do *Edda*, o *Kalevala* finlandês, as várias poesias anglo-saxãs, George MacDonald (1824-1905) e G. K. Chesterton

---

234 CARPENTER, Humphrey (Ed.). *Letters. Op. cit.*, p. 345.
235 Para uma discussão excelente sobre as mudanças evolutivas de *O Livro dos Contos Perdidos*, título original de Tolkien para a mitologia da Terra Média, e *O Silmarillion*, ver: SKULL, Christina. "The Development of Tolkien's Legendarium: Some Threads in the Tapestry of Middle-earth". *In*: *Tolkien's Legendarium. Op. cit.*, p. 7. Ver, também, o prefácio de Christopher Tolkien em: TOLKIEN, J. R. R. *O Silmarillion. Op. cit.*, p. 11-14. Consultar, também: CATER, William, "The Filial Duty of Christopher Tolkien". *Op. cit.*, p. 92.
236 Citado em: CARPENTER, Humphrey. *Tolkien. Op. cit.*, p. 92. Ver também: LAWLOR, John. *C. S. Lewis. Op. cit.*, p. 35.
* Em latim *inventio* significa "achado, descoberta" e deriva de *invenire*, "descobrir, achar", verbo formado pelo prefixo *in*, "em", acrescido de *venire*, "vir". O sentido que atualmente atribuímos à invenção, "coisa feita pelo engenho humano, previamente inexistente" parece ter surgido por volta de 1510. (N. T.)
237 SHIPPEY, T. A. *The Road to Middle-earth. Op. cit.*, p. 19.
238 Idem. *Ibidem.*, p. 22-42, 89.

foram as influências mais óbvias, diretas ou indiretas, no conjunto de lendas tolkieniano²³⁹.

Entretanto, havia outras influências, algumas não tão imediatamente óbvias. *"Ele costumava ter um interesse extraordinário nas pessoas aqui de Kentucky"*, contou Allen Barnett, colega de turma de Tolkien em Oxford e oriundo de Kentucky. *"Nunca se cansava de minhas histórias sobre o povo de Kentucky. Costumava fazer-me repetir nomes de famílias como* Barefoot [pés descalços], Boffin, Baggins [Bolseiro] *e bom país, nomes como esses"*²⁴⁰. A fronteira de Nova York também pode ter influenciado o filólogo de Oxford. Shippey alega que Tolkien tomou emprestadas muitas coisas dos *Leatherstocking Tales* de James Fenimore Cooper (1789-1851): *"A jornada da sociedade de Lorien a Tol Brandir"*, por exemplo, *"com as canoas e o carreto, muitas vezes lembra* O Último dos Moicanos, *e quando os viajantes saem da floresta para a pradaria, como os pioneiros norte-americanos, Aragorn e Éomer, por um momento, preservam leves traços de 'O Caçador' e dos Sioux"*²⁴¹.

---

239 Ver, por exemplo, TOLKIEN, J. R. R. "Hobbits". *London Observer*, February 20, 1938; CARPENTER, Humphrey (Ed.). *Letters. Op. cit.*, p. 31-32, 87, 92, 159, 214, 354, 379-87; KOCHER, Paul H. *A Reader's Guide to the Silmarillion*, Boston: Houghton Mifflin, 1980; JOHNSON, George Burke. "Poetry of J. R. R. Tolkien". *In*: *The Tolkien Papers: Ten Papers Prepared for the Tolkien Festival at Mankato State College*, October 28-29, 1966. Mankato: Mankato State College, 1967. p. 63-75. Sobre as várias influências possíveis, existem muitos escritos secundários. Ver, por exemplo: SHIPPEY, T. A. *The Road to Middle-earth. Op. cit.*; PEARCE, Joseph, *Tolkien: Man and Myth. Op. cit.*; HERBERT, Gary B. "Tolkien's Tom Bombadil and the Platonic Ring of Gyges". *Extrapolation* 26 (Summer 1985): p. 152-59; OBERTINO, James. "Moria and Hades: Underworld Journeys in Tolkien and Virgil". *Comparative Literature Studies* 30 (1993), p. 153-169; HIMES, Jonathan B., "What J. R. R. Tolkien Really Did with the Sampo". *Mythlore* 22, p. 69-85; SULLIVAN III, C. W. "Name and Lineage Patterns: Aragorn and Beowulf". *Extrapolation* (Fall 1984), p. 239-46.
240 DAVENPORT, Guy. "Hobbits in Kentucky". *Op. cit.*, A27.
241 SHIPPEY, T. A. *The Road to Middle-Earth. Op. cit.*, p. 223. Os acadêmicos e seguidores de Tolkien, indiscutivelmente, exageraram na tentativa de tentar encontrar qualquer influência possível em seu objeto. Embora Tolkien tenha se baseado em inúmeras fontes para sua mitologia maior, ele tomou para si essas fontes, tirando delas o necessário e, mais importante, santificando-as ao cristianizá-las (CARPENTER, Humphrey (Ed.) *Letters. Op. cit.*, p. 212). Tentativas de adivinhar as influências, acreditava Tolkien, eram perda de tempo (RESNICK, Henry, "An Interview with Tolkien". *Op. cit.*, p. 2). Somente ele, e depois seu filho, Christopher, tinham "a chave" para isso tudo, contou a um entrevistador em meados da década de 1960 (Idem. *Ibidem.*, p. 38). Não só Tolkien crê que Deus direcionou a mitologia e sua formação, mas Tolkien estava enredado de modo

Capítulo II | Mito e Subcriação

Tolkien manteve sua mitologia como algo privado até que conheceu C. S. Lewis em meados da década de 1920. Somente sua família e o assistente de pesquisa sabiam alguma coisa a respeito disso[242]. Como vimos no capítulo I, Lewis respondeu entusiasticamente ao mundo privado de seu colega, *"Sentei-me noite passada e li a gesta até o ponto em que Beren e seus aliados gnomos vencem a patrulha dos orcs acima das fontes de Narog e se disfarçam"*, Lewis escreveu para Tolkien em 1929. *"Posso honestamente dizer que há muito não tinha uma noite tão encantadora"*[243]. Segundo um amigo, Lewis *"estava aterrado. Esse era o tipo de escrita que ele não teria ousado crer que podia existir"*[244]. Por volta de 1930, Tolkien partilhou muito de sua mitologia – poemas, histórias em prosa e mapas – com Lewis[245]. Depois que Lewis se converteu ao cristianismo, em grande parte devido à influência de Tolkien, admirou, em especial, a mitologia de Tolkien por sua essência cristã[246]. Para desgosto de Tolkien, Lewis até empregou a mitologia da Terra Média como pano de fundo para várias de suas histórias, dentre elas a trilogia espacial e mesmo partes de *The Chronicles of Narnia* [*As Crônicas de Nárnia*][247].

Por toda a vida, Lewis teve um papel importante na evolução da mitologia de Tolkien, sempre demonstrando entusiasmo pelo projeto e encorajando Tolkien a publicá-lo. De fato, Lewis nunca compreendeu a relutância de Tolkien em ver sua mitologia impressa e punha a culpa disso no perfeccionismo do colega[248]. Tolkien admitiu isso. *"Somente a partir dele [Lewis] eu tive a ideia de que minhas 'coisas' poderiam ser mais que um passatempo privado"*, Tolkien reconheceu em

---

íntimo e intricado na sua criação. Quando um crítico, em 1937, rotulou a mitologia em uma versão inicial de *O Silmarillion* de "sombria e celta", Tolkien respondeu, "Têm uma cor brilhante, mas são como vitrais quebrados, reagrupados sem um desenho". Seria difícil encontrar descrição mais apropriada para todo o conjunto de lendas de Tolkien. Ele as construiu a partir da própria vida, das próprias leituras e, como cria, a partir da inspiração divina (CARPENTER, Humphrey [Ed.]. *Letters. Op. cit.*, p. 26).

242 CARPENTER, Humphrey (Ed.). *Letters. Op. cit.*, p. 21.
243 Citado em: TOLKIEN, J. R. R. *The Lays of Beleriand. Op. cit.*, p. 150-51.
244 "Tolkien and C. S. Lewis: An Interview with Walter Hooper". *Op. cit.*, p. 192.
245 HOOPER, Walter (Ed.). *The Letters of C. S. Lewis to Arthur Greeves. Op. cit.*, p. 341.
246 LEWIS, W. H. (Ed.). *Letters of C. S. Lewis. Op. cit.*, p. 376.
247 Idem. *Ibidem.*, p. 426.
248 LAWLOR, John. *C. S. Lewis. Op. cit.*, p. 40.

1965, dois anos após a morte do amigo. *"Não fosse por seu interesse e ansiedade incessante por mais, eu nunca teria concluído* O Senhor dos Anéis*"*[249].

***

Dois dos ensaios acadêmicos de Tolkien, "The Monster and the Critics" [O Monstro e os Críticos] e "Sobre Estórias de Fadas", lançam muitas luzes sobre a visão mitológica tolkieniana em geral, bem como, sobre a própria mitologia dele, em particular. Tolkien via esses ensaios como duas partes de um mesmo argumento[250]. O primeiro ensaio foi apresentado na Academia Britânica, como palestra, na *Sir* Israel Gollancz Memorial Lecture em 25 de novembro de 1936[251]. O segundo, "Sobre Estórias de Fadas", ele apresentou na Universidade de St. Andrew, na Escócia, como uma Andrew Lang Lecture, em 8 de março de 1939[252]. Considerava esse ensaio, em especial, elucidativo do seu modo de pensar e de analisar uma série de assuntos[253]. De fato, afirmou, mais tarde, que escrevera *O Senhor dos Anéis* para demonstrar muito do argumento apresentado em "Sobre Estórias de Fadas"[254].

A análise de Tolkien do *Beowulf*, assunto do primeiro ensaio, tornou-se padrão no campo da crítica do *Beowulf* e os estudiosos e críticos de anglo-saxão, normalmente, concordam com ele ou o abominam[255]. Para Tolkien, que memorizara quase todo o poema, o *Beowulf* representou um dos grandes momentos da história ociden-

---

249 CARPENTER, Humphrey (Ed.). *Letters. Op. cit.*, p. 362.
250 Idem. *Ibidem.*, p. 350.
251 TOLKIEN, J. R. R. *The Monsters and the Critics and Other Essays. Op. cit.*, p. 1.
252 Idem. *Ibidem.*, p. 3.
253 CARPENTER, Humphrey (Ed.). *Letters. Op. cit.*, p. 220.
254 Idem. *Ibidem.*, p. 216, 232-33, 310.
255 Sobre a reputação de Tolkien entre os estudiosos de anglo-saxão, ver, por exemplo: BATTERSBY, Eileen. "Lord of the Hobbits". *Irish Times*, December 23, 2000; GODDEN, Malcolm. "From the Heroic". *London Times Literary Supplement*, July 8, 1983, p. 736; BEARD, Matthew. "Oxford Dons Call for Slaying of Beowulf". *London Daily Telegraph*, June 22, 1998; SHIPPEY, Tom, *J. R. R. Tolkien: Author of the Century*. Boston: Houghton Mifflin, 2001. p. xi; MOSELEY, Charles, "A Creature of Hobbit". *London Observer*, October 8, 2000.

tal[256]. Shippey diz que Tolkien acreditava que havia compreendido intimamente o poeta de *Beowulf*, que eram uma espécie de almas gêmeas, separadas somente pelo tempo[257]. Talvez fossem, pois vários estudiosos tecem enormes elogios a Tolkien por sua análise do poema medieval. Na introdução à tradução de *Beowulf*, por exemplo, o poeta Seamus Heaney (1939-2013) afirma que o ensaio de Tolkien é *"uma publicação que se destaca. [...] O brilhante tratamento literário de Tolkien mudou o modo como o poema é valorado e deu início a uma nova era – e a novos termos – de apreciação"*[258]. *Beowulf*, Tolkien argumentou, é tão importante para o historiador e para o teólogo quanto para o professor de Inglês. Duas coisas devem imediatamente provar isso, pensou. Primeiro, a história tem um dragão. Raramente na literatura nós os encontramos. Ao contrário da memória popular das lendas, nenhuma "vastidão de dragões" pululava na literatura medieval. Ao contrário, quando um verme bestial se apresenta, o crítico deve levar a sério seu significado para a história e seu simbolismo[259]. Na verdade, o surgimento de um dragão significa uma série de coisas – a maioria delas, má. Um dragão personifica *"malícia, ganância, destruição"*[260]. Em segundo lugar, Tolkien observou que poucos autores dedicariam mais de 3.000 versos de alta poesia a algo *"que não é digno de atenção séria"*[261]. Ao contrário, o *"tom elevado, o senso de dignidade, por si sós, são prova em* Beowulf *da presença de uma inteligência elevada e profunda"*[262].

A maior força do *Beowulf*, Tolkien acreditava, era a compreensão do autor de que o tema deveria estar implícito, e não explícito. Segundo Tolkien, o poeta do *Beowulf*, evitou, de maneira sagaz,

---

256 SHIPPEY, T. A. *The Road to Middle-earth. Op. cit.*, p. 26.
257 Idem. *Ibidem.*, 37.
258 HEANEY, Seamus. *Beowulf.* New York: Farrar, Straus and Giroux, 2000. p. 11.
259 TOLKIEN, J. R. R. "The Monsters and the Critics". *In*: NICHOLSON, Lewis E. (Ed.). *An Anthology of Beowulf Criticism*. Notre Dame: University of Notre Dame Press, 1963. p. 59. Michael O'Brien argumenta, com vigor, que sempre que um dragão aparece na literatura ocidental, representa alguma manifestação do demônio e seus aliados. Muito provavelmente, Tolkien não discordaria. Ver: O'BRIEN, Michael. *A Landscape with Dragons: The Battle for Your Child's Mind*. San Francisco: Ignatius Press, 1998.
260 TOLKIEN, J. R. R. *The Monsters and the Critics. Op. cit.*, p. 66.
261 Idem. *Ibidem.*, p. 61.
262 Idem. *Ibidem.*

a alegoria formal e criou o cenário como algo *"encarnado em um mundo de história e de geografia"*. Salvo se extremamente cauteloso, prosseguiu Tolkien, o autor poderia ter destruído facilmente a poesia e o significado ao tornar o sentido demasiado explícito[263]. O autor anônimo coloca, com bravura, seu herói mortal em um "mundo hostil" a ser destruído no tempo, entremeando lenda e história[264]. De fato, a mortalidade no estado decaído do pecado representa um dos temas mais importantes do *Beowulf*.

Para Tolkien, o poeta do *Beowulf* entrelaça belamente as virtudes pagãs com a teologia cristã. O autor anônimo, muito provável, viveu numa época em que o cristianismo estava se disseminando por toda a Inglaterra. Certamente cristão, o autor usou o poema para demonstrar que nem todas as coisas pagãs deveriam ser descartadas pela nova cultura. Em vez disso, o cristão deveria abraçar e santificar a mais nobre das virtudes que vinham da mentalidade pagã do Norte: a coragem e a vontade bruta[265]. *"É a força da imaginação mitológica do Norte que enfrentou esse problema, pôs os monstros no centro, concedeu-lhes vitória, mas não a honra, e encontrou uma solução, poderosa, mas terrível, na vontade nua e na coragem"*, escreveu Tolkien. *"A imaginação do Norte tem poder, por assim dizer, para reviver seu espírito, mesmo em nossa época"*[266]. Tolkien pensava que um cristianismo vigoroso necessitava do espírito pagão do Norte, orientado pela mitologia[267]. O teólogo ítalo-germâmico Romano Guardini argumentou na mesma linha:

> Profundamente significativa para a nova perspectiva religiosa do homem medieval era o influxo do espírito germânico. A inclinação religiosa dos mitos nórdicos, a inquietação dos povos migrantes e as marchas armadas das tribos germânicas revelaram um novo espírito que irrompeu em todos os lugares na história como uma lança disparada ao infinito. Essa alma móvel e nervosa trabalhou a si mesma para afirmar o cristianismo. Aí, cresceu de maneira pode-

---

263 Idem. *Ibidem.*, p. 62.
264 Idem. *Ibidem.*, p. 67.
265 Idem. *Ibidem.*, p. 78.
266 Idem. *Ibidem.*, p. 77.
267 CARPENTER, Humphrey (Ed.). *Letters. Op. cit.*, p. 56.

Capítulo II | Mito e Subcriação

rosa. Na plenitude, produziu o imenso impulso medieval que visava romper os limites do mundo[268].

A crença de Tolkien de que o melhor do mundo pagão deveria ser santificado reflete o pensamento de Santo Agostinho. Na obra *De doctrina Christiana* [*A Doutrina Cristã*], Santo Agostinho escreveu: *"Os que são chamados filósofos, especialmente os platônicos, quando puderam, por vezes, enunciar teses verdadeiras e compatíveis com a nossa fé, é preciso tão somente não serem eles temidos nem evitados, mas antes, que reivindiquemos essas verdades para nosso uso, como alguém que retoma seus bens a possuidores injustos"*[269]. Em muitas partes de *De civitate Dei* [*A Cidade de Deus*], Santo Agostinho usa Cícero e Platão para apoiar seu argumento de que um cristianismo próspero era compatível com um mundo pós-romano estável. Clemente de Alexandria (150-215), que viveu entre a última metade do século II e a primeira metade do século III, pressagiou o argumento de Santo Agostinho. As fés pré-cristãs, afirmou em suas *Stromateis* [*Miscelâneas*] serviram como *"ensinamento preparatório para aqueles que, posteriormente, iriam abraçar a fé"*. Além disso, especulou que a filosofia foi dada aos gregos como uma introdução ao cristianismo. Pois a filosofia, Clemente concluiu, *"agiu como mestra para os gregos, preparando-os para o Cristo, assim como as leis para os judeus os prepararam para o Cristo"*[270]. Ou seja, Platão e Aristóteles (384-322 a.C.) serviram para preparar as veredas do cristianismo, semelhante ao que fizeram Abraão e Moisés.

Para Tolkien, o autor anônimo do *Beowulf* seguiu o conselho de Clemente e de Agostinho, apropriando-se do melhor da cultura pagã, santificando-a como cristã. E juntamente com o poeta do *Beowulf*, Tolkien acreditava que a santificação do pagão era um projeto cristão essencial. Certa vez, descobriu uma flor de celidônia-menor ao caminhar pelo bosque com George Sayer. *"Você sabia que quando colhemos uma flor de celidônia temos de dizer uma série de Ave-Marias e Pai-Nossos?"*, perguntou Tolkien, *"Esse é um dos muitos casos das preces*

---

268 GUARDINI, Romano. *The End of the Modern World*. Wilmington: ISI Books, 1998. p. 9.
269 SANTO AGOSTINHO. *A Doutrina Cristã*. São Paulo: Paulus, 2002. (Col. Patrística, Vol. 17). Livro II, cap. 41, n. 60, p. 144.
270 CLEMENTE DE ALEXANDRIA. *Stomateis*. VI, cap. V, 41, 7.

cristãs suplantando as pagãs, pois nos tempos antigos, antes de colhê-las tinham de ser proferidas umas runas"[271].

Com a chegada e a aceitação do cristianismo, Tolkien asseverou, a compreensão da natureza do "bem" mudou, mas a natureza do mal permaneceu a mesma:

> Pois os monstros não vão embora, quer os deuses venham ou vão. Um cristão era (e é) ainda como seus antepassados, um mortal cercado por um mundo hostil. Os monstros continuaram a ser os inimigos da humanidade, a infantaria da antiga guerra, e tornaram-se, inevitavelmente, os inimigos do Deus único[272].

A verdadeira batalha prossegue, como sempre, no tempo e no espaço, a luta entre *"a alma e seus adversários"*[273]. Como *Beowulf* descobre, escreveu Tolkien, "a recompensa do heroísmo (cristão ou pagão) é a morte[274]. Essa é a vontade de Deus para os homens bons. Cristo ofereceu o exemplo supremo disso, assim como seus seguidores, os mártires da Roma pagã.

* * *

Três anos mais tarde, em 1939, Tolkien apresentou a palestra seminal "Sobre Estórias de Fadas" na Escócia. No início do ensaio, Tolkien introduz uma ressalva importante para o que viria a seguir:

> O reino das estórias de fadas é amplo e profundo e alto e cheio de muitas coisas: toda maneira de feras e pássaros é encontrada lá; mares sem-litoral e estrelas incontáveis; beleza que é encantamento, e perigo sempre presente; alegria e tristeza tão cortantes quanto espadas. Nesse reino um homem pode, talvez, considerar-se afortunado por ter vagado, mas sua própria riqueza e estranheza amarram a língua de um viajante que quiser relatá-las. E, enquanto

---

271 SAYER, George. "Recollections of J. R. R. Tolkien". *Op. cit.*, p. 5.
272 TOLKIEN, J. R. R. *The Monsters and the Critics. Op. cit.*, p. 72.
273 Idem. *Ibidem.*, p. 73.
274 Idem. *Ibidem.*, p. 77.

CAPÍTULO II | MITO E SUBCRIAÇÃO

ainda está lá, é perigoso para ele fazer perguntas demais, porque os portões podem se trancar e as chaves se perder[275].

Ou seja, um acadêmico só apresenta uma análise do feérico pondo em risco a própria estória. Como a tradição, os mitos e as estórias de fadas são coisas frágeis.

Apenas por um acidente da história recente, alegou Tolkien, as estórias de fadas pareceram ser histórias infantis. *"É verdade que em tempos recentes as estórias de fadas têm normalmente sido escritas ou "adaptadas" para crianças. Mas assim pode ser com música, ou poesia, ou romances, ou história, ou manuais científicos"*[276]. No modo de ver de Tolkien, o banimento adulto das estórias de fadas para o berçário foi perigoso, tanto para os adultos quanto para as crianças. As estórias de fadas exigem a atenção de uma inteligência que possa separar fato de fantasia, e as crianças permanecem crianças pela incapacidade de fazer exatamente isso. *"O conhecimento das crianças sobre o mundo é freqüentemente tão pequeno que elas não conseguem discriminar, de cara e sem ajuda, entre o fantástico, o estranho (isto é, fatos remotos e raros), o sem sentido e o meramente 'crescido'"*[277]. Em vez de estórias de fadas, as crianças buscam o conhecimento da realidade, em especial porque desejam saber o que é perigoso e o que é seguro, o que é bom e o que é mau. *"Eu desejava dragões com um desejo profundo"*, Tolkien admitiu com relação à infância. *"Claro, eu em meu corpo tímido não queria tê-los na vizinhança, invadindo meu mundo relativamente seguro, no qual era, por exemplo, possível ler estórias em paz de espírito, livre de medo. Mas o mundo que continha mesmo a imaginação de Fáfnir era mais rico e mais belo, qualquer que fosse o custo em perigo"*[278].

Além de acreditar que as estórias de fadas não são coisas de criança, Tolkien rejeitou a noção de que a fantasia pertence às mesmas categorias do "sonhar-acordado" e das desordens mentais. Ao contrário, criar uma boa fantasia requer a mais excelsa qualidade de espírito e, em última análise, de caráter.

---

275 TOLKIEN, J. R. R. "Sobre Estórias de Fadas". *Op. cit.*, p. 39.
276 Idem. *Ibidem.*, p. 85.
277 Idem. *Ibidem.*, p. 89.
278 Idem. *Ibidem.*, p. 93.

A Fantasia é uma atividade natural humana. Certamente não destrói ou mesmo insulta a Razão; e não cega o apetite pela verdade científica, nem obscurece a percepção dela. Ao contrário. Quanto mais aguçada e clara a razão, melhor fantasia fará. Se os homens estivessem sempre num estado em que não quisessem conhecer ou não pudessem perceber a verdade (fatos ou evidências), então a Fantasia minguaria até que eles ficassem curados. Se alguma vez entrarem nesse estado (não pareceria de forma alguma impossível), a Fantasia perecerá, e tornar-se-á Ilusão Mórbida[279].

Tolkien advertiu que o homem decaído pode perverter as estórias de fadas, a fantasia, o mito, fazendo deles algo para promover o mal. Portanto, conclui Tolkien, devemos deixar a fantasia para a imaginação mental e para a palavra escrita. Levar a fantasia às artes visuais animadas, tais como filmes e cinemas, pode resultar em *"tolice ou morbidez"*[280].

Apesar dos muitos perigos e das grandes possibilidades de má interpretação no mundo moderno, o esforço de ingressar no feérico, ao menos para Tolkien, é digno de ser explorado e pode, até, provar-se necessário para a sobrevivência do homem moderno. De fato, como todas as altas formas de arte, as estórias de fadas e a fantasia muito oferecem à existência humana. Primeiro, as estórias de fadas iluminam a imensa herança que nossos ancestrais legaram. Segundo, as estórias de fadas nos dão um novo senso de estupor com relação às coisas que tomamos como corriqueiras ou que se tornaram lugar comum. Escreveu Tolkien: *"Foi nas estórias de fadas que eu primeiro adivinhei a potência de palavras, e a maravilha de coisas, tais como pedra, e madeira, e ferro; árvore e grama; casa e fogo; pão e vinho"*[281]. As estórias de fadas e a fantasia nos permitem *"ver as coisas como nós somos (ou fomos) destinados a vê-las"*[282]. Considerando a fé católica de Tolkien, podemos inferir que ele referia-se ao significado da Eucaristia e da transubstanciação, ao mencionar "pão e vinho". Terceiro, as estórias

---

279 Idem. *Ibidem.*, p. 113.
280 Idem. *Ibidem.*, p. 105.
281 Idem. *Ibidem.*, p. 119.
282 Idem. *Ibidem.*, p. 117.

Capítulo II | Mito e Subcriação

de fadas oferecem aos seres humanos um meio de escapar à monotonia, ao conformismo e à mecanização da modernidade. Tolkien advertiu que isso não é a mesma coisa que escapar da realidade. Ainda lidamos com a vida e a morte, com o conforto e o desconforto. Simplesmente fugimos do progressismo e do sonho progressista que reduz toda a realidade complexa à mera sombra das verdadeiras maravilhas da criação[283].

O mais importante: as estórias de fadas e a fantasia permitem ao escritor a agir como sub-criador, um artista feito e que faz à imagem do criador supremo, Deus. O artista deve *"criar da maneira mais generosa possível"*, escreveu Lewis. *"O romancista, que inventa todo um mundo, está adorando Deus de um modo mais eficaz que o mero realista"*[284].

No entanto, porque somos decaídos, inquietos e suscetíveis ao orgulho, argumentou Tolkien, mesmo os bem-intencionados podem perverter a vocação sublime e o dom da criatividade. Em tais perversões, o homem transforma a arte em poder, adulterada pelo pecado do homem orgulhoso que usa seus dons não para exaltar a criação e o criador, mas para servir a si mesmo[285]. Os elfos, em especial Fëanor, exemplificam isso em *O Silmarillion*. Dotado por Ilúvatar do "Espírito de Fogo", Fëanor, o maior de todos os elfos, cria as três Silmarils, pedras preciosas inigualáveis, que apresam a luz das Duas Árvores, Teleperion e Laurelin. Quando Morgoth destrói as árvores, os poderes angélicos ficam sem luz. As Silmarils de Fëanor, entretanto, podem ser a chave, visto que contêm a luz sagrada. Possessivo com relação a sua sub-criação, muito embora apresem uma luz muito além da sua capacidade de criar, Fëanor recusa-se a dar as Silmarils para os regentes angélicos da Terra.

Com tais insinuações religiosas e significado em sua obra artística, Tolkien concluiu, a melhor estória de fadas e subcriação dá ao leitor o que ele nomeou de eucatástrofe, a alegria inesperada. Na fantasia, a pessoa adquire *"um vislumbre fugidio de Alegria, Alegria além*

---

283 Idem. *Ibidem.*, p. 125; "J. R. R. Tolkien Dead at 81, Wrote 'Lord of the Rings'". *Time*, September 17, 1973, p. 101.
284 WAIN, John. *Sprightly Running. Op. cit.*, p. 182.
285 CARPENTER, Humphrey (Ed.). *Letters. Op. cit.*, p. 146.

dos muros do mundo"[286]. Tal *evangelium* raramente acontece em nosso mundo. Quando ocorre, devemos ficar contentes com isso, pois será muito provável que não ocorra outra vez durante a vida. A estória de fada mais sublime, ou o verdadeiro mito, então, é a encarnação, crucificação e ressurreição de Cristo. *"A alegria cristã, a Glória, é do mesmo tipo; mas é preeminentemente (infinitamente, se nossa capacidade não fosse finita) elevada e alegre"*[287], escreveu Tolkien. *"O coração do cristianismo é um mito que também é um fato"*, C. S. Lewis argumentou numa linha tolkieniana. *"O antigo mito do Deus moribundo, sem deixar de ser mito, desce dos céus da lenda e da imaginação para a terra da história"*[288]. Com a encarnação de Cristo, *"a arte foi comprovada"*, Tolkien declarou. *"Deus é o Senhor, de anjos, e de homens – e de elfos. Lenda e História se encontraram e se fundiram"* com a chegada de Deus no tempo, e o homem foi abençoado, além da compreensão terrena[289]. Tolkien apresentou um argumento semelhante sobre o Espírito Santo na história da Terra Média. A capacidade de Deus ingressar na história sem encarnar-se acontece quando ele envia seu Espírito. O relacionamento entre essas duas pessoas da Santíssima Trindade revela *"o mistério da 'autoria' pelo qual o autor, enquanto permanece 'fora' e independente de sua obra, também 'habita' nela, no seu plano secundário, abaixo do próprio ser, como fonte e garantia da existência"*[290].

* * *

Uma das questões mais difíceis para os estudiosos de Tolkien é a questão da alegoria. Existe uma alegoria específica ou existe uma série de alegorias dentro da mitologia de Tolkien? Quando *O Senhor dos Anéis* apareceu pela primeira vez, os críticos rapidamente propagaram várias suposições erradas. Por exemplo, alguns afirmaram que Sauron representava Adolf Hitler (1889-1945) ou Josef Stalin

---

286 TOLKIEN, J. R. R. "Sobre Estórias de Fadas". *Op. cit.*, p. 131.
287 Idem. *Ibidem.*, p. 137.
288 LEWIS, C. S., "Myth Became Fact". *In: God in the Dock: Essays on Theology and Ethics*. Ed. Walter Hooper. Grand Rapids: Eerdman's, 1970. p. 66.
289 TOLKIEN, J. R. R. "Sobre Estórias de Fadas". *Op. cit.*, p. 137.
290 TOLKIEN, J. R. R. *Morgoth's Ring. Op. cit.*, p. 345.

CAPÍTULO II | **MITO E SUBCRIAÇÃO**

(1878-1953)[291]. Mais comum, os críticos afirmavam que o Anel e seu poder supremo representavam os armamentos atômicos, relativamente novos e terríveis, que moldavam o mundo do pós-guerra. Outros ainda, argumentavam que *O Senhor dos Anéis* representava a Segunda Guerra Mundial[292].

Tolkien rejeitou, de maneira inflexível, a ideia de que sua mitologia servia como alegoria[293]. No prefácio d'*O Senhor dos Anéis*, Tolkien escreveu: *"Quanto a algum significado interno ou 'mensagem', na intenção do autor, ele não tem nenhum"*. Ademais, explicou, *"não é nem alegórico nem tópico"*[294]. De fato, Tolkien rejeitou terminantemente o uso da alegoria e mostrou seu desgosto por ela onde quer que pudesse detectá-la. Em *"The Monsters and the Critics"*, Tolkien expressou seu medo de que ao tornar o significado demasiado explícito o autor arrisca destruir a arte e o significado mais profundo de sua obra. Como alegou Lewis, *"a essência de um mito é não dever ter mancha alguma de alegoria para o criador e, ainda assim, sugerir alegorias incipientes ao leitor"*[295].

As histórias de Tolkien, no entanto, contêm juízos morais explícitos e implícitos. O mundo parecia estar descendo ao caos, entrando em uma nova idade das trevas, acreditava, e, mais do que nunca, precisava de um juízo moral firme. Assim, como Tolkien admite com franqueza, comunicou suas crenças e sua visão de mundo sob o manto de "roupagem mítica e lendária"[296]. Cada pessoa é "uma alegoria", Tolkien admitiu ao ex-aluno, W. H. Auden, *"cada um incor-*

---

291 CARPENTER, Humphrey (Ed.). *Letters. Op. cit.*, p. 307.
292 Ver, por exemplo: HALLE, Louis J. "History through the Mind's Eye". *Saturday Review*, January 28, 1956, p. 11-12; CASTELL, Daphne. "Tolkien on Tolkien: Making of a Myth". *Christian Science Monitor*. August 11, 1966, p. 11.
293 NORMAN, Philip. "Lord of the Flicks". *Op. cit.*, p. 29.
294 Prefácio à segunda edição, em: TOLKIEN, J. R. R. *A Sociedade do Anel. Op. cit.*, p. 33. Ver, também, a seguinte entrevista de Tolkien: PLIMMER, Charlotte & PLIMMER, Denis. "The Man Who Understands Hobbits". *Op. cit.*, p. 32; "Professor J. R. R. Tolkien: Creator of Hobbits and Inventor of a New Mythology [*London Times* Obituary, 3 September 1973]". *Op. cit.*
295 C. S. Lewis citado em: TOLKIEN, J. R. R. *Lays of Beleriand. Op. cit.*, p. 151.
296 CARPENTER, Humphrey (Ed.). *Letters. Op. cit.*, p. 41, 121. Ver também, a reimpressão (e versão reeditada) da carta de Tolkien de 1951 para Milton Waldman, em: Tolkien, J. R. R. *The Silmarillion*. Boston: Houghton Mifflin, 2nd ed., 2001. xi-xii.

pora um conto particular e revestido nos trajes do tempo e do espaço, a verdade universal e a vida eterna"[297].

Em outras ocasiões, Tolkien confessou que a Terra Média representou a Europa em um passado muito distante, antes do registro da história. O termo Terra Média, afinal, era apenas o termo anglo-saxão para a terra entre os oceanos – a Europa cristã[298]. *"Rhun é a palavra élfica para 'Leste'. Ásia, China, Japão e todas as coisas que as pessoas no Ocidente consideram como longínquas"*, observou Tolkien em uma entrevista em 1966, ao referir-se à geografia de seu mundo criado. *"E o Sul de Harad é a África, os países quentes"*[299]. A Inglaterra, por tal lógica, seria o Condado, afirmou Tolkien[300]. De fato, Tolkien originalmente esperou que seu conjunto de lendas servisse como uma mitologia para a Inglaterra, uma terra desprovida de tudo, salvo do mito arturiano (que era, na verdade galês, não inglês). Até o *Beowulf*, escrito em anglo-saxão versava sobre a história dos dinamarqueses e dos godos, contraposta a dos anglo-saxões.

E, para o gosto de Tolkien, o cristianismo e o espírito galês (os bretões) que muito flagrantemente invadiram as lendas arturianas, diminuíram o potencial que elas tinham de revivescer o espírito do mundo moderno[301]. *"Fiquei angustiado que quase todos os mitos fossem galeses ou escoceses, irlandeses, franceses ou alemães. Tudo o que nós, ingleses, parecíamos ter eram umas poucas coisas como 'Jack, o Matador de Gigantes'"*, certa vez, Tolkien admitiu para um entrevistador. *"Então, pensei em eu mesmo criar um"*[302]. Tolkien esperava ainda dedicar *O Silmarillion* para a rainha Elizabeth II com as seguintes palavras: *"A única coisa de que vosso país não é rico é de mitologia"*[303].

---

297 CARPENTER, Humphrey (Ed.). *Letters. Op. cit.*, p. 212.
298 Idem. *Ibidem.*, p. 283.
299 RESNICK, Henry. "An Interview with Tolkien". *Op. cit.*, p. 41. Tolkien disse a Clyde S. Kilby que nunca disse isso. Ver: KILBY, Clyde S. *Tolkien and The Silmarillion. Op. cit.*, p. 51.
300 KILBY, Clyde S. *Tolkien and The Silmarillion. Op. cit.*, p. 51; BRACE, "In the Footsteps of the Hobbits". *Op. cit.*; FOSTER, William. "An Early History of the Hobbits". *Op. cit.*
301 CARPENTER, Humphrey (Ed.). *Letters. Op. cit.*, p. 144, 230-31. Apesar dos pontos de vista um tanto fortes de Tolkien sobre a lenda arturiana, Guy Kay e Christopher Tolkien encontraram um poema inacabado chamado "A Queda de Artur" nos arquivos de Tolkien. Ver: NOAD, Charles E., "A Tower in Beleriand". *Op. cit.*, p. 3.
302 CATER, William. "We Talked of Love, Death, and Fairy Tales". *Op. cit.*, p. 23.
303 KILBY, Clyde S. *Tolkien and The Silmarillion. Op. cit.*, p. 43-44.

Capítulo II | Mito e Subcriação

Os hobbits de Tolkien representaram o melhor das invasões anglo-saxãs pré-normandas[304]. Como os ingleses (compostos de jutos, anglos e saxões), os hobbits (compostos de Pés-peludos, Cascalvas e Grados) migraram do Leste[305]. Além disso, os hobbits viviam em uma terra que originalmente não era deles, mas pertencera outrora a um poder maior, há muito desaparecido. Existem outros elementos especificamente anglo-saxões. Tom Shippey especula que os Rohirrim sejam anglo-saxões, como poderiam ter evoluído, caso tivessem uma cultura hípica. Muito da cerimônia, por exemplo, de Gandalf entrando no Paço Dourado reflete a entrada de Beowulf no grande salão. Ademais, os cavaleiros chamam a própria terra de *"A Marca-dos-Cavaleiros"*. A antiga tradução de Mércia (um reino medieval anglo-saxão) era "A Marca". De fato, como vimos, Shippey acredita que Tolkien mesclou suas afeições pelos anglo-saxões com o respeito pela cultura guerreira norte-americana dos índios encontrada nos *Leatherstocking Tales*, de James Fenimore Cooper[306]. E, em "Sobre Estórias de Fadas", Tolkien observou que gostava mais dos "peles-vermelhas" do que das obras *Alice in Wonderland* [*Alice no País das Maravilhas*], de Lewis Carroll (1832-1898), ou *Treasure Island* [*A Ilha do Tesouro*], de Robert Louis Stevenson (1850-1894), pois eles ofereciam *"vislumbres de um modo arcaico de vida e, acima de tudo, florestas"*[307].

Muitos dos sentimentos pró-ingleses (não pró-britânicos!) decorrem da mudança, na infância, da África do Sul para a Inglaterra:

> Minhas primeiras lembranças são da África, mas ela era-me estranha, e quando voltei para casa, portanto, tive pelo campo da Inglaterra tanto um sentimento nativo quando um maravilhamento pessoal de alguém que ali chega. Cheguei ao campo inglês quando

---

304 Idem. *Ibidem.*, p. 51; NORMAN, Philip. "The Prevalence of Hobbits". *Op. cit.*, p. 98. Ver a entrevista de Tolkien para D. Gueroult, *BBC Radio*, 4 de janeiro de 1971.
305 Shippey apresentou esse argumento pela primeira vez em: SHIPPEY, T. A. *The Road to Middle-earth. Op. cit.*, p. 77-78.
306 Idem. *Ibidem.*, p. 97, 223.
307 TOLKIEN, J. R. R. "Sobre Estórias de Fadas". *Op. cit.*, p. 93. Para a mistura de mito, história e política em Cooper, ver: BIRZER, Bradley J. & WILSON, John. "Introduction". COOPER, James Fenimore. *The American Democrat and Other Political Essays*, Washington, D.C.: Regnery, 2000.

tinha uns três anos e meio, quatro anos de idade – pareceu-me maravilhoso. Se você realmente quiser saber em que baseei a Terra Média, é na maravilha e no prazer na terra como ela é, em particular, com a terra natural[308].

No entanto, da concepção original de mito para a Inglaterra, o conjunto de lendas de Tolkien tornou-se muito maior em propósito e significado. A história, em especial *O Senhor dos Anéis*, tornou-se muito mais um mito para qualquer pessoa de qualquer nação. Tornou-se, em vez disso, um mito para a restauração da própria cristandade. Os intrépidos missionários anglo-saxões, em particular, São Bonifácio (672-754) de Mongúcia (nascido em Crediton, Devonshire), criou a Europa cristã, medieval, ao levar as tradições cristãs e clássicas para o coração da Europa bárbara, pagã. São Bonifácio converteu inúmeros bárbaros ao cristianismo, unificando-os sob a égide de Roma. São Bonifácio até mesmo coroou Pepino (714-768), filho de Carlos Martel (688-741), uma ação que, por fim, levou ao reconhecimento papal de Carlos Magno (742-814) como o Sacro-Imperador Romano redivivo, em 800 A.D.[309] Com o retorno do rei Aragorn para o trono que lhe competia por direito, Tolkien afirmou, o *"curso do conto termina naquilo que mais parece o reestabelecimento de um efetivo Sacro Império Romano com sé em Roma"*[310]. Nos próprios escritos privados, Tolkien equipara muitas partes da Itália com vários aspectos geográficos de Gondor[311]. Em seu diário, por exemplo, Tolkien registrou que com a viagem a Itália tinha *"chegado ao topo da cristandade: um exilado das fronteiras e das províncias distantes a voltar para casa ou, ao menos, para a casa de seus pais"*[312]. Numa carta a um amigo, Tolkien afirma que tinha passado férias *"em Gondor, ou, na linguagem moderna, em Veneza"*[313]. Que Tolkien ponha uma Itália mitologizada e,

---

308 RESNICK, Henry. "An Interview with Tolkien". *Op. cit.*, p. 41.
309 DAWSON, Christopher. *The Making of Europe: An Introduction to the History of European Unity*. New York: Meridian, 1974. p. 169-201.
310 CARPENTER, Humphrey (Ed.). *Letters*, *op. cit.*, p. 376.
311 Ver, por exemplo: Idem. *Ibidem*., p. 223; Idem. *Tolkien*. *Op. cit.*, p. 222.
312 Citado em: CARPENTER, Humphrey. *Tolkien*. *Op. cit.*, p. 222.
313 Citado em: LEIGHTON, Barry. "Tolkien's Clue to The Lord of the Rings". *Bristol Western Daily Press*, February 26, 2002, p. 11.

Capítulo II | Mito e Subcriação

por fim, Roma, no centro de seu conjunto de lendas não é de surpreender, já que via a Reforma como a maior responsável pelo mundo moderno, secularizado.

Como será mais explorado no capítulo VI, Tolkien também via seu mito como um meio para atenuar a reemergência do nacionalismo. O historiador católico *whig*, Lorde Acton, salientou que o fim da cristandade significaria a ascensão do nacionalismo. *"O cristianismo se alegra com a mistura de raças"*, escreveu no famoso ensaio "Nacionalismo". O paganismo, entretanto, *"identifica-se com as diferenças, porque a verdade é universal; os erros, vários e particulares"*. *"Ao tornar o Estado e a nação, em teoria, coextensivos"*, prosseguiu Acton, os tidos como inferiores serão *"exterminados, reduzidos à servidão, proscritos, ou postos em condição de dependência"*[314].

Para Tolkien, a mitologia era uma arma profunda para moldar os objetivos, as visões de mundo e as ações dos homens. *"Um homem que não creia na estória cristã como um fato, mas seja continuamente dela alimentado com mito, talvez"*, explica Lewis, *"seja, espiritualmente, mais vivo do que o que aquiesceu e não pensou muito mais sobre isso"*[315]. Ou, como Tolkien escreveu a respeito dos criadores de mitos:

> Viram a Morte e a derrota final
> sem em desespero fugir do mal,
> mas à vitória viraram a lira,
> seus corações qual legendária pira,
> iluminando o Agora e o Que Tem Sido
> com brilho de sóis por ninguém vivido[316].

---

[314] ACTON, John Emerich Edward Dalberg. *Essays in the History of Liberty*. Indianapolis: Liberty Fund, 1986. p. 409-33.
[315] LEWIS, C. S. *God in the Dock. Op. cit.*, p. 67.
[316] No original: *They have seen Death and ultimate defeat, / and yet they would not in despair retreat, /but oft to victory have turned the lyre / and kindled hearts with legendary fire, / illuminating Now and dark Hath-been / with light of suns as yet by no man seen.* A tradução para português do poema *Mythopoeia* encontra-se em: LOPES, Reinaldo José. *A Árvore das Estórias: Uma proposta de tradução para* Tree and Leaf, *de J. R. R. Tolkien. Op. cit.*, p. 160. (N. T.)

Capítulo III

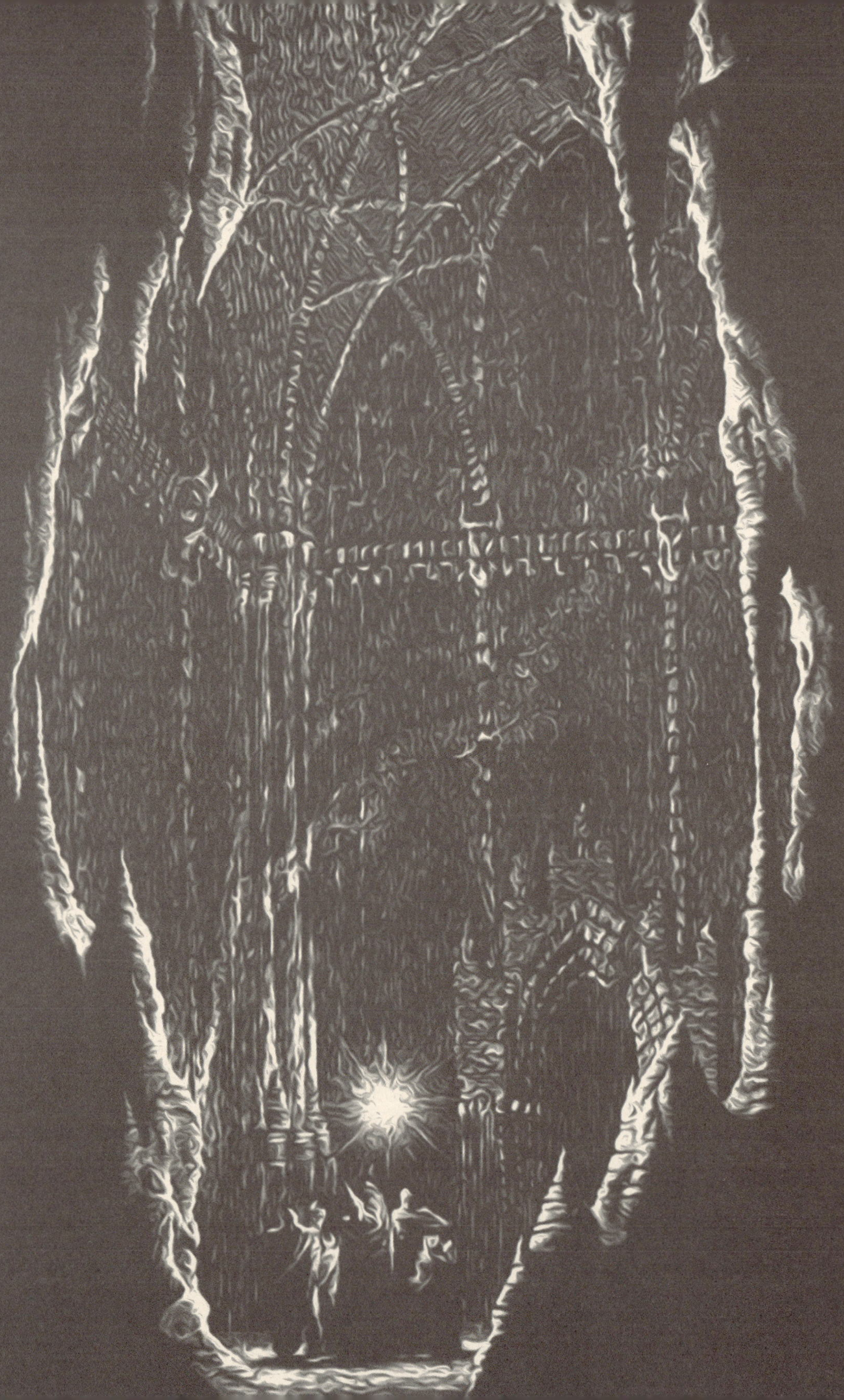

A ORDEM CRIADA

"*É claro que Deus está n'O Senhor dos Anéis. O período era pré-cristão, mas era um mundo monoteísta*", J. R. R. Tolkien respondeu defensivamente quando perguntado por repórteres, em 1968, por que ignorara Deus em sua trilogia. Quando os repórteres o pressionaram um pouco mais, perguntando-lhe quem era Deus, Tolkien respondeu: *"O uno, é claro! O livro é sobre o mundo que Deus criou — o mundo real deste planeta"*[317].

Como subcriador, Tolkien desejou recriar a verdade, as leis e a beleza da ordem criada por Deus. Como disse a um amigo jesuíta, *O Senhor dos Anéis* é *"uma obra fundamentalmente religiosa e católica, no princípio, inconsciente, mas consciente, na revisão"*[318]. Para o evangélico norte-americano Clyde Kilby, Tolkien escreveu: *"Sou um cristão e, é claro, o que escrevo será desse ponto de vista essencial"*[319]. Numa entrevista

---

317 PLIMMER, Charlotte & PLIMMER, Denis. "The Man Who Understands Hobbits". *Op. cit.*, p. 35. Ver, também: "Tolkien on Tolkien". *Diplomat. Op. cit.*, p. 39.
318 CARPENTER, Humphrey (Ed.). *Letters. Op. cit.*, p. 172.
319 Citado em: KILBY, Clyde S. "Mythic and Christian Elements in Tolkien", em: MONTGOMERY, John Warwick (ed.), *Myth, Allegory, and Gospel: An Interpretation of J. R. R. Tol-*

em 1997, o amigo íntimo de Tolkien, George Sayer, afirmou que *O Senhor dos Anéis* "teria sido muito diferente e a escrita muito difícil se Tolkien não fosse cristão. Ele acreditava ser um livro profundamente cristão"[320]. Segundo seu filho, Michael, o catolicismo *"impregnou todo o pensamento, crenças e tudo mais* [de Tolkien]*"*[321]. Na verdade, que apenas umas poucas revistas e periódicos católicos tenham resenhado *O Senhor dos Anéis* foi algo profundamente decepcionante para Tolkien[322].

O catolicismo de Tolkien moldou – ou assim ele esperou e desejou – quase todos os aspectos de sua vida. Via a vida como *"parte de um conflito cósmico entre as forças do bem e do mal, Deus e o diabo"*[323], escreveu Sayer, e Kilby observou que não houve uma só vez que visitasse Tolkien sem que abordasse o tema do cristianismo[324]. A fé de Tolkien, contudo, não era meramente intelectual; nas palavras de Sayer, Tolkien era um *"católico das antigas, devoto e rigoroso"*[325] afeiçoado aos sacramentos, que acreditava *"que libertavam do entusiasmo [sic] por Sauron"*[326]. Certa vez, ao descansar de uma caminhada até *"uma igrejinha simples"* na aldeia de Welford, *"Tollers* [o nome dos *Inklings* para Tolkien]*, fez uma prece, para a surpresa de Warnie Lewis"*[327]. Tolkien acreditava que Deus respondia às preces diretamente, até curando miraculosamente doenças[328]. Essa fé serena e honesta estremeceu somente uma vez, uma época que Tolkien, mais tarde,

---

kien, *C. S. Lewis, G. K. Chesterton, and Charles Williams*, Minneapolis: Bethany Fellowship, 1974, p. 141.

320 Citado em: PEARCE, Joseph. "Tolkien and the Catholic Literary Revival". *In*: PEARCE, Joseph (Ed.). *Tolkien: A Celebration. Op. cit.*, p. 103. Sobre a amizade íntima de Sayer com Tolkien, ver: "Letters, Book Proofs on the Block". *Toronto Sun*, November 3, 2001, p. 50. Tolkien escreveu para Sayer: *"Você foi extremamente gentil comigo na maré baixa. E, acreditei no seu elogio, de algum modo, mais do que no de qualquer outra pessoa"*.
321 Citado em: PEARCE, Joseph. *Tolkien: Man and Myth. Op. cit.*, p. 194.
322 Tolkien, citado em: READY, William. *The Tolkien Relation. Op. cit.*, p. 51.
323 SAYER, George. "Recollections of J. R. R. Tolkien". *Op. cit.*, p. 8.
324 KILBY, Clyde S. *Tolkien and The Silmarillion. Op. cit.*, p. 53.
325 SAYER, George. "Recollections of J. R. R. Tolkien". *Op. cit.*, p. 10.
326 Idem. *Ibidem.*, p. 13.
327 LEWIS, W. H. *Friends and Brothers. Op. cit.*, p. 185.
328 KILBY, Clyde S. *Tolkien and The Silmarillion. Op. cit.*, p. 53; PEARCE, Joseph. *Tolkien: Man and Myth. Op. cit.*, p. 29.

Capítulo III | A Ordem Criada

recordou com muita amargura para consigo mesmo, acusando-se de *"maldade e preguiça"*[329].

Mesmo quando estava diante de audiências acadêmicas, na maioria, agnósticas ou atéias, Tolkien admitia abertamente que raras vezes mantinha *"fortes pontos de vista"* sobre o objeto principal de seus estudos acadêmicos, a Filologia, pois considerava "[des]*necessária para a salvação"*[330]. Para seus amigos literários, Tolkien muitas vezes expressava predileção pelas Escrituras[331]. Tinha por compromisso, entretanto, buscar a verdade, livre do fanatismo fundamentalista. Quando um católico muitíssimo ardoroso tentou descobrir a herança católica de um determinado lugar na Inglaterra, Tolkien objetou ao método do homem. *"Com relação à carta da 'H.D.' sobre o assunto de COVENTRY, estou intrigado como a etimologia de qualquer lugar pode ser buscada "de acordo com a tradição católica", a não ser que se buscarmos a verdade sem preconceito, terminemos ou não em um convento"*[332].

Tolkien acreditava que Deus lhe dera a mitologia da Terra Média e a tarefa de registrá-la[333]. Além disso, via seu conjunto de lendas como um monumento aos amigos que morreram na Grande Guerra: sua mitologia, esperava, ajudaria a restaurar o conhecimento de antigas verdades no mundo devastado do pós-guerra. Um de seus três amigos mais próximos, G. B. Smith (1894-1916), escreveu das trincheiras para Tolkien, em 1916:

> A morte pode nos tornar odiosos e perdidos como indivíduos, mas não pode pôr fim aos quatro imortais! [...] Sim, publique [...]. Estou certo de que você é escolhido, como Saul dentre os filhos de Israel. Apresse-se, antes de sair dessa orgia de morte e crueldade [...]. Que Deus te abençoe, meu querido John Ronald, e que você possa dizer

---

329 CARPENTER, Humphrey (Ed.). *Letters. Op. cit.*, p. 340.
330 TOLKIEN, J. R. R. "Valedictory Address". *In*: *The Monsters and the Critics. Op. cit.*, p. 225.
331 D'ARDENNE, S.T.R.O. "The Man and the Scholar". *In*: SALU, Mary & FARRELL, Robert T. (Ed.). *J. R. R. Tolkien: Scholar and Storyteller: Essays in Memoriam*, Ithaca: Cornell University Press, 1979. p. 35.
332 TOLKIEN, J. R. R. "The Name Coventry" [carta ao editor], fevereiro de 1945 em: MU, JRRT Collection, Series 7, Box 1, Folder 8.
333 LAWLOR, John. *C. S. Lewis. Op. cit.*, p. 35, 40.

as coisas que tenho tentado dizer, muito depois de eu não estar mais lá para dizê-las, caso esse seja meu destino[334].

Um projétil alemão poria fim à vida de Smith pouco tempo depois.

Ainda mais vívido que os fardos do cumprimento dos desígnios de Deus para si e da homenagem aos amigos mortos, Tolkien achava ser muito difícil criar um mundo secundário internamente consistente, crível e que fosse teologicamente alinhado com o cristianismo ortodoxo[335]. O sucesso d'*O Senhor dos Anéis* só aumentou sua determinação de mesclar o mundo mitológico da Terra Média com a teologia cristã. Com observou Christopher Tolkien, seu pai passou um ano antes de morrer lutando com as implicações teológicas da imortalidade élfica[336]. Tolkien temia, com razão, que muitos leitores interpretassem os elementos morais e espirituais de sua mitologia como pagã, ou pior, como arautos de uma nova religião.

* * *

Assim como Tolkien foi rápido em afirmar que Deus criou o mito e ele era um simples registrador disso, foi igualmente rápido em notar que a graça de Deus o tocara diretamente por intermédio da morte prematura da mãe, uma convertida ao catolicismo de rito romano. *"Conscientemente, planejei muito pouco e deveria estar grato por ter sido criado (desde os oito anos) numa fé que alimentou e ensinou o pouco que sei"*, Tolkien escreveu para seu amigo, o padre Robert Murray (1926-2018). Essa fé *"devo à minha mãe, que se apegou à conversão e morreu jovem, em grande parte, pelas dificuldades da pobreza resultante [da conversão]"*[337]. Lewis afirmou que a mãe de Tolkien, Mabel, provavel-

---

334 Citado em: PRIESTMAN, Judith. *Tolkien: Life and Legend*. Oxford: Bodleian Library, 1992. p. 31.
335 CATER, William. "The Filial Duty of Christopher Tolkien". *Op. cit.*, p. 93.
336 Christopher Tolkien, citado em: CATER, William, "The Filial Duty of Christopher Tolkien". *Op. cit.*, p. 93; TOLKIEN, J. R. R. *Morgoth's Ring. Op. cit.*, p. viii.
337 CARPENTER, Humphrey (Ed.). *Letters. Op. cit.*, p. 172.

CAPÍTULO III | A ORDEM CRIADA

mente foi a pessoa mais influente na vida de Tolkien[338]. *"Foi ensinado pela mãe"*, escreveu Lewis, *"de quem procederam as inclinações e os primeiros conhecimentos linguísticos, românticos e naturalistas"*[339].

Por toda a vida, Tolkien considerou a mãe uma mártir do catolicismo[340]. Como convertida a essa fé, sofreu muito fanatismo anti-católico da família imediata e dos parentes. Depois da conversão em 1900, cortaram o apoio financeiro para ela e os dois meninos, J. R. R. e seu irmão, Hilary, que constituíam o fardo financeiro da família desde a morte do pai de Tolkien, quatro anos antes. A morte da mãe moldou profundamente a visão um tanto negativa que Tolkien tinha dos protestantes, bem como seu senso de obrigação de criar os filhos na fé católica. *"Quando penso na morte de minha mãe"*, Tolkien escreveu ao filho Michael, *"desgastada pela perseguição, pela pobreza e pela doença, em grande parte, consequência do esforço de transmitir para nós, meninos pequenos, a fé [...]. Penso ser muito difícil e amargo, quando meus filhos se afastam"* do catolicismo[341]. (Não existem detalhes sobre os possíveis caminhos religiosos errantes dos filhos de Tolkien).

Outra grande influência católica na vida de Tolkien foi o padre Francis Morgan, que se tornou o tutor legal de Tolkien quando a mãe morreu, em 1904. Um homem de linhagem galesa e espanhola, Morgan estudara com o cardeal John Henry Newman e era membro do Oratório em Birmingham[342]. Tolkien e Hilary viveram como "reclusos jovens" na estrita Casa do Oratório, que ainda estava repleta daqueles que, primeiramente, haviam sido convertidos ao catolicismo por influência de Newman[343]. Tolkien creditava ao padre Morgan muito da própria evolução intelectual e moral. Se a mãe lhe instilara a fé, o padre Morgan lhe ensinara a natureza e a essência dessa fé. O

---

338 Ver, por exemplo: TOLKIEN, Priscilla. "Memories of J. R. R. Tolkien in His Centenary Year". *Op. cit.*, p. 12.
339 "Professor J. R. R. Tolkien: Creator of Hobbits and Inventor of a New Mythology [*London Times* Obituary, 3 September 1973]". *Op. cit.*, p. 11.
340 CARPENTER, Humphrey (Ed.). *Letters. Op. cit.*, p. 54, 340, 353-54.
341 Idem. *Ibidem.*, p. 353-54. A carta não especifica de que modo os filhos de Tolkien estavam se desviando.
342 Para uma análise excelente da influência de Newman em Tolkien, ver: PEARCE, Joseph, "Tolkien and the Catholic Literary Revival". *Op. cit.*, p. 105-15.
343 CARPENTER, Humphrey (Ed.). *Letters. Op. cit.*, p. 395.

ambiente progressista, anti-católico reinante na Inglaterra no início do século XX só aumentou o fardo de Morgan[344]. *"Primeiro, aprendi dele a caridade e o perdão; e, à luz disso, foi perfurada até a escuridão 'liberal' de onde vim, que conhecia mais a 'Maria Sangrenta'* do que a mãe de Jesus"*[345]. Tolkien considerava o padre Morgan de importância igual a de seu pai biológico[346].

O padre Morgan imbuiu Tolkien de um catolicismo de doutrina tradicional. Como todos os católicos, Tolkien acreditava que a Igreja se fundamentava nas Escrituras, na Tradição e na doutrina da autoridade do Magistério. O fascínio protestante com os primórdios, com a igreja cristã primitiva, escreveu Tolkien, resultou simplesmente em um fascínio mórbido pela ignorância; a Igreja precisou de tempo para crescer[347]. Prender a Igreja em uma era, o que Tolkien cria que os protestantes tentaram fazer, significava retardar o desenvolvimento doutrinário da Igreja. Em essência, ao negar a tradição, os protestantes, paradoxalmente, forçaram a Igreja a um estado de estase ou de regresso.

Graças ao exemplo de sua mãe e do padre Morgan, Tolkien esforçou-se para realizar as boas obras necessárias à santificação na tradição do catolicismo romano. Ensinou a seu filho Christopher, por exemplo, a memorizar uma variedade de preces, bem como toda a missa em latim. *"Se você os tiver de cor, nunca precisará de palavras de alegria"*, comentou[348]. Tolkien mantinha um rosário em cima da cama, mesmo durante as noites que passou a assistir os bombardeios

---

344 SAYER, George. "Recollections of J. R. R. Tolkien". *Op. cit.*, p. 14.
* No original: *Bloody Mary*. Referência ao apelido dado pelos protestantes à filha de Henrique VIII (1491-1547) e Catarina de Aragão (1485-1536), a rainha católica Mary I (1516-1558) da Inglaterra, que reinou entre 1553 e 1558, tendo sucedido o meio-irmão protestante Edward VI (1537-1553), filho de Jane Seymour (1508-1537), e sendo sucedida pela meia-irmã protestante Elizabeth I (1533-1603), filha de Ana Bolena (1501-1536). O epíteto pejorativo de "Maria Sangrenta" foi dado à rainha devido às tentativas dela de restaurar o catolicismo na Inglaterra e pelas perseguições aos protestantes, tendo se tornado um importante símbolo das representações anticatólicas da cultura inglesa. (N. T.)
345 CARPENTER, Humphrey (Ed.). *Letters. Op. cit.*, p. 354.
346 Idem. *Ibidem.*, p. 416.
347 Idem. *Ibidem.*, p. 394.
348 Idem. *Ibidem.*, p. 66.

Capítulo III | A Ordem Criada

nazistas de Oxford, durante a Segunda Guerra Mundial[349]. Além de sua forte devoção a Maria, Tolkien frequentemente rezava pela intercessão de vários santos[350].

Não é de surpreender, dados os fortes pontos de vista tradicionais, que Tolkien não tenha compreendido a necessidade do Concílio Vaticano II em meados da década de 1960, em especial, a aceitação do uso da missa em vernáculo[351]. Depois de passar um verão com Tolkien, Kilby descreveu a aflição de Tolkien com as mudanças impostas pelo Concílio:

> A Igreja, disse [Tolkien], "que outrora sentia como refúgio, agora parece uma armadilha". Ele estava horrorizado de que até mesmo a Sagrada Eucaristia pudesse ser oferecida a "jovens sujos, a mulheres de calças compridas e, muitas vezes, de cabelos despenteados e as cabeças descobertas" e, o que era pior, o sofrimento imposto por "padres estúpidos, cansados, obscuros e até mesmo maus". Uma anedota que ouvi versava sobre sua frequência à missa não muito depois do Vaticano II. Como especialista em latim, relutantemente se acalmou quanto ao abandono desse em favor do inglês. No entanto, quando foi uma outra vez aos ofícios e sentou-se no meio de um banco, começou a notar outras mudanças além da linguagem, uma diminuição de genuflexões. Seu desapontamento foi tanto que se levantou, esgueirou-se desajeitadamente até o corredor central, fez três grandes reverências e, então, saiu da igreja como um furacão[352].

Apesar do desapontamento que via como a liberalização da Igreja, Tolkien continuou a ser um católico leal e praticante.

* * *

---

349 Idem. *Ibidem.*, p. 67.
350 Ver, por exemplo: LEWIS, W. H. *Friends and Brothers. Op. cit.*, p. 203.
351 SAYER, George. "Recollections of J. R. R. Tolkien". *Op. cit.*, p. 13-14.
352 Partes não publicadas do capítulo: KILBY, Clyde S. "Woodland Prisoner". *Op. cit.*, p. 13, WCWC, Kilby Files, p. 3-8, "Tolkien the Man" de *TOLKIEN AND THE SILMARILLION*.

O MITO SANTIFICADOR DE J. R. R. TOLKIEN | BRADLEY J. BIRZER

Para o bem ou para o mal, podemos aprender sobre Tolkien tanto pelas observações depreciativas a respeito do protestantismo quanto pelas afirmações apreciativas a respeito do catolicismo. De fato, a própria aversão pelo protestantismo de Tolkien frequentemente emergia. O verdadeiro fundamento da Igreja Anglicana, Tolkien certa vez escreveu para seu filho Christopher, nada mais era senão um ódio profundo ao catolicismo romano, conjugado com uma pura arrogância[353]. Achava o anglicanismo *"uma mistura patética e sombria de tradições meio recordadas e crenças mutiladas"*[354]. Para Tolkien, toda a Reforma nada mais foi do que uma farsa blasfema. Chamava a Reforma de "revolta europeia ocidental", em verdade, pouco mais que um ataque do mal à santidade do Santíssimo Sacramento, com *"a fé/obras como mera distração enganosa"*[355].

A raiva que Tolkien sentia da Igreja da Inglaterra e de outras manifestações do protestantismo se revelavam de maneira mais óbvia no relacionamento ocasionalmente irritadiço com C. S. Lewis após 1939. A teologia para o homem comum de Lewis em *Mere Christianity* [*Cristianismo Puro e Simples*] era uma fonte de contrariedade para Tolkien. O pior era a aparente indiferença de Lewis à perseguição aos católicos. Quando o poeta católico Roy Campbell visitou os *Inklings* no outono de 1944 e discutiu as atrocidades comunistas contra a Igreja na Espanha, Tolkien notou que o martírio de padres católicos parecia não afetar Lewis". Ousaria dizer que [ele] crê que pediram por isso", Tolkien comentou. Lewis estava pronto para ir à guerra por um protestante encarcerado, escreveu Tolkien, mas prontamente descartou o assassinato de católicos perpetrado por regimes igualmente corruptos[356].

As tendências anticatólicas de Lewis foram confirmadas por outros. Ele e seu irmão Warnie diversas vezes se referiam aos católicos como *"bog-trotters"** ou "ratos do pântano", termos de insulto

---

353 CARPENTER, Humphrey (Ed.). *Letters. Op. cit.*, p. 96, 394.
354 Citado em: CARPENTER, Humphrey. *Tolkien. Op. cit.*, p. 65.
355 CARPENTER, Humphrey (Ed.). *Letters. Op. cit.*, p. 339.
356 Idem. *Ibidem.*, p. 96.
*   Literalmente, "pantaneiro", mas o termo depreciativo é empregado como gíria para denominar irlandeses (e por extensão, católicos) de classe baixa. (N. T.)

Capítulo III | A Ordem Criada

extremo[357]. Warnie, certa vez, escreveu que Lewis *"considerava-se um homem de mente aberta visto que certa vez falou civilmente com um padre católico e também ouviu, sem interromper, um socialista"*[358]. John Lawlor, aluno de Lewis, lembra de Lewis argumentando que um determinado padre católico *"conhecia tanta teologia quanto um porco"*. Lawlor esperou o fim da piada, um sorriso ou uma gargalhada, mas Lewis, mortalmente sério, não os presenteou com nada[359].

Embora tenha se tornado cada vez mais católico na prática, se não nas simpatias intelectuais, Lewis compreendeu bem os próprios preconceitos. Quando jovem, ressentiu-se de qualquer semelhança da liturgia da *high-church* "infectar" o que ele considerava a verdadeira fé protestante. Warnie desonerou o anticatolicismo de Lewis como um simples nacionalismo de Ulster.

> Íamos à igreja regularmente na juventude, mas mesmo naquela ocasião, percebíamos que o fato de ir à igreja nem era tanto um direito religioso, mas político, a afirmação semanal do fato de não ser um nacionalista católico romano. Nosso açougueiro e o dono da mercearia atenderam um suspeito, primeiramente, de chamar a atenção dos compradores para o fato de que na loja deles poderiam comprar comida protestante decente, não maculada pelas condenáveis heresias de Roma[360].

Na famosa obra de memórias, *Surprised by Joy* [*Surpreendido pela Alegria*], de 1955, Lewis admitiu, provavelmente, meio de brincadeira: *"Logo que vim ao mundo aconselharam-me (implicitamente) a jamais confiar num papista, e na primeira vez que pus os pés na Faculdade de Inglês, (explicitamente) a jamais confiar num filólogo. Tolkien era as duas coisas"*[361]. Não obstante, além da forte amizade com Tolkien,

---

357 Citado em: CARPENTER, Humphrey. *The Inklings. Op. cit.*, p. 51.
358 LEWIS, W. H. *C. S. Lewis: A Biography* [não publicada]. p. 251, em WCWC.
359 Citado em: LAWLOR, John. *C. S. Lewis. Op. cit.*, p. 41. Ver também: HAVARD, Robert E. "Philia: Jack at Ease". *Op. cit.*, p. 226; BAYLEY, John. "A Passionate Pilgrim". *Op. cit.*
360 LEWIS, W. H. *C. S. Lewis: A Biography. Op. cit.*, p. 232.
361 LEWIS, C. S. *Surpreendido pela Alegria*. Trad. Eduardo Pereira e Ferreira. São Paulo: Mundo Cristão. p. 221.

Lewis correspondeu-se e fez amizade com vários católicos ao longo de sua vida. A partir de 1940, começou a frequentar o rito anglo-católico semanalmente[362]. E, numa carta comovente, escrita entre os anos de 1940 e 1950, Lewis pediu a um padre jesuíta que rezasse para que Deus lhe desse *"a luz e a graça de realizar o gesto último"* e que nas suas preces *"os preconceitos instilados em mim por uma babá de Ulster possam ser superados"*[363].

Tolkien pouco sabia, se é que sabia, dos conflitos internos de Lewis com relação a uma possível mudança para a Igreja Católica Romana, e seu ataque mais contundente a Lewis, "O Motivo Ulsterior", permanece não publicado e indisponível para o público acadêmico ou em geral. Tolkien o escreveu um ano após a morte de Lewis, em 1963. Escreveu, nominalmente, como uma resposta à obra póstuma de Lewis, *Letters to Malcolm* [*Cartas a Malcolm*], lançada em 1964, uma obra que Tolkien considerou *"angustiante e, em partes, horripilante"*[364]. Somente algumas pessoas leram todo o manuscrito e, dos poucos vislumbres disponíveis, "O Motivo Ulsterior" parece mergulhar numa análise séria da amizade de Tolkien e Lewis. Nele, por exemplo, Tolkien recorda uma conversa com Lewis em que Tolkien observou que São João serviu como seu santo padroeiro, *"Lewis enrijeceu-se"*, escreveu Tolkien:

> Lançou a cabeça para trás, e disse num tom áspero e brusco que, mais tarde, o ouviria repetir ao desfazer de algo que desaprovasse: "Não consigo imaginar duas pessoas mais diferentes". Andamos pelo claustro, e o segui, sentindo-me como um católico menor, maltrapilho, pego, pelo olhar de um "clérigo evangélico de boa família", a tomar água benta na porta da Igreja[365].

---

362 PEARCE, Joseph. *Tolkien: Man and Myth. Op. cit.*, p. 69.
363 Citado em: DERRICK, Christopher. *C. S. Lewis and the Church of Rome*, San Francisco: Ignatius Press, 1981. p. 215. A carta original foi destruída e poucos estudiosos de Lewis concordam com essas afirmações de Derrick só por sua citação.
364 CARPENTER, Humphrey (Ed.). *Letters. Op. cit.*, p. 352.
365 Citado em CARPENTER, Humphrey. *The Inklings. Op. cit.*, p. 51-52.

Capítulo III | A Ordem Criada

A personalidade de Lewis era do tipo que muito provavelmente se esquecera desse comentário logo após proferi-lo[366]. No entanto, como sua personagem Barbárvore, Tolkien pouco esquecia e a ironia de Lewis permaneceu vívida em sua memória por várias décadas. Tolkien ainda argumenta em "O Motivo Ulsterior" que Lewis tinha *"uma visão mais perspicaz do que clara"*[367]. Nas margens de sua cópia de *Cartas a Malcolm*, Tolkien escreveu que muito mais que um livro de oração, o livro, na verdade, era sobre como Lewis orava. Segundo Tolkien, era autobiográfico, como cria ser o caso de todas as obras de Lewis[368]. No geral, "O Motivo Ulsterior" nos traz fortes indícios de que Tolkien, um dos dois homens mais instrumentais na conversão de Lewis ao cristianismo, ressentiu-se de que Lewis nunca tenha se tornado um católico do rito romano, mas, em vez disso, tenha despertado para *"os preconceitos tão sedutoramente plantados na infância e mocidade"*[369].

As sérias diferenças teológicas entre Tolkien e Lewis parecem ter começado quando Charles Williams tornou-se um *Inkling*, em 1939[370]. *"Vimo-nos cada vez menos depois que ele* [Lewis] *ficou sob a influência dominante de Charles Williams"*, Tolkien escreveu quase um ano após a morte de Lewis[371]. Desde o momento em que chegou a Londres, William e Lewis tornaram-se amigos rapidamente[372]. Como argumentou John Patrick, Williams foi para Lewis um companheiro

---

[366] Christopher Mitchell, o diretor do Wade Center no Wheaton College, foi o primeiro a apontar isso e ajudou-me, em grande parte, a ponderar minhas ideias. Conversas posteriores com Joseph Pearce e Andrew Cuneo só reforçaram a crença de que os estudiosos facilmente exageram a desavença entre Tolkien e Lewis.
[367] Citado em: CARPENTER, Humphrey. *The Inklings. Op. cit.*, p. 216.
[368] WILSON, A. N. *C. S. Lewis. Op. cit.*, p. xvii.
[369] Citado em: Idem. *Ibidem.*, p. 135,
[370] CARPENTER, Humphrey (Ed.). *Letters. Op. cit.*, p. 341, 349; GREEN, Roger Lancelyn & HOOPER, Walter. *C. S. Lewis: A Biography. Op. cit.*, p. 184. Clyde Kilby notou que a tensão entre Tolkien e Lewis começou em 1940, mas não deu explicação do porquê esse ano foi tão importante. Ver as partes não publicadas do capítulo: KILBY, Clyde S. "Woodland Prisoner". p. 12, WCWC, Kilby Files, p. 3-8, "Tolkien the Man", de *TOLKIEN AND THE SILMARILLION*.
[371] CARPENTER, Humphrey (Ed.). *Letters. Op. cit.*, p. 349.
[372] COGHILL, Nevill. "The Approach to English". *In*: GIBB, Jocelyn (Ed.). *Light on Lewis*. New York: Harcourt Brace, 1965. p. 63; LEWIS, W. H. *Letters of C. S. Lewis. Op. cit.*, p. 481.

cujo intelecto equiparava-se ao de Tolkien, mas que não trazia a bagagem embaraçosa do catolicismo de Tolkien[373].

Muitos autores e amigos atribuíram a tensão na amizade entre Lewis e Tolkien, que se tornou mais evidente nessa época, aos ciúmes que a intrusão de Williams inspirou em Tolkien[374]. Entretanto, embora Tolkien pareça ter sido muito sensível – no melhor e no pior dos sentidos da palavra – a ruptura com Lewis é mais profunda do que isso. Ainda que Tolkien gostasse de Williams como um conhecido, desconfiava profundamente de seus pontos de vista teológicos. Enquanto Lewis descreveu Williams como um "anjo", Tolkien o chamava de "doutor bruxo" e de "aparição"[375]. Quando Lewis ficou fascinado com Williams, que, na juventude fora um gnóstico autoproclamado, Tolkien deve ter ficado profundamente amedrontado[376]. Tolkien acreditava muito no demônio, temia sua poderosa capacidade de tentar e, além disso, de corromper o homem decaído; portanto, temia especialmente o conhecimento ou o flerte com qualquer forma de mal, algo que Williams parecia constantemente fazer, e, é possível, tenha influenciado Lewis a fazer o mesmo. Como diz Elrond, ao explicar por que Saruman tornou-se mau: *"É perigoso estudar com demasiado detalhe as artes do Inimigo"*[377].

***

Em contraste, ou assim acreditava, às *Cartas do Diabo a Seu Aprendiz*, de Lewis, e à maior parte da ficção de Williams, Tolkien teve o cuidado de criar a própria mitologia a mais cristã possível. Queria, especificamente, afirmar a própria visão de mundo piamen-

---

373 PATRICK, James. "J. R. R. Tolkien and the Literary Catholic Revival". *The Latin Mass* (Spring, 1999), p. 86.
374 Ver, por exemplo: SAYER, George. "Recollections of J. R. R. Tolkien". *Op. cit.*, p. 14.
375 Citado em: CARPENTER, Humphrey. *The Inklings. Op. cit.*, p. 120-21. Sobre a "Apparition", ver: CARPENTER, Humphrey (Ed.). *Letters. Op. cit.*, p. 341.
376 GROTTA, Daniel. *J. R. R. Tolkien: Architect of Middle Earth*. Filadélfia: Courage Books, 1992. p. 94; CARPENTER, Humphrey. *The Inklings. Op. cit.*, p. 73-100.
377 TOLKIEN, J. R. R. *A Sociedade do Anel. Op. cit*, p. 379.
* O equivalente mitológico ao Espírito Santo. (N. T.)

Capítulo III | A Ordem Criada

te católica, em especial na ênfase à eficácia salvífica do livre arbítro em resposta à graça de Deus.

No início da mitologia de Tolkien, Iúvatar, também conhecido como Eru, o Deus pleno e Pai pleno, criou os Ainur, os arcanjos. Deu a cada um deles um pouco de sua sabedoria e conhecimento e, juntos, deram, pelo canto, existência ao universo. Ilúvatar proclamou o tema e ordenou:

> Do tema que declarei a vós, desejo agora que façais, em harmonia e juntos, uma Grande Música. E, já que vos inflamei com a Imperecível Chama*, mostrareis vossos poderes ao adornar esse tema, cada um com seus próprios pensamentos e desígnios, se desejar[378].

Essa música criada seria a maior de todas as músicas até *"o fim dos dias"*, quando Deus criaria um tema ainda mais grandioso[379].

Logo, todavia, surgiu a discórdia, quando Melkor, o maior dos Ainur, desejou criar o próprio tema, criar como se fosse igual a Ilúvatar. Em vez de subcriar para glorificar a Deus, Melkor queria tornar-se Deus e louvar a si mesmo. Sua discórdia pôs fim à beleza e à harmonia do primeiro tema. Destemido e paciente, Ilúvatar terminou o primeiro tema e começou um segundo. Melkor (ou Morgoth, como posteriormente foi chamado pelos elfos), mais uma vez o corrompeu com um tema próprio e, dessa vez, com certa severidade, Ilúvatar o silenciou e deu início a um terceiro tema. Melkor rebateu esse tema divino um barulho tão irritante e violento que abafou os outros Ainur. Com muita ira, Ilúvatar repreendeu e envergonhou Melkor, que em seu orgulho nunca perdoou o criador. Ilúvatar, então, presenteou os Ainur com o mundo que a música deles criara, o mundo da Terra Média, conhecido como Arda. Dentro do terceiro tema, Ilúvatar, secretamente e de modo singular, criou seus filhos, os elfos e os homens; a música dos Ainur não tivera parte em sua criação[380].

---

378 TOLKIEN, J. R. R. *O Silmarillion. Op. cit.*, p. 39. Ver, também: KILBY, Clyde S. *Tolkien and The Silmarillion. Op. cit.*, p. 59.
379 TOLKIEN, J. R. R. *O Silmarillion. Op. cit.*, p. 40.
380 CARPENTER, Humphrey (Ed.). *Letters. Op. cit.*, p. 285; Idem. *Ibidem.*, p. 74.

Cheio de despeito por Ilúvatar e os Ainur, Melkor desejou governar os seres criados no terceiro tema e, assim, desceu a Arda. Sob o comando da voz angélica mais grandiosa do segundo tema, Manwë, vários Ainur também foram para Arda, esperando governar, não como deuses, mas viver como servos de Ilúvatar e servi-lo como regentes. Uma vez em Arda, outros referiram-se a eles como "os Valar", e guerrearam com Melkor até o final da primeira era, quando, finalmente, o capturaram e o acorrentaram. No entanto, a guerra santa danificou de modo grave a vida em Arda.

Seja na lenda, quando anjos e demônios caminhavam visíveis sobre a terra, ou na história, quando anjos e demônios não tinham mais forma visível *"toda a Terra Média"* era *"o anel de Morgoth"*[381], como veremos no capítulo V. Suas mentiras, *"plantadas por Melkor [...] nos corações de elfos e homens. São uma semente que não morre e não pode ser destruída. E de quando em quando ela volta a brotar; e dará frutos sinistros até o último dos dias"*[382]. Somente quando Ilúvatar emitir o tema final, Morgoth e suas influências, finalmente, serão totalmente destruídas. Nos poucos relados da "Última Batalha" que aparece na *História da Terra Média* – uma mistura bem tolkieniana de antigas lendas nórdicas de Ragnagrök e do "Apocalipse de São João" cristão – os Valar, sob a liderança de Manwë derrotam Morgoth de uma vez por todas. Arda permance intacta e as Silmarils recuperadas são usadas para ressuscitar as Duas Árvores[383].

Ao longo de toda a mitologia, Ilúvatar permanece indiscutivelmente soberano, mas distribui seus dons e a responsabilidade para governar a criação por intermédio de um complexo sistema de subsidiariedade. Por todo *O Silmarillion*, bem como pela *História da*

---

381 TOLKIEN, J. R. R. *Morgoth's Ring. Op. cit.*, p. ix.
382 TOLKIEN, J. R. R. *O Silmarillion. Op. cit.*, p. 619.
383 TOLKIEN, J. R. R. *The Lost Road and Other Writings: Language and Legend before 'The Lord of the Rings' – History of Middle-Earth: Volume 5.* Ed. Christopher Tolkien. Boston: Houghton Mifflin, 1987. p. 333; KILBY, Clyde S. *Tolkien and The Silmarillion, op. cit.*, p. 64-65. Ver, também, notas tomadas de Kilby enquanto o manuscrito de *O Silmarillion* era lido, 1966, WCWC Kilby Files, p. 3-9. Christopher Tolkien minimiza a importância da "Batalha Final" na mitologia do pai. Ver a carta de Christopher Tolkien, Oxford, para Darrell A. Martin, Wheaton, 26 de janeiro de 1983, WCWC, Folder; JRRT para correspondentes variados.

CAPÍTULO III | **A ORDEM CRIADA**

Terra Média, o leitor vem a compreender que ao mesmo tempo que as histórias enfocam vários distanciamentos da graça, a graça também é dada para alguns que evitam que o mal prossiga, embora isso seja realizado por intermédio de anjos e não diretamente por Ilúvatar. Como Tolkien explicou, Ilúvatar ordenou aos Valar a agir somente como governadores, para auxiliar na guerra contra Morgoth, mas nunca para eles mesmos aparecerem como deuses ou a exigir que seres menores os adorem. Embora Manwë tenha o título de rei de Arda, o rei de Manwë era Ilúvatar[384].

Igualmente importante, Ilúvatar remodela as corrupções do mal, não só para fazer seu plano funcionar, mas também para criar algo totalmente melhor que o original. Em cada um dos momentos vitais do conjunto de lendas tolkieniano – a criação, o fim da primeira era, o fim da segunda era, o fim da terceira era e a batalha final – Ilúvatar se intromete de modo direto. Quando Melkor cantou a própria canção durante a criação, Ilúvatar a incorporou em um projeto maior e começou novamente. Quando Morgoth tornou-se muito poderoso na Terra Média, Ilúvatar pôs fim a seu reinado, como fará novamente na última batalha, um evento prenunciado pela destruição do Númenor por Ilúvatar[385]. Quando os númenorianos aliados de Sauron tentam invadir o Reino Sagrado, no fim da segunda era e se tornarem, eles mesmos, deuses, Ilúvatar destruiu-lhes a ilha e tornou Arda redonda, evitando mais contatos com o Reino Sagrado. Como Tolkien certa vez disse a Lewis, *"a Terra deve sua importância aos olhos de Deus unicamente ao princípio da única ovelha perdida diante das noventa e nove"*[386]. Em outras palavras, não importa se a grande maioria da humanidade se torne sórdida, Deus ainda proteje os que lhe são fiéis.

Ainda que Tolkien tenha descrito belamente a queda de satanás, ou seja, Morgoth, ou Melkor, ele achou muito mais difícil descrever a queda do homem. Clybe Kilby recordou:

---

384 CARPENTER, Humphrey (Ed.). *Letters. Op. cit.*, p. 203-04.
385 TOLKIEN, J. R. R. *Morgoth's Ring. Op. cit.*, p. 341.
386 Carta de C. S. Lewis, The Kilns, para Warnie Lewis, 11 de agosto de 1940, WCWC, *CSL Letters to Warnie Lewis*, Letter Index 220.

Tolkien descreveu-me seu problema em retratar a queda da humanidade próximo ao fim de *O Silmarillion*. "Quanto caímos!", exclamou – até agora, sentia, não é possível sequer pensar em um padrão correto para isso ou imaginar o contraste entre o Éden e o mundo que veio depois[387].

Tolkien escreveu uma espécie de "conversa de trabalho", como Kilby a descreveu, em que explica o motivo do mal e da queda. Chamada de *Athrabeth Finrod Ah Andreth*, a conversação de Tolkien considera a relação dos elfos e dos homens na ordem criada por Ilúvatar e o papel de Ilúvatar em refazer a terra estragada e decaída. Possivelmente é o escrito mais teológico e profundo de Tolkien em todo o seu conjunto de lendas e é essencial para que compreendamos a visão mitológica de Tolkien. Em *Morgoth's Ring*, o editor Christopher Tolkien chamou o ensaio anteriormente não publicado de uma "obra principal e acabada". Tolkien originalmente queria que ele aparecesse como apêndice de alguma forma final de *O Silmarillion*[388].

"*Athrabeth Finrod Ah Andreth*" é uma discussão densa e complexa entre o rei-elfo Finrod e a sábia mulher Andreth. Finrod deseja saber por que os homens decaíram e viveram vidas curtas, ao passo que os elfos permaneceram não decaídos e quase imortais. Por que isso, Finrod pergunta, visto que homens e elfos são biologicamente quase idênticos, de ter naturezas diferentes. Andreth, incorretamente, acredita que Melkor estragou a verdadeira natureza dos homens, encurtando suas vidas. Finrod discorda, ao notar que, ainda que Melkor possa influenciar ou corromper indivíduos, nunca pode corromper uma raça inteira. Somente Ilúvatar teria o poder de fazer tal coisa, e ele nunca a faria. Finrod teme até mesmo considerar Melkor como detentor de um poder tão imenso. *"O Senhor deste mundo não é [Melkor], mas o Uno que o criou e seu vice [regente] é Manwë, o rei mais antigo de Arda, que é abençoado"*, observa Finrod[389]. Andreth admite que mui-

---

387 Ver o capítulo não publicado, em: KILBY, Clyde S. "The Manuscript of THE SILMARILLION", WCWC, Kilby Files, 1-12, *TOLKIEN AND THE SILMARILLION*.
388 TOLKIEN, J. R. R. *Morgoth's Ring. Op. cit.*, p. 303.
389 Idem. *Ibidem.*, p. 313.

Capítulo III | A Ordem Criada

tos homens acreditam que "nasceram para viver para sempre", mas ela interpreta mal ao entender "a vida do corpo".

Finrod observa a tensão nos homens com relação ao conflito do corpo e da alma; os homens são, ao mesmo tempo, carne e espírito, mas muitas vezes recordam-se de um em detrimento do outro. Esse conflito, argumenta em estilo platônico, faz com que os homens olhem *"para coisa alguma por si mesma [...] se estudam algo, é para descobrir outra coisa"*[390]. Essa inquietação existiu nos homens antes da corrupção de Melkor, crê Finrod. Ilúvatar a concedeu aos homens para que voltassem ao verdadeiro lar, os céus. A inquietação faz com que os homens não se tornem tão apegados à terra. Maldosamente, Melkor precipitou a inquietação, ao mentir que a morte era punição e não um dom. Os homens acreditaram em Melkor, e ficaram ressentidos com Ilúvatar.

Ainda, como observa Finrod, Ilúvatar não será vencido por Melkor. Em vez de desfazer o passado, ele empregará os erros de Melkor e dos homens que a ele se alinharam para fazer algo melhor. Numa carta a Christopher, Tolkien explicou; *"os maus trabalhos, com vasto poder e sucesso perpétuo — são em vão: sempre só preparam o solo para o bem inesperado nele brotar"*[391]. Como seu criador-autor, Ilúvatar refará o mundo em *"uma terceira e maior, e ainda assim, a mesma coisa"*[392]. Finrod conclui que:

> Um mestre na arte de contar histórias [deve] manter oculto o momento mais grandioso até que chegue a hora oportuna. Pode ser adivinhado, de fato, nalguma medida, por aqueles de nós que as ouvimos com coração e mente plenos, e assim desejaria o contador. De modo algum a maravilha e a surpresa de sua arte são diminuídas, pois dessa maneira partilhamos, por assim dizer, de sua autoria[393].

Ainda que Finrod não saiba o que Ilúvatar tem reservado para reconstruir a terra e desfazer a maldade de Melkor, sabe que deve confiar completamente em Ilúvatar. A confiança, na verdade,

---

390 Idem. *Ibidem.*, p. 316.
391 CARPENTER, Humphrey (Ed.). *Letters. Op. cit.*, p. 76.
392 TOLKIEN, J. R. R. *Morgoth's Ring. Op. cit.*, p. 318.
393 Idem. *Ibidem.*, p. 319.

torna-se a essência do relacionamento entre os filhos de Ilúvatar e o criador. De tal confiança, fluem todas as bênçãos.

Andreth apresenta uma possibilidade radical que recusa a crer, mas que ouviu de outros homens: *"O Uno, ele mesmo, virá a Arda"*. Ela afirma que isso parece impossível. Como criador, Ele é demasiado grande para ingressar na própria criação. *"Isso não abalaria Arda?"*, aflige-se[394]. Apresentando uma versão mitológica do que um cristão consideraria teologia da encarnação, Finrod especula que *"mesmo se Ele, em pessoa, fosse ingressar aqui, deveria ainda permanecer aquilo que Ele é: um autor externo"*[395]. Em outras palavras, no conto de Tolkien, os muito sábios compreendem que Ilúvatar pode permanecer Ilúvatar, enquanto, simultaneamente, ingressa no tempo e no espaço da própria criação.

Embora Tolkien temesse que muitos leitores vissem esse capítulo como "uma paródia do cristianismo", seu filho pensava o contrário. *"Isso, por certo, não é paródia, nem mesmo um paralelo"*, escreveu Christopher, *"mas, a extensão – se apenas representada como visão, esperança ou profecia – da 'Teologia' de Arda, de modo específico e central, em crença cristã"*. Deveríamos olhar para esse texto como um texto explicativo central da teologia do mundo mitológico de Tolkien. Como Kilby escreveu, em aprovação, após ver o texto pela primeira vez em 1966, nessa passagem Tolkien explica que Deus permitiu *"a queda para que pudesse manifestar ser ainda mais soberano a Satanás, a encarnação de Cristo, a disseminação de Sua luz de uma para outra pessoa e a consumação final no retorno de Cristo"*[396].

* * *

É no final da terceira era que os leitores de Tolkien vêem com mais clareza o papel da graça na salvação. Como Tolkien disse ao padre Murray, toda a história de *O Senhor dos Anéis* reflete a graça de Deus, mas embora Deus esteja presente, nunca é nomeado. Por

---

394 Idem. *Ibidem.*, p. 322.
395 Idem. *Ibidem.*
396 KILBY, Clyde S. *Tolkien and The Silmarillion. Op. cit.*, p. 61-62.

CAPÍTULO III | A ORDEM CRIADA

exemplo, quando Frodo pergunta a Gandalf como o Anel chegou às suas mãos, Gandalf responde:

> Por trás disso havia outra coisa em ação, além de qualquer intenção do artífice do Anel. Não posso expressá-lo mais simplesmente senão dizendo que Bilbo estava destinado a encontrar o Anel, e não por seu artífice. E nesse caso também você estava destinado a tê-lo. E este pode ser um pensamento encorajador[397].

Nos *Contos Inacabados*, Gandalf afirma que o que chamamos de acaso é, na verdade, a vontade aceitar a direção de Ilúvatar. Quando Elrond chama o conselho à ordem, para decidir o que fazer com o Anel, diz:

> Chamados, digo, apesar de eu não vos ter chamado a mim, estranhos de terras distantes. Viestes e aqui vos encontrastes, nesta mesma hora crítica, ao que parece por acaso. Porém não é assim. Crede, isso sim, que foi ordenado que nós, que aqui nos sentamos, e ninguém mais, temos agora de encontrar conselhos para o perigo do mundo[398].

No entanto, além dessas pistas, Deus permanece fora da cena em *O Senhor dos Anéis*. Está dentro da própria trama da história[399].

Ainda que existam muitas manifestações da graça em *O Senhor dos Anéis*, o exemplo mais importante e notável gira em torno do relacionamento entre Gollum e Frodo. No início da primeira parte de *O Senhor dos Anéis*, Frodo e Gandalf debatem os méritos de assassinar o hobbit corrompido, Gollum. Frodo afirma, sem hesitar, *"Ele merece a morte"*. Gandalf, um dos sábios, responde:

> Merece! Imagino que merece. Muitos que vivem merecem a morte. E alguns que morrem merecem a vida. Você pode dá-la a eles? En-

---

397 TOLKIEN, J. R. R. *A Sociedade do Anel. Op. cit*, p. 110.
398 Idem. *A Sociedade do Anel. Op. cit*, p. 349.
399 CARPENTER, Humphrey (Ed.). *Letters. Op. cit.*, p. 172.

tão não seja ávido demais por conferir a morte em julgamento. Pois nem mesmo os muito sábios conseguem ver todos os fins[400].

À medida que Frodo, o servo sofredor, carrega seu fardo, o Anel do Mal, para a destruição no Monte da Perdição em Mordor, ele lentamente aprende como o Anel corrompeu e remodelou Gollum. De modo surpreendente, em vez de torná-lo mau, amargo ou enchê-lo de mentiras, o Anel, por fim, não é capaz de corromper Frodo e até o ensina a misericórdia, apesar da presença dolorosa.

De fato, os atos de misericórdia e compaixão de Frodo quase redimem o aparentemente irredimível Gollum. Numa passagem que Tolkien acreditava ser uma das mais comoventes d'*O Senhor dos Anéis*, Gollum quase se arrepende dos crimes passados.

> Gollum olhou para eles. Uma expressão estranha lhe passou pelo rosto magro e faminto. O brilho dos seus olhos se apagou e eles se tornaram baços e cinzentos, velhos e cansados. Um espasmo de dor pareceu retorcê-lo, e ele lhes deu as costas, espiando de volta para o passo, balançando a cabeça como se estivesse imerso em algum debate interior. Depois voltou e, devagar, estendendo a mão trêmula, tocou com muita cautela o joelho de Frodo – mas o toque era quase uma carícia. Por um momento fugidio, se algum dos adormecidos pudesse vê-lo, pensaria que estava contemplando um velho hobbit exausto, encolhido pelos anos que o haviam carregado muito além de seu tempo, além dos amigos e da família, e dos campos e riachos da juventude, um ser velho, esformeado e digno de pena[401].

Entretanto, nesse momento, Sam desperta. Desconfiando dos motivos de Gollum, ele o repreende severamente e Gollum volta, de modo furtivo, para o abismo, pronto agora, por fim, para trair os dois hobbits com a Laracna[402].

---

400 TOLKIEN, J. R. R. *A Sociedade do Anel. Op. cit*, p 114-15.
401 TOLKIEN, J. R. R. *As Duas Torres. Op. cit.*, p. 1019-20. Ver, também: CASTELL, Daphne, "The Realms of Tolkien". *Op. cit.*, p. 151-52.
402 CARPENTER, Humphrey (Ed.). *Letters. Op. cit.*, p. 330.

Capítulo III | A Ordem Criada

É precisamente porque Frodo aprende a entender a sabedoria da misericórdia que o Anel é destruído no final. Ao fracassar no topo do Monte da Perdição, subjugado pelo desejo de tomar o Anel e declarar-se o Senhor da Terra Média, a graça se intromete na forma do hobbit corrompido, Gollum. A criatura abominável morde o dedo de Frodo, dança alegremente à beira do precipício, cai, e, morrendo, destrói o Anel de uma vez por todas.

Embora Frodo fracasse no final, tomado, como estava, pelo desejo e pela ganância, teve sucesso numa tarefa muito maior: seguir o conselho de Gandalf e realizar atos de misericórdia aos moldes de Cristo para com Gollum[403]. Caso não tivesse feito isso, seu fracasso teria sido infinitamente maior, pois não haveria Gollum no Monte da Perdição para finalizar a tarefa de destruir o Anel. Em vez disso, Frodo teria se proclamado Senhor da Terra Média, sucumbindo à tentação apresentada, pela primeira vez, no Jardim do Éden – *"Sereis como deuses"* (*Gênesis* 3,5). Sauron teria, então, vencido Frodo, que seria pequeno demais para portar, com eficácia, o Anel. Ilúvatar, assim, demonstra sua soberania e amor por intermédio da personagem improvável do Gollum. Não devemos, como adverte Gandalf, violar as leis de Deus, e não importa se, por vezes, fizerem pouco sentido para nós, todavia, em vez disso, devemos confiar nos planos dele.

Para Tolkien, o maior fracasso de Frodo veio após reclamar o Anel como seu. Ao perder a esperança na escadaria de Cirith Ungol, Frodo desesperou: *"Tudo está perdido. Demorei-me no caminho. Tudo está perdido. Mesmo que minha missão seja completada, ninguém jamais saberá. Não haverá ninguém a quem eu possa contar. Será em vão"*[404]. Depois que o Anel é destruído, Frodo fica aturdido por estar vivo. Para ser um herói de verdade, pensava, teria de ter se sacrificado, buscando, assim, a própria glória. Não percebeu que a tarefa de Deus para ele havia terminado, ele tinha de viver. A *"economia divina está limitada àquilo que é suficiente para a realização da tarefa indicada para um instrumento em um padrão de circunstâncias e outros instrumentos"*, escreveu

---

403 Idem. *Ibidem.*, p. 191.
404 TOLKIEN, J. R. R. *As Duas Torres. Op. cit.*, p. 1010.

Tolkien[405]. Exigir mais seria exigir um direito que só pertence a Jesus Cristo como salvador da humanidade. *"No exercício mais excelso"*, explica Tolkien, a misericórdia *"pertence a Deus"*[406]. Certamente, não aos homens – ou aos hobbits.

* * *

Ainda que nenhuma personagem ou lugar em *O Senhor dos Anéis* trace paralelos diretos com locais, acontecimentos ou pessoas da história cristã – fazê-lo teria tornado o mito uma alegoria formal – o mito é, como Tolkien explicou *"consoante com o pensamento e a fé cristãos"*[407]. Ao longo de toda a história encontramos forte simbolismo cristão, especialmente um simbolismo de tom católico, relativo à oração, à Eucaristia e à Virgem Maria. O conjunto de lendas deve *"ser aceito – bem, digamos de modo simples"*, concluiu Tolkien, *"por uma mente que acredite na Santíssima Trindade"*[408].

Um dos símbolos cristãos mais importantes na mitologia vem em forma de invocações, petições e preces às potências superiores. Em uma cena memorável, o irmão gondoriano de Boromir, Faramir, *"e todos os seus homens viraram-se com os rostos para o oeste em um momento de silêncio"*[409], antes do jantar. Frodo o questiona a respeito disso e Faramir, de modo um tanto falho, responde que é o costume saudar o lar perdido de Númenor e as terras d'além. Faramir segue os movimentos, mas não compreende a essência de suas ações. A sua piedade é sem substância.

Da mesma maneira, Frodo e Sam, quase sem querer, ou ao menos, de modo inconsciente, invocam o nome de Elbereth várias vezes. Frodo a invoca quando os Espectros do Anel atacam no Topo do Vento, bem como quando o perseguem no vau do rio fora de Valfenda. Aragorn, ao elogiar Frodo por apunhalar com sua lança o Espectro do Anel, afirma *"Foi mais mortal para ele o nome de Elbe-*

---

405 CARPENTER, Humphrey (Ed.). *Letters. Op. cit.*, p. 326.
406 Idem. *Ibidem.*, p. 326.
407 Idem. *Ibidem.*, p. 355.
408 Idem. *Ibidem.*, p. 146.
409 TOLKIEN, J. R. R. *As Duas Torres. Op. cit.*, p. 968.

CAPÍTULO III | A ORDEM CRIADA

reth"[410]. Sam, ao lançar a Laracna sobre o espigão afiado, cheio de raiva e ódio, ele também invoca Elbereth, assim como um fiel católico ou ortodoxo oriental invocaria o nome de um santo[411]. *"Ó Elbereth Gilthoniel, voltando-me a ti, imploro, aqui, sob o horror da morte, volve teus olhos para mim"*[412]. A prece lhe confere a força necessária para vencer a criatura do mal, a última filha de Ungoliant[413].

Tolkien, no entanto, notou que nem Frodo nem Sam, deliberadamente, pediram a intercessão dos poderes superiores. Frodo se pega chamando por Elbereth inconscientemente. Sam vê-se falando uma língua que lhe é desconhecida. Assim, a graça moveu Frodo e Sam a clamar pela graça; os servos de Ilúvatar acudidos por outros servos de Ilúvatar. Como sublinhou Tolkien, somente Ilúvatar é soberano[414], mas no período pré-encarnação em que a história de Tolkien acontece a pessoa só poderia chegar a Ilúvatar ao dirigir-se aos e pelos Valar, os representantes de Ilúvatar em Arda[415]. *"A queda do homem está no passado e fora de cena; a redenção está no futuro distante"*, escreveu Tolkien. *"Estamos numa época em que o Deus Uno, Eru, tem a existência conhecida pelos sábios, mas não é acessível, exceto pelos Valar ou por intermédio deles"*[416]. Tolkien também argumenta que, uma vez que os acontecimentos d'*O Senhor dos Anéis* ocorrem em um mundo pré-cristão existe uma teologia motoneísta natural. *"Tudo isso é 'mítico', e não uma espécie de nova religião ou visão"*, advertiu[417].

Esse mito, contudo, está profundamente enraizado na teologia cristã. Em um dos momentos mais dramáticos de *A Sociedade do Anel*, Gandalf enfrenta um antigo inimigo, um Balrog. Ao confrontar o demônio encarnado, Gandalf chama pelo nome a fonte de seu po-

---

410 Idem. *A Sociedade do Anel. Op. cit.*, p. 293.
411 CARPENTER, Humphrey (Ed.). *Letters. Op. cit.*, p. 193.
412 No original: *"A Elbereth Gilthoniel / o menel palan-diriel, / le nallon si di'nguruthos! / A tiro nin, Fanuilos!"*. A tradução de Tolkien para o inglês da prece de Sam é: *"O Elbereth Gilthoniel, / gazing afar to thee I cry, / here beneath death-horror. / Look towards me"*. Esta encontra-se em: TOLKIEN, J. R. R. "A Elbereth Gilthoniel". *In*: SWANN, Donald. *The Road Goes Ever On: A Song Cycle*, Boston: Houghton Mifflin, 1967. p. 64.
413 TOLKIEN, J. R. R. *As Duas Torres. Op. cit.*, p. 1038.
414 CARPENTER, Humphrey (Ed.). *Letters. Op. cit.*, p. 149.
415 Idem. *Ibidem.*, p. 387, 146.
416 Idem. *Ibidem.*, p. 387.
417 Idem. *Ibidem.*, p. 283.

der. *"Não podes passar"*, brada. *"Sou servidor do Fogo Secreto, brandindo a chama de Anor. Não podes passar"*[418]. De fato, o Balrog não pode passar, e Gandalf queda morto, sacrificando-se e enredando-se e destruindo sua contraparte maligna. Como Tolkien admitiu a Clyde Kilby, o "Fogo Secreto", o mestre de Gandalf, é o Espírito Santo[419].

* * *

Quando um produtor em potencial de uma versão cinematográfica de *O Senhor dos Anéis* apresentou o roteiro para Tolkien, ele ficou horrorizado. Além das muitas simplificações e ideias erradas que fluíam contrariamente ao espírito da história, Tolkien descobriu que o roteirista mudara o "lembas", o alimento dado por Galadriel à Sociedade para sustentar os membros na jornada por um "concentrado alimentar". Nenhuma análise química, escreveu Tolkien, poderia descobrir as propriedades das lembas. Ao contrário, *"tinha um significado muito maior, daquilo que, hesitantes, poderíamos chamar de tipo religioso"*[420]. Propriamente traduzido, "lembas" significa *"pão de viagem"* ou *"pão da vida"*[421]. Assim, quando Frodo luta para subir o Monte da Perdição e destruir o Anel, o lembas o sustenta.

> O *lembas* tinha uma virtude sem a qual muito tempo atrás teriam se deitado para morrer. Não satisfazia o desejo, e às vezes a mente de Sam ficava repleta da lembrança da comida e do anseio por simples pão e carne. E, no entanto, aquele pão-de-viagem dos elfos tinha uma potência que aumentava à medida que os viajantes contavam só com ele e não o misturavam a outros alimentos. Ele alimentava a vontade e conferia forças para resistir e para dominar os tendões e os membros além da medida da gente mortal[422].

---

418 TOLKIEN, J. R. R. *A Sociedade do Anel. Op. cit*, p. 470.
419 KILBY, Clyde S. *Tolkien and The Silmarillion. Op. cit.*, p. 59.
420 CARPENTER, Humphrey (Ed.). *Letters. Op. cit.*, p. 274-75.
421 TOLKIEN, J. R. R. *The Peoples of Middle-earth. Op. cit.*, p. 404.
422 Idem. *O Retorno do Rei — O Senhor dos Anéis: Parte III*. Trad. Ronald Kyrmse. Rio de Janeiro: Harper Collins Brasil, 2019. p. 1340.

Capítulo III | A Ordem Criada

O lembas tem um papel vital ao londo de todo *O Senhor dos Anéis*. Não só sustenta Frodo e Sam ao completarem sua missão, mas também protege e alimenta as vontades de Merry e Pippin como prisioneiros dos orcs e de Aragorn, Legolas e Gimli na busca aos inimigos demoníacos que capturaram os dois hobbits. Inversamente, o mal recusa-se a tomar parte disso e quando algum dos orcs encontra lembas no corpo de Frodo, tenta destruí-lo.

O lembas também aparece várias vezes em *O Silmarillion* e na *História da Terra Média*. O primeiro homem a recebê-lo, Túrin Turambar, recebeu-o de uma Maiar, Melian, mãe de Lúthien. De nenhum outro modo Melian teria dado a Túrin maior honra. Ele bem serviu a Túrin e a seus companheiros, bem como curou todas as feridas e doenças durante a missão. Raras vezes, contudo, os elfos o partilharam com os homens. Os homens de Númenor também fizeram uma espécie de lembas, mas nunca se igualou em qualidade ou encantamento ao lembas dos elfos. Com sinceridade, Isildur levou consigo o substituto feito pelos homens na morte nos Campos de Lis.

Como escreveu Charles Columbe, as histórias em torno do lembas refletem inúmeras lendas medievais a respeito do Santíssimo Sacramento[423]. De fato, o lembas élfico, indiscutivelmente, serve como o símbolo do cristianismo mais explícito de Tolkien em *O Senhor dos Anéis*; é a representação, ainda que pré-cristã, da Eucaristia. Para Tolkien, nada representava um dom maior de Deus que o verdadeiro Corpo e Sangue de Cristo. *"Pus diante de ti a única grande coisa que pode se amar na Terra: o Santíssimo Sacramento"*, Tolkien escreveu para seu filho Michael. *"Aí encontrarás romance, glória, fidelidade e o verdadeiro caminho de todos os teus amores na Terra"*[424]. Como todos os católicos fiéis pré-Vaticano II, Tolkien sempre se confessava antes de receber o sacramento[425]. De fato, os sacramentos para Tolkien serviam, na melhor das hipóteses, e talvez, como o único meio eficaz de evitar que Satanás dominasse o mundo. Tolkien encorajava seus filhos a receber a comunhão diariamente como se isso devesse *"ser*

---

423 COULOMBE, Charles A. "The Lord of the Rings — A Catholic View". *In*: PEARCE, Joseph (Ed.). *Tolkien: A Celebration. Op. cit.*, p. 57.
424 CARPENTER, Humphrey (Ed.). *Letters. Op. cit.*, p. 53.
425 SAYER, George. "Recollections of J. R. R. Tolkien". *Op. cit.*, p. 10.

um exercício contínuo e crescente"[426]. Nem mesmo os gritos dos filhos dos outros conseguiam distrair ou atrapalhar Tolkien de receber o Santíssimo Sacramento[427]. O Sacramento encerrava tanto poder que somente uma alma muito corrupta perderia a fé após recebê-lo, acreditava. Negar isso era *"chamar Nosso Senhor de fraude na Sua cara"*[428].

Certa vez, Tolkien experimentou uma visão sagrada ao rezar diante do Santíssimo Sacramento.

> Percebi ou pensei na luz de Deus e nela, suspensa, uma partícula de pó (ou milhões de partículas, das quais uma única era direcionada à minha parca inteligência), brilhando, branca, por causa do raio individual da Luz que ambos detinham.

Tolkien também presenciou seu anjo da guarda na visão, não como um intermediário, mas como a personalização da *"muita atenção de Deus"*[429].

***

Segunda em importância ao Santíssimo Sacramento para Tolkien era a *Theotókos*, Maria, a mãe de Deus. Como observou Tolkien, Maria ofereceu-lhe um modelo de *"beleza na majestade e na simplicidade"*[430]. Tolkien não acreditava estar sozinho nessa crença. Deus presenteou Maria ao mundo como digna de devoção para *"refinar nossas naturezas e emoções humanas rudes e, também, para animar e colorir nossa religião dura, amarga"*[431]. A própria ideia de servir como tabernáculo humano para a Segunda Aliança, o Cristo, indicava que ela deveria ser bela de modo impecável e espantoso, argumentava Tolkien[432]. Tudo, portanto, de belo que Tolkien criou, afirmou, veio das

---

426 CARPENTER, Humphrey (Ed.). *Letters. Op. cit.*, p. 338.
427 CARPENTER, Humphrey. *Tolkien. Op. cit.*, p. 143.
428 CARPENTER, Humphrey (Ed.). *Letters. Op. cit.*, p. 338.
429 Idem. *Ibidem.*, p. 99.
430 Idem. *Ibidem.*, p. 172.
431 Idem. *Ibidem.*, p. 49.
432 Idem. *Ibidem.*, p. 286.

Capítulo III | A Ordem Criada

próprias noções limitadas de Maria[433]. Maria, como a única *"humana sem pecado original"*, também demonstra o que era para ter sido a morte antes do pecado de Adão e Eva. A "assunção" era o fim natural de cada vida humana, embora, até onde sabemos, foi o fim do único membro "sem pecado" da humanidade[434].

Perder a própria mãe pode ter colaborado para aumentar a devoção de Tolkien por Maria. Falava de Maria com frequência e, até mesmo, debateu a doutrina da Imaculada Conceição com Warnie Lewis em certa ocasião[435]. Várias figuras marianas aparecem na coleção de lendas tolkieniana. Nenhuma delas é uma representação verdadeira de Maria, mas partilham com ela muitos traços comuns. A personagem mariana mais óbvia é Galadriel. A rainha-elfa de Lórien, um reino atemporal que ela criou e manteve com o anel Nenya, Galadriel passou muito da segunda e da terceira era resistindo ao poder de Sauron. Também criou o Conselho Branco, dedicado a destruir as trevas. Embora se arrependa pelos crimes contra os Valar na primeira era, escreve Tolkien, *"é verdade que devo muito dessa personagem à doutrina e imaginação católicas a respeito de Maria"*[436]. Em carta a Kilby, nada mais faz senão afirmar que Galadriel funciona como a figura mariana mais importante, pois

> Há algo que faltante em toda forma de "pensamento cristão" que pode gerar essa omissão. Uma incapacidade (creio) de aceitar plenamente a totalidade das consequências da história da encarnação como nos é contada nas Escrituras[437].

Elbereth funciona como outra figura mariana na coleção de lendas tolkienianas. A esposa angélica de Manwë e a criadora da luz e das estrelas, servem como Maria na teologia católica, como a "Rainha dos Céus". Como observado anteriormente, os elfos a invocam em prece e a reverenciam mais que quaisquer outros Valar. Ela, por

---

433 SAYER, George. "Recollections of J. R. R. Tolkien". *Op. cit.*, p. 11.
434 TOLKIEN, J. R. R. *Morgoth's Ring. Op. cit.*, p. 333.
435 LEWIS, W. H. *Friends and Brothers. Op. cit.*, p. 207.
436 CARPENTER, Humphrey (Ed.). *Letters. Op. cit.*, p. 407.
437 Carta de Tolkien a Kilby, ca. 1966, Tolkien Letters, WCWC.

sua vez, escuta-lhes as preces. Ela também responde às preces dos hobbits, dentre elas, os pedidos de ajuda de Sam durante a batalha com a Laracna. Juntamente com Manwë, é Elbereth quem envia Gandalf para ajudar a Terra Média contra Sauron. Antes da batalha final, o triunfo derradeiro de Ilúvatar sobre Morgoth e o mal, Elbereth forma a constelação de Menelmacar como sinal da aproximação da batalha[438]. Em suma, suas características recordam a seguinte descrição de Maria dada no livro do Apocalipse de São João: *"Apareceu em seguida um grande sinal no céu: uma Mulher revestida do sol, a lua debaixo dos seus pés e na cabeça uma coroa de doze estrelas"* (Apocalipse 12,1).

***

Em 1969, uma jovem pediu a Tolkien para explicar "o propósito da vida". Naturalmente, Tolkien ofereceu uma resposta teológica. Primeiro, devemos estudar a ordem criada, o universo. Uma vez que o universo não é Deus, honramos o criador ao estudar sua criação. Segundo, e mais importante, encontramos a resposta verdadeira e final no *Gloria in Exelsis*: *"Nós vos louvamos, / Nós vos bendizemos, / Nós vos adoramos, / Nós vos glorificamos, / Nós vos damos graças por vossa imensa glória"*[439].

Como um verdadeiro subcriador, Tolkien desejou glorificar a obra de Deus. Não só via *O Senhor dos Anéis* como seu caminho para glorificar e louvar a Deus, mas também esperava que ajudasse a redimir o mundo[440]. De fato, Tolkien via sua potencial influência com grande esperança. *"Sinto como se o céu quase sempre sombrio sobre nosso mundo atual fosse, subitamente, transpassado, as nuvens se retraíssem, e um raio de luz, quase esquecido, caísse novamente sobre nós"*, escreveu em 1971[441].

Não obstante, como Frodo na sua jornada ao Monte da Perdição, Tolkien sabia ser simplesmente um instrumento da vontade de

---

438 TOLKIEN, J. R. R. *Morgoth's Ring*. Op. cit., p. 166.
439 CARPENTER, Humphrey (Ed.). *Letters. Op. cit.*, p. 400.
440 WAIN, John. *Sprightly Running. Op. cit.*, p. 182.
441 CARPENTER, Humphrey (Ed.). *Letters. Op. cit.*, p. 413. Ver também: TOLKIEN, Priscilla. "Memories of J. R. R. Tolkien in His Centenary Year". *Op. cit.*, p. 14.

Capítulo III | A Ordem Criada

Deus, não um herói por si mesmo. Todo o bem que fez, sabia, derivou, em última instância, da graça de Deus, sem mérito por parte de Tolkien. Como certa vez disse a Lewis, desculpando-se por seus comentários pouco gentis a respeito do livro de Lewis sobre a literatura do século XVI, *"O único crítico literário justo é Cristo, que admira mais do que qualquer homem os dons que Ele mesmo concedeu"*[442].

---

442 CARPENTER, Humphrey (Ed.). *Letters. Op. cit.*, p. 128.

Capítulo IV

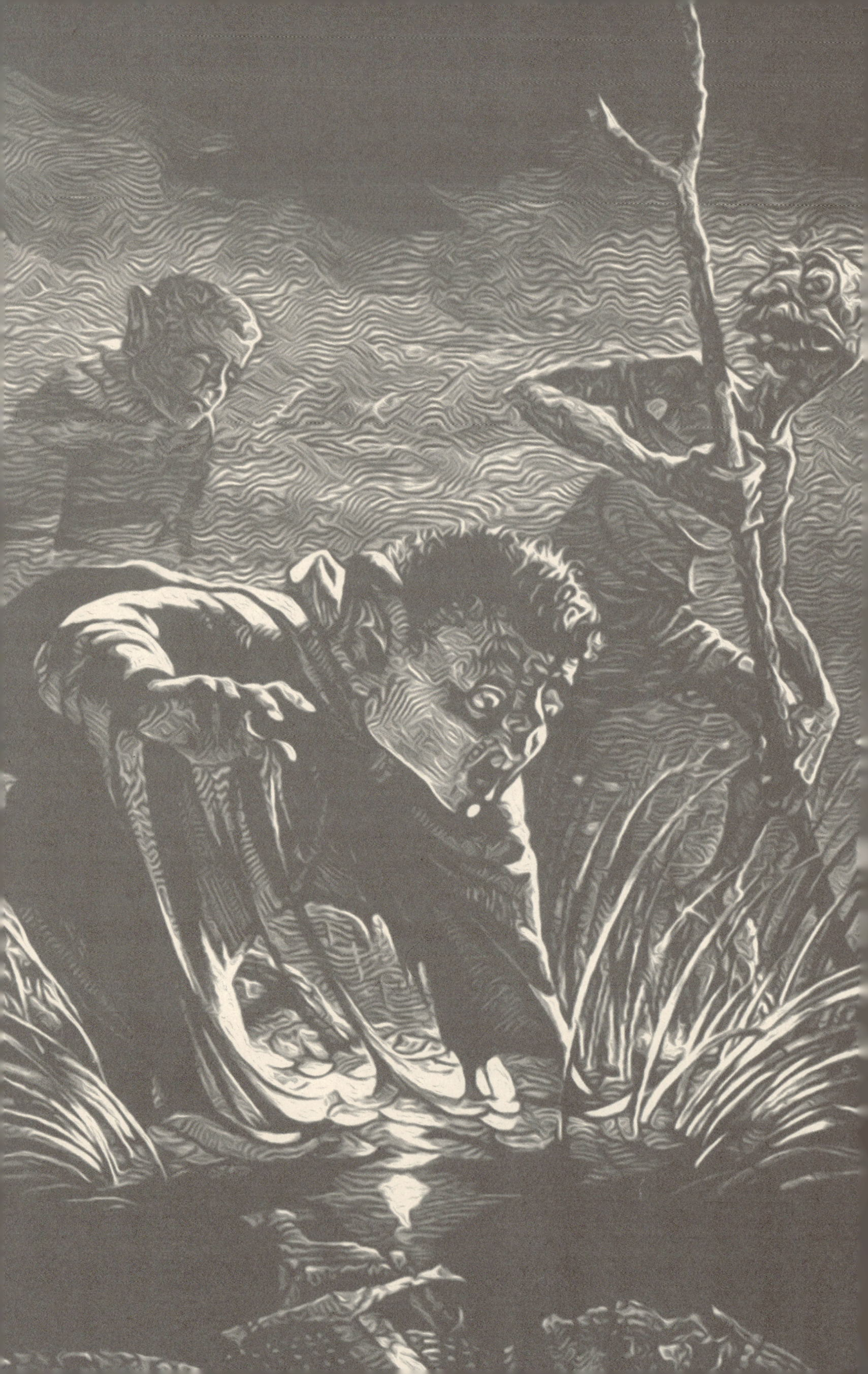

Heroísmo

Como afirmou o filósofo Eric Voegelin, os grandes pensadores sempre proporcionaram a suas comunidades uma anamnese, ou a recuperação dos encontros passados com transcendência. Aristóteles, Cícero e Santo Agostinho, por exemplo, todos ofereceram isso a seus contemporâneos.

Assim como Santo Agostinho, J. R. R. Tolkien confrontou um mundo e uma cultura que pareciam para muitos, estar à beira do colapso. E, como Santo Agostinho, Tolkien esperava que seu mito servisse como uma anamnese, um retorno à reta razão. Tanto Agostinho como Tolkien viram esse mundo e sua história como irredimíveis por intermédio da pura vontade ou razão humanas. Na mitologia de Tolkien, como afirmou nos escritos publicados postumamente, toda a terra fora corrompida por Morgoth[443]. Ao final, entretanto, o mal falhará ao corromper o bem, que para Tolkien significava os que foram salvos e santificados por Cristo. Parafraseando e batizando as

---

443 TOLKIEN, J. R. R. *Morgoth's Ring. Op. cit.*, p. 400-02.

palavras de Cícero, Santo Agostinho escreveu *"Efetivamente, o homem bom nem se envaidece com os bens temporais, nem se deixa abater com os males. Pelo contrário, o homem mau sofre na infelicidade, porque se corrompe na felicidade"*[444]. Aragorn fala, de modo semelhante, quando encontra os cavaleiros de Rohan na obra *As Duas Torres*. Quando um cavaleiro pergunta a Aragorn como distinguir o certo do errado em tempos complicados, Aragorn responde: *"Como sempre julgou"*, pois, *"o bem e o mal não mudaram desde antanho; nem são uma coisa entre os Elfos e os Anãos e outra entre os Homens. É papel do homem distingui-los, tanto na Floresta Dourada quanto em sua própria casa"*[445]. Discernir o bem e o mal e sofrer os males deste mundo servem para tornar a pessoa melhor e mais capaz para servir como *"sob um só fogo, o ouro rebrilha"*[446].

Nem para Tolkien nem para Santo Agostinho esse fato significa que, no desespero, a pessoa deva simplesmente abandonar esse mundo ao inimigo e seus aliados, ou isolar-se da sociedade. Ao contrário, um dos temas mais dominantes e importantes em toda a obra de Tolkien – seja acadêmica ou ficcional – é a importância do heroísmo, não como um ato de vontade, mas como resultado da graça. Por meio de Seu mistério, majestade e graça, Deus permite o mal acontecer. *"As más obras com imenso poder e sucesso perpétuo"*, escreveu Tolkien. Em última instância, contudo, o mal trabalha *"em vão: sempre preparando somenbte o solo para o bem inesperado brotar"*[447]. Santo Agostinho afirma que o mundo, por fim, destrói os maus, pois como não podiam sofrer os reveses no mundo, o reverenciavam com muito orgulho[448].

Tolkien acreditava que como parte da preparação da pessoa para o Paraíso, ou para a santificação, a pessoa deve realizar atos de heroísmo cristão. Para Tolkien, isso significava fazer a vontade de Deus e ser parte do exército de Cristo. Como o grande teólogo medieval Hugo de São Vítor (1096-1141) descreveu isso:

---

444 SANTO AGOSTINHO. *Cidade de Deus*. Trad. J. Dias Pereira. Lisboa: Fundação Calouste Gulbenkian, 2ª ed, 1996. Livro I, cap 8, p. 118.
445 TOLKIEN, J. R. R. *As Duas Torres. Op. cit.*, p. 656.
446 SANTO AGOSTINHO. *Cidade de Deus. Op. cit.*, p. 118.
447 CARPENTER, Humphrey (Ed.). *Letters. Op. cit.*, p. 76.
448 SANTO AGOSTINHO. *Cidade de Deus. Op. cit.*, p. 118-120.

Capítulo IV | Heroísmo

Pois, a Palavra Encarnada é nosso Rei, que veio a este mundo para guerrear com o demônio; e todos os santos que existiram antes de sua vinda são soldados, por assim dizer, indo diante do Rei, e os que vieram depois e virão, até o fim do mundo, são soldados a seguir o Rei. E o próprio Rei está no meio de Seu exército e segue protegido e rodeado por todos os lados por Suas colunas. E, embora numa multidão tão vasta quanto essa os tipos de armas sejam diferentes nos sacramentos e na observância dos povos que precedem e seguem, ainda assim, todos estão realmente a servir o rei único e seguem uma única bandeira; todos perseguem o mesmo inimigo único e são coroados pela mesma vitória única[449].

O exército de Cristo é "a Igreja" cruzando tempo e espaço, a continuação do Cristo encarnado. James Patrick afirma que *A Sociedade do Anel* de Tolkien é o equivalente mítico da Igreja, *"movendo-se por um terreno tenebroso, sofrendo todas as privações, amedrontada, mas cheia de coragem, cumprindo a providência de Deus"*[450]. As muitas partes da Igreja, os dons supremos e os portadores desses dons, coletivamente, formam o corpo de Cristo[451].

Ainda que Deus possa não estar visível diretamente em todos os momentos, ele sempre está intimamente envolvido na formação e direção de sua Igreja e de sua Criação. Como vimos no capítulo anterior, Tolkien acreditava firmemente que Deus intervém direta e indiretamente no mundo real, bem como no mundo subcriado de Tolkien. *O Silmarillion*, por exemplo, oferece um relato mítico da criação e intervenção de Deus nos assuntos dos homens. Ilúvatar age por meio de seus agentes, especificamente, os leais Valar e Maiar. Ilúvatar, no entanto, distribui seus dons de graça a todos os servos – Valar,

---

449 HUGO DE SÃO VITOR. *De Sacramentis*, II.2.1-2. Ryan Freeburn forneceu-me essa citação.
450 PATRICK, James. "J. R. R. Tolkien and the Literary Catholic Revival". *Op. cit.*, p. 85.
451 São Paulo, apropriadamente, descreve "O Corpo" tanto no capítulo 12 da *Carta aos Romanos*, no primeiro capítulo da *Carta aos Coríntios* e no primeiro capítulo da *Carta aos Colossenses*. Como escreve o apóstolo: *"Porque, como o corpo é um todo com muitos membros, e todos os membros do corpo, embora muitos, formam um só corpo, assim também é Cristo"* (*I Coríntios* 12, 12-20). Diz também: *"Temos dons diferentes, conforme a graça que nos foi conferida. Aquele que tem o dom da profecia, exerça-o conforme a fé. Aquele que é chamado ao ministério, dedique-se ao ministério. Se tem o dom de ensinar, que ensine"* (*Romanos* 12, 6-7).

Maiar, elfos, homens, anões e hobbits. E, ele os distribui de maneiras surpreendentes, modos conhecidos somente por ele, que tornam a vida infinitamente complexa e fascinante. As *"grandes políticas da história mundial"*[452], escreveu Tolkien, *"são, muitas vezes, mudadas, não pelos senhores e governadores, nem mesmo pelos deuses, mas pelos aparentemente desconhecidos e fracos – devido à vida secreta da criação, e à parte desconhecida de toda a sabedoria, a não ser pelo Uno, que habita nas intromissões dos Filhos de Deus no drama"*. Assim, dentro do anel de Morgoth – ou seja, a própria Arda – Ilúvatar depende de seu exército para fazer a sua vontade. Ele os auxilia diretamente, por vezes, confiando na *"Chama Imperecível"*, o equivalente tolkieniano do Espírito Santo, para emitir centelhas de criatividade e imaginação moral na criação[453]. Entretanto, seja por meio dos dons da graça ou pela intervenção direta, todas as boas atividades provêm somente de Ilúvatar.

Tudo isso Tolkien tinha bem claro, e é por isso que ficou frustrado com os leitores que não conseguiram encontrar Deus em sua mitologia. O *"elemento religioso está assimilado na história e no simbolismo"*, Tolkien explicou a um amigo jesuíta[454]. Podemos encontrar Deus na própria trama. De fato, os elementos do verdadeiro heroísmo cristão são fortemente representados em quatro personagens principais de *O Senhor dos Anéis*: Gandalf, o profeta; Aragorn, o rei; Frodo, o sacerdote e Sam, o homem comum e servo[455]. Um acadêmico australiano, Barry Gordon, foi o primeiro a demonstrar a presença dos postos de sacerdote, profeta e rei na obra de Tolkien. Tolkien encaminhou o artigo "Realeza, sacerdócio e profecia em *O Senhor dos Anéis*" para Clyde Kilby. Tolkien admitiu em uma carta a Kilby que a tese de Gordon era verdadeira, mas que tal esquema fora inconsciente de sua parte[456]. Nas próprias anotações sobre a tese de Gordon, Kilby escreveu: *"A Terra Média é salva pelo sacrifício sacerdotal do*

---

452 CARPENTER, Humphrey (Ed.). *Letters. Op. cit.*, p. 149.
453 TOLKIEN, J. R. R. *Morgoth's Ring. Op. cit.*, p. 345.
454 CARPENTER, Humphrey (Ed.). *Letters. Op. cit.*, p. 172.
455 Esse esquema de sacerdote, profeta e rei vem de um ensaio escrito por Barry Gordon e discutido por Clyde S. Kilby. Tolkien admitiu para Kilby que a tese de Gordon funcionava, mas que fora inconsciente de sua parte. Ver: KILBY, Clyde S. *Tolkien and The Silmarillion. Op. cit.*, p. 55-56.
456 Ver: KILBY, Clyde S. *Tolkien and The Silmarillion. Op. cit.*, p. 55-56.

CAPÍTULO IV | HEROÍSMO

hobbit Frodo, pela sabedoria e direcionamento de Gandalf e pelo comando de Aragorn, o herdeiro dos reis. Também existem forças além dessas. Ao responderem à 'vocação', cada agente cresce em poder e graça. Cada um se torna cada vez mais 'cristão'"[457], Em outras palavras, o mito de Tolkien ecoa a doutrina cristã à medida que a pessoa aceita o chamado específico ou a vocação e emprega esses dons para o bem do Corpo de Cristo, inicia a jornada da santificação.

***

À primeira vista, Frodo parece ser o herói em *O Senhor dos Anéis*. Cumprindo o papel de sacerdote, carrega o Anel – a cruz de Cristo, os pecados do mundo – ao centro do inferno (Mordor). Frodo assim o faz por um amor profundo por seus amigos e pela própria vida[458]. E, talvez, igualmente importante, compreenda e aceite que esse é um dever só seu. Ilúvatar o escolheu, embora Frodo não conheça esse nome.

Frodo sobrevive à jornada, mas a experiência de carregar o Anel e, por fim, de sucumbir à tentação, o transforma profundamente. Conhece, em primeira mão, a experiência do pecado mortal e arrepende-se ao abraçar a misericórdia. Em "O Expurgo do Condado", Tolkien mostra Frodo pedindo aos outros hobbits para não matar, mesmo se o propósito for a defesa. Ele até permite que Saruman escape sem punição, somente para que Grima Língua-de-Cobra o traia e acometa sobre o mago deposto, assassinando-o. Frodo parece ter abraçado tanto a misericórdia que se tornou totalmente pacifista[459].

Ao aceitar e carregar o fardo do Anel, Frodo empenha nessa tarefa todo o seu ser físico e espiritual, levando, ambos, ao máximo.

---

457 Notas de JRRT-CSK, escritas ao ler o manuscrito de *O SILMARILLION* para JRRT em 1966, "Summary of 'Kingship, Priesthood and Prophecy in THE LORD OF THE RINGS'", por Barry Gordon, Sr., palestrante de Economia, Universidade de Newcastle, New South Wales." WCWC, Kilby Files, p. 3-9.
458 CARPENTER, Humphrey (Ed.). *Letters. Op. cit.*, p. 327.
459 Tolkien negou essa interpretação em suas cartas. Ver: CARPENTER, Humphrey (Ed.). *Letters. Op. cit.*, p. 255.

Embora tenha brevemente atuado na política como prefeito de Grã-Cava e escrito a história da "Guerra do Anel", continua inquieto, e, no fim das contas, sem a constituição física que tinha antes da jornada. Mentalmente, também parece ter decaído. No poema de Tolkien *The Sea Bell* [O Sino do Mar], Frodo parece recair lentamente na loucura. *"Pelo ano e dia sou habitante. / Grilos as folhas roem com a boca; / aranhas tecem modelos velhos, / já nasce musgo nos meus joelhos"*, diz Frodo. *"não pisarei / nem na álea triste, no beco sujo, / na larga rua passarei. / comigo falo – único ensejo; / pois não me falam os homens que vejo"*[460]. Para curar, Frodo atravessa o mar para Tol Eressëa com Gandalf e muitos líderes da terceira era. A jornada final de Frodo, explica Tolkien, foi purgatorial, mas de cura, não de sofrimento.

No entanto, embora pareça ser um herói de *O Senhor dos Anéis*, falta a Frodo a profundidade e a personalidade matizada que várias outras personagens do conjunto de contos tolkieniano têm. *"Frodo não é tão interessante porque tem de ter fortes princípios morais e ter (por assim dizer) uma vocação"*, explicou Tolkien. Ele *"naturalmente muito se enobrecerá e se aperfeiçoará ao realizar a jornada"*[461]. Embora Frodo desenvolva um apreço profundo pela piedade e pela misericórdia, por toda a história, ele continua *"um ponto fixo"*. Outras personagens a seu redor mudam, tal como Sam, mas Frodo continua no papel do *"servo sofredor"*, seguindo para Mordor para cumprir seu propósito específico. E ainda que fique cansado, permanece fiel à sua tarefa até quase o fim. Falha somente nos últimos momentos de sua jornada, quando o fardo do Anel – representando o peso do pecado e da tentação – torna-se grande demais para ele. Mesmo nas Fendas da Perdição, ele simplesmente desempenha o papel que Deus lhe deu. Carregar a cruz o transforma de modo permanente, e ele fracassa ao reingressar na existência normal, sem nenhum verdadeiro sucesso. Até a partida para os Portos Cinzentos, permanece, de certo modo, alienando da vida dos hobbits, que, nesse momento, parece demasiado exótica[462]. O propósito de sua busca era que outros vivessem

---

460 TOLKIEN, J. R. R. *As Aventuras de Tom Bombadil*. Lisboa: Publicações Europa-América, 6ª edição, 2002. p. 59, 61.
461 CARPENTER, Humphrey (Ed.). *Letters. Op. cit.*, p. 105.
462 Ver: CARPENTER, Humphrey (Ed.). *Letters. Op. cit.*, p. 105.

Capítulo IV | Heroísmo

uma vida normal, produtiva e feliz. Quando ele parte para Tol Eressëa, parte para o mundo que para eles preservou, mas que, agora, ele mesmo não pode desfrutar.

É o hobbit à sombra de Frodo, Samwise, que prova ser o verdadeiro herói de *O Senhor dos Anéis*[463]. O leitor desavisado pouco espera de Sam. No início de *A Sociedade do Anel*, parece somente ser um tolo ignorante. O leitor o vê pela primeira vez em um argumento sem sentido e frustrante com Ted Ruivão. Num bar em Beirágua, Sam fala abertamente sobre rumores de Trolls e árvores ambulantes e das trevas espalhado-se fora do condado e, possivelmente, penetrando no próprio condado. Outros no bar, todos provincianos que nunca viajaram para fora dos limites do Condado, liderados por Ted Ruivão, zombavam das ideias de Sam. Sam, com sinceridade, recusa-se a voltar atrás, mas as provas que apresenta parecem incertas. Até mesmo seu primeiro nome, Samwise, não pressagia grandes coisas, significando apenas "meio sábio".

Entretanto, Sam tem uma grande virtude e prova a virtude que santifica seu caráter: a lealdade. A lealdade em Sam, para Tolkien, é a que caracteriza o homem comum nas trincheiras da Primeira Guerra Mundial. *"Meu Sam Gamgi"*, escreveu Tolkien, *"é, de fato, uma reflexão sobre o soldado inglês, ou os praças e os ordenanças que conheci na guerra de 1914, e os reconheci muito superiores a mim mesmo"*[464]. Durante a jornada, a lealdade de Sam também é bíblica. Na verdade, Sam atua como a personagem de São João Evangelista para um Frodo Jesus.[465] Assim como São João, Sam permanece fiel a Frodo por toda a jornada. E como São João, que esteve aos pés da cruz, Sam permanece com Frodo nas Fendas da Perdição. Sam também recorda outra famosa personagem cristã, *Sir* Gawain. No comentário famoso sobre o significado do heroísmo de Gawain, Tolkien escreveu:

---

463 Para uma excelente análise de Sam como herói, ver: CALDECOTT, Stratford. "Over the Chasm of Fire: Christian Heroism in the The Silmarillion and The Lord of the Rings". *In*: PEARCE, Joseph (Ed.). *Tolkien: A Celebration*. Op. cit., p. 29-32.
464 Citado em: CARPENTER, Humphrey. *Tolkien*. Op. cit., p. 81.
465 São João era o santo padroeiro de Tolkien. Ver: CARPENTER, Humphrey. *The Inklings*. Op. cit., p. 26.

Seu motivo era humilde: proteger Arthur, seu parente mais velho, seu rei, o cabeça da Távola Redonda, da indignidade e do perigo e, arriscando-se, ele mesmo, o menor dos cavaleiros (como se dizia) e aquele cuja perda seria mais facilmente suportada. Ele, portanto, está envolvido, na medida do possível, para que o conto de fadas se realize, como uma questão de dever, de humildade e de autossacrifício[466].

Por fim, Sam rememora Wiglaf no *Beowulf*. Wiglaf, é claro, também é uma figuração de São João, nunca abandonando o Beowulf, mesmo quando dez dos seus onze companheiros o fazem. Para Tolkien, Wiglaf era um herói mais verdadeiro que seu mestre. Beowulf, por exemplo, muitas vezes cai por causa do próprio orgulho. E Tolkien acreditava que esses atos "heróicos" de homens como Beowulf eram, normalmente, motivados por um desejo de glória pessoal em vez de um senso de dever, em especial, de um dever para com Deus. É por isso que o subordinado, especialmente o subordinado imediato, provou ser uma figura tão importante para Tolkien — seguia as ordens por amor e dever, não para o ganho pessoal. De tais homens comuns, Tolkien escreveu com aprovação: *"o orgulho pessoal estava [...] neles, no grau mais baixo, e o amor e a lealdade no mais alto"*[467]. O heroísmo mais profundo, então, brota da *"obediência e do amor, não do orgulho ou da obstinação"*[468]. Como São João, Wiglaf e *Sir* Gawain, Sam demonstra seu amor e obediência a Frodo ao longo de toda a história. O relacionamento deles é puro. Sam prova isso, sobretudo, quando teme que a Laracna tenha matado Frodo. Desembainhando Ferroada, a lâmina élfica e o frasco sacramental de Galadriel, Sam reza a Elbereth ao confrontar a aranha grotesca. *"Como se seu espírito indômito tivesse posto em movimento a potência dele, o cristal se iluminou de repente como uma tocha branca em sua mão"*, escreveu Tolkien, *"flamejou como uma estrela que, saltando do firmamento, crestasse o ar escuro com luz intolerável"*[469].

---

466 TOLKIEN, J. R. R. "Sir Gawain and the Green Knight". *Op. cit.*, p. 75.
467 TOLKIEN, J. R. R. "The Homecoming of Beorhtnoth Beorhtelm's Son". *Essays and Studies*, 6 (1953), p. 14.
468 Idem. *Ibidem.*, p. 14.
469 TOLKIEN, J. R. R. *As Duas Torres. Op. cit.*, p. 1038.

Capítulo IV | Heroísmo

Sam é a personificação mais excelsa do representante e guardião do Condado. Como Tolkien argumentou, Sam, não Frodo, é o novo Bilbo[470]. Tolkien acreditava que:

> O amor simples, "rude", de Sam e de Rosie (nada elaborado) é absolutamente essencial ao estudo da personalidade dele (do herói principal) e ao tema da relação da vida comum (respirar, comer, trabalhar, gerar filhos) e das missões, sacrifícios, causas, da "saudade dos elfos" e da pura beleza[471].

No final, a jornada ao Monte da Perdição diz respeito tanto a Sam quanto a Frodo, o sacerdote, a Gandalf, o profeta ou a Aragorn, o rei. Enraizado no solo do condado como um fazendeiro-guerreiro anglo-saxão do início da Idade Média, Sam compreende a verdadeira necessidade da jornada. Depois de seu primeiro encontro com os elfos enquanto ainda estava no Condado, Sam diz:

> Parece que enxergo à frente, de certo jeito. Sei que vamos pegar uma estrada muito comprida, para a escuridão; mas sei que não posso dar a volta. Agora não é ver os Elfos, nem dragões e nem montanhas que eu quero – não sei direito o que eu quero: mas tenho algumas coisas para fazer antes do fim, e ele à frente, não no Condado[472].

Como o confrade *Inkling* Charles Williams explicou, a personagem de Sam está na raiz da história, pois ele representa *"liberdade, paz* [e] *a vida comum"*[473]. Sem dúvida, Sam preferiria ficar em casa, no jardim e na fazenda a rumar para o coração do próprio inferno. No entanto, Deus tem uma tarefa diferente para ele, e Sam aceita seu dever, como o fazem todos os bons homens. Segue Frodo com pura lealdade e sem questionar. Ainda, ao longo de toda a história, mantém a mente focada no Condado. A destruição do Anel representa a

---

470 CARPENTER, Humphrey (Ed.). *Letters. Op. cit.*, p. 105.
471 Idem. *Ibidem.*, p. 161.
472 TOLKIEN, J. R. R. *A Sociedade do Anel. Op. cit.*, p. 150.
473 CARPENTER, Humphrey (Ed.). *Letters. Op. cit.*, p. 105.

vitória do "exército de Cristo", permitindo às pessoas (homens, elfos e hobbits) como Sam a levarem as vidas pacíficas que deveriam ter e, assim, desfrutar livremente os dons que Deus lhes deu e pretendia que eles empregassem.

Em um capítulo não publicado de *O Senhor dos Anéis*, Tolkien contou a história de Sam, vários anos depois, na quarta era. Como observado acima, Tolkien considerou essencial para compreender a natureza de Sam, bem como para entender a beleza da vida comum[474]. Entretanto, temeu que o capítulo final pudesse ser muito banal, e, por isso, ele não o incluiu[475]. Existem duas versões do capítulo omitido, que são similares. Cada uma acontece apenas uma semana antes do décimo sétimo aniversário da destruição do Anel. Sam, o leitor rapidamente descobre, é o prefeito do Condado. Aragorn – Rei de Gondor, o pedra-élfica e Senhor das Terras do Oeste – e sua mulher Arwen, desejam encontrar Sam e sua família. Como prometera, o rei restabelecido proibira os homens tanto de viver como de atravessar o Condado. Por isso, também não podia entrar no domínio dos hobbits, mas só podia encontrar o Prefeito Sam na fronteira, onde pretendia presentear o desavisado Sam com uma grande honraria, a *"Estrela de Dúnedain"*[476]. No convite, Aragorn, de modo comovente, traduz o nome de Sam em élfico não exatamente como "Meio-Sábio", mas, em vez disso, como "Simplesmente Sábio" ou "Plenamente Sábio", a refletir o papel significativo de Sam durante e depois da jornada para destruir o Anel. Como revela a carta de Aragorn, Sam deixou de ser um hobbit bobo que discutia com Ted Ruivão em um *pub* para se tornar um estadista sábio e virtuoso. Seus filhos o tratam com amor imenso e respeito, acatando sua autoridade como pai. Quando Sam fala, Tolkien escreveu, seus filhos o respondem *"como as crianças-hobbit de outras épocas que viram o mago Gandalf"*[477]. De fato, Samwise adulto traz consigo a autoridade de um anjo encarnado.

---

474 Ver, por exemplo: Idem. *Ibidem.*, p. 104.
475 Idem. *Ibidem.*, p. 179, 227. Ver também a reimpressão da seção da carta que não se encontra na edição das cartas de Tolkien organizadas por Carpenter em: TOLKIEN, J. R. R. *Sauron Defeated. Op. cit.*, p. 129-32.
476 TOLKIEN, J. R. R. *O Retorno do Rei. Op. cit.*, p. 1560.
477 TOLKIEN, J. R. R. *Sauron Defeated. Op. cit.*, p. 117.

CAPÍTULO IV | HEROÍSMO

Tolkien revela muitas coisas sobre o destino final de outros heróis da Guerra do Anel no epílogo. O leitor descobre, por exemplo que Scadufax partiu com Gandalf para o Oeste. Também fica sabendo que vários orcs e elfos, dentre eles, Celeborn, ainda moram na Terra Média e provavelmente irão viver por um bom tempo. Os orcs, é claro, representam um problema, mas Aragorn e suas forças militares, lentamente, os estão isolando, atenuando-lhes o poder. Para assim fazer, no entanto, os homens de Aragorn têm de ir fundo nos "lugares tenebrosos" da Terra Média, tais como Moria. Por fim, o leitor aprende que Gimli e os anões ajudaram a restaurar Gondor à antiga glória, e os anões e elfos curaram a ferida profunda e desenvolveram uma forte amizade.

Como Tolkien explicou em suas cartas, o epílogo final revela a vida como deveria ser, como era antes do Senhor do Escuro surgir, como Frodo e os oito da Sociedade gostariam que fosse. Resta claro que Sam ama sua mulher e filhos. De fato, Deus abençoou a ele e a Rosie com muitos filhos, e parece provável que outros hão de vir. *"Gentalha comum e cotó"*, eis como Sam fala dos filhos, *"o velho Saruman assim os teria chamado"*[478]. O mal vê as crianças como meros obstáculos. Sam sabiamente compreende que são essenciais para a boa vida. Sam também observa que, embora Frodo tenha sido aclamado pelos feitos, ele mesmo tinha *"muitos tesouros"*[479]. No final do epílogo, Tolkien relata uma conversa entre Sam e a mulher, Rosie. Ao discutir os acontecimentos de dezessete anos antes, quando Gollum caiu com o Anel nas Fendas da Perdição, pondo fim no reinado do Senhor do Escuro, Sam observa que ele não tinha certeza se deveria voltar para o Condado, *"para o lugar mais amado do mundo [...] para minha Rosa e meu jardim"*. *"Eles entraram e Sam fechou a porta"*, escreveu Tolkien. *"No entanto, ao fazê-lo, ouviu de repente, profundo e oscilante, o sopro e o murmúrio do Mar nas praias da Terra Média"*[480]. A eternidade acena para Sam. Ele, também, um dia irá partir dos Portos Cinzentos para o Reino Abençoado e experimentar, como Frodo, o descanso purgatorial. Entretanto, até lá, Sam desfrutará de sua família e de seu jardim.

---

478 Idem. *Ibidem.*, p. 115.
479 Idem. *Ibidem.*, p. 125.
480 Idem. *Ibidem.*, p. 128.

***

Ainda que Gandalf apareça em todas as principais obras de Tolkien – *O Silmarillion, O Hobbit, O Senhor dos Anéis* e nos *Contos Inacabados* – sua origem continua a ser um mistério para Tolkien por toda a vida[481]. Gandalf apareceu pela primeira vez, ainda que brevemente, em *O Silmarillion* como Olórin. Era o mais sábio da segunda ordem de anjos, os Maiar. Cheio de *"piedade e paciência"*, que aprendeu de um dos Valar, Olórin moveu-se invisível entre os elfos da primeira era, oferecendo-lhes *"belas visões ou as centelhas de sabedoria"*[482].

No ano 1000 da terceira era de Arda, os Valar enviaram Olórin com quatro outros Maiar em forma encarnada para a Terra Média para despertar seus habitantes *"do desespero e punham [pôr] de lado as imaginações de trevas"*[483]. Foi somente por permissão direta de Ilúvatar, contudo, que um Maiar pôde ingressar no mundo natural. Na forma encarnada, Gandalf chegou na Terra Média como o menor de sua ordem, os Istari, ou "os Sábios". Quatro chegaram antes dele: Saruman, Radagast e dois magos azuis desconhecidos. Cada um, exceto Galdalf, falha na missão de parar as obras do Inimigo. Saruman, o maior da ordem, estudou por muito tempo "as artes do Inimigo" e tornou-se um aliado do mal. Radagast enamorou-se da criação, vindo a amar tanto os pássaros, as árvores e a terra que esqueceu de sua missão e de seu criador. Os dois magos inominados bem provavelmente foram corrompidos por Sauron, ponderou Tolkien, fundando, provavelmente, os cultos de mistério do Oriente[484]. Gandalf, no entanto, veio a ser para Manwë o que Sauron foi para Morgoth, seu maior servo e lugar-tenente[485].

---

[481] Por um tempo, Tolkien acreditou que Galdalf pudesse ser um Vala encarnado e não um Maiar. Ver, por exemplo. capítulo não publicado, em: KILBY, Clyde S. "O Manuscrito do Silmarillion". p. 85-A, n. 225, WCWC, Kilby Files, 1-12. Tolkien também especulou, embora tenha rejeitado a ideia, de que Gandalf era um Manwë encarnado. Ver: TOLKIEN, J. R. R. *Contos Inacabados. Op. cit.*, p. 523.
[482] TOLKIEN, J. R. R. *O Silmarillion. Op. cit.*, p. 58.
[483] Idem. *Ibidem.*, p. 58.
[484] CARPENTER, Humphrey (Ed.). *Letters. Op. cit.*, p. 280.
[485] Idem. *Ibidem.*, p. 259.

Capítulo IV | Heroísmo

Gandalf foi bem-sucedido onde outros falharam porque compreendeu as tentações que a encarnação poderia trazer: prazeres da carne e o desejo de poder. O ascetismo de São Paulo recomenda a Timóteo — *"Porque nada trouxemos ao mundo, como tampouco nada poderemos levar. Tendo alimento e vestuário, contentemo-nos com isso"* (I Timóteo 6, 7-8) — é tomado ao pé da letra por Gandalf. De fato, quando Gandalf retorna da morte, renascido como "O Branco" e não como "O Cinzento", anuncia: *"Nu fui mandado de volta – por breve tempo até minha tarefa estar concluída. E nu jazi no topo da montanha"*[486]. Aqui, ecoa Jó: *"Nu saí do ventre de minha mãe, nu voltarei"* (Jó 1, 21). Assim, Gandalf faz tudo o que pode para atenuar os desejos da carne.

Gandalf serve diretamente ao Fogo Secreto. Quando chega à Terra Média, Gandalf é reconhecido pelo elfo-guardião dos Portos Cinzentos, Cirdan. Embora Gandalf tenha sido criado como o menor dentre os Istari, Cidran acredita que ele é o maior da ordem. Para promover a missão de Gandalf de inspirar os habitantes da Terra Média a lutar contra o inimigo, Cirdan dá a Gandalf um dos três anéis élficos, Narya. Esse é o "anel de fogo" e, com ele, Gandalf pode *"reacender os corações para o valor de outrora em um mundo que se faz gélido"*[487]. Narya ajuda Gandalf a se opor ao *"fogo que devora e destrói o fogo que anima, e socorre na desesperança e no infortúnio"*[488]. Também simboliza o serviço de Gandalf à "Imperecível Chama" ou ao Espírito Santo. Na ponte de Khazad-Dum, imediatamente antes da luta e da queda com Balrog, o demônio de fogo, Gandalf declara: *"Sou servidor do Fogo Secreto, brandindo a chama de Anor. Não podes passar"*[489]. Saruman também teme Gandalf, vendo em seu rival um grande poder e uma "boa-sorte" estranha que o acompanhava. Ilúvatar, a Imperecível Chama, e Manwë, suspeita Saruman, têm participação na proteção de Gandalf.

No entanto, seja como "o Cinzento" ou como "o Branco", Galdalf carrega imensos fardos espirituais, e o peso deles é revelado por seu corpo fatigado. Raras vezes mostra seu verdadeiro eu ou nature-

---

486 TOLKIEN, J. R. R. *As Duas Torres. Op. cit.*, p. 740.
487 Idem. *O Silmarillion. Op. cit.*, p. 397.
488 Idem. *Contos Inacabados. Op. cit.*, p. 517.
489 Idem. *A Sociedade do Anel. Op. cit.*, p. 470.

za para os seres comuns, como mostrou no relacionamento com os hobbits. Como Aragorn explica a Frodo: *"Gandalf é maior do que sua gente do Condado pensa — em regra vocês só conseguem seus gracejos e seus brinquedos"*[490]. Mesmo para um elfo superior, como Galadriel, Gandalf nunca revela todo o seu propósito. *"Não foi inútil nenhum dos feitos de Gandalf em sua vida"*, assegura Galadriel ao restante da sociedade após a morte do mago em Khazad-dum. *"Os que o seguiam não lhe conheciam a mente e não podem relatar seu pleno propósito"*[491]. Antes da morte em Khazad-dum, Gandalf também está incerto quanto a suas habilidades, mas nunca se atrapalha na missão. *"Há muitos poderes no mundo, para o bem ou para o mal. Alguns são maiores que eu"*, admitiu para Frodo, *"Contra alguns ainda não me medi. Mas meu tempo está chegando"*[492].

Ao retornar como "o Branco", Gandalf está cheio de confiança. Merry observa que Gandalf está mais intenso *"ao mesmo tempo mais gentil e mais alarmante, mais alegre e mais solene que antes"*[493]. Seu espírito, possivelmente, esteve com Manwë ou Ilúvatar enquanto sua forma encarnada esteve morta, obtendo nova força e novas instruções. *"Passei por fogo e água profunda desde que nos separamos"*, diz Gandalf. *"Esqueci muita coisa que pensava saber e reaprendi muita coisa que havia esquecido"*[494]. *"Nenhum de vós tem arma que me possa ferir"*[495], diz aos surpresos Aragorn, Legolas e Gimli ao retornar da morte. Como Gandalf, o Branco, sua missão é proteger a Terra Média e inspirar as forças de Ilúvatar para vencer Sauron[496]. Com Sauron derrotado no final da terceira era, a missão de Gandalf se conclui e ele tem de partir. *"A Terceira Era foi a minha era. Eu fui o inimigo de Sauron; e meu trabalho está concluído. Em breve hei de partir. Agora o fardo tem de repousar sobre você e sua gente"*[497]. Com a obra realizada, o poder imenso e diretamente sagrado de Gandalf não tem mais permissão de se prolongar na Terra Média. Há o perigo de distorcer o livre arbítrio dos

---

490 Idem. *A Sociedade do Anel. Op. cit.*, p. 261.
491 Idem. *Ibidem.*, p. 503.
492 Idem. *Ibidem.*, p. 321.
493 TOLKIEN, J. R. R. *As Duas Torres. Op. cit.*, p. 854.
494 Idem. *Ibidem.*, p. 730.
495 Idem. *Ibidem.*, p. 730.
496 CARPENTER, Humphrey (Ed.). *Letters. Op. cit.*, p. 203.
497 TOLKIEN, J. R. R. *O Retorno do Rei. Op. cit.*, p. 1387.

CAPÍTULO IV | HEROÍSMO

habitantes em escolher o bem por conta da virtude e do carisma como Maiar encarnado. O mundo dos mitos permite que esses seres andem sobre a terra. O mundo da história, raras vezes, aceita tais intrusões.

Além da própria imaginação moral, Tolkien bebeu em inúmeras fontes para criar a personagem de Gandalf. O nome Gandalf vem da *Edda* poética do século XIII de Snorri Sturluson (1179-1241). Esse é um dos muitos nomes elencados em uma das histórias pré-cristãs do Norte mais famosa, a *Völuspá*, ou a "profecia da vidente", de onde Tolkien usou a maioria dos nomes da companhia dos anões em *O Hobbit*. A história gira em torno de Odin, o "pai de todos" mitológico escandinavo, consultando uma vidente na tentativa de descobrir a natureza dos homens e do mundo. (A Völuspá talvez seja a melhor sinopse da religião pré-cristã do Norte)[498].

Tolkien, certa vez, referiu-se a Galdalf como um *"vagamundo odínico"*[499]. Quando Odin surge na Saga islandesa dos Volslungos do século XIII, aparece como um velho errante, vestido de cinza.

> Dizem que quando as pessoas estavam sentadas ao pé do fogo durante a noite, um homem entrou no salão. Não era, de vista, conhecido pelos homens. Estava vestido da seguinte maneira: usava uma capa mosqueada com capuz; estava descalço e vestia uma calça curta de linho amarrada nas pernas. Ao caminhar em direção ao celeiro, levava uma espada na mão, enquanto a cabeça estava coberta pelo capuz abaixado. Era alto e grisalho pela idade, e só tinha um olho. Bandiu a espada e a enfiou no baú, afundando até o punho. As palavras de boas-vindas desapontaram a todos[500].

Ao longo de toda a mitologia nórdica, Odin se apresenta como aquele que inspira determinados heróis. Assim como Gandalf, Odin não só lhes dá coragem, mas lhes dá dons poderosos, sobrena-

---
498 "Seeress's Prophecy". *In*: *The Poetic Edda*. Trad. Carolyne Larrington, Oxford, 1996. 12.2.
499 CARPENTER, Humphrey (Ed.). *Letters. Op. cit.*, p. 119.
500 *The Saga of the Volsungs: The Norse Epic of Sigurd the Dragon Slayer*. Ed. and trad. Jesse L. Byock. London: Penguin, 1999, p. 38.

turais como auxílio nas façanhas. E, como Gandalf, Odin tem um cavalo com dons sobrenaturais[501].

Tolkien também extraiu elementos de inúmeras fontes cristãs para a personagem de Gandalf. Uma fonte importante foi o "Atos dos Apóstolos" no Novo Testamento, em que Deus manda um anjo para libertar Pedro da prisão[502]. Outra fonte e inspiração cristã que Tolkien nunca tornou explícita parece ser São Bonifácio (Wilfred) da Mongúcia (ou de Crediton). Segundo o historiador cultural Christopher Dawson, foi o missionário anglo-saxão quem percebeu pela primeira vez a verdadeira importância dos anglo-saxões e de seu lar isolado e protegido nas ilhas britânicas. As ilhas britânicas serviram como a base de um plano maior de São Bonifácio para criar uma cristandade medieval a partir das ruínas de Roma e protegê-la das ameaças constantes das tribos bárbaras, invasoras e pagãs. Assim como Charles Martel e seus filhos protegeram a França da invasão islâmica a partir da nova base na Ibéria, o conhecimento clássico e cristão permaneceu seguro e protegido no extremo noroeste da Europa, nas ilhas britânicas. Assim como os hobbits, que levavam uma vida normal, feliz, sem consciência, antes da Guerra do Anel, dos problemas de um mundo maior, os mosteiros cristãos anglo-saxões do período medieval, em especial na Nortúmbria, protegeram tudo o que havia de bom dos mundos clássico e cristão primitivo, praticamente em isolamento[503].

> O trabalho de São Bonifácio contribuiu mais que qualquer outro fator para o estabelecimento das fundações da cristandade medieval. Sua missão na Alemanha não representou uma aventura espiritual isolada, como fora o caso das realizações de seus predecessores celtas; mas compreendeu parte de um programa visionário e planejado de construção e reforma, segundo os métodos da arte de governo da tradição romana. Esse projeto envolvia uma tripla

---

501 Vários autores comentaram sobre as semelhanças entre Odin e Gandalf. Ver, por exemplo: BURNS, Majorie. "Gandalf and Odin". In: *Tolkien's Legendarium. Op. cit.*, p. 219-31.
502 CARPENTER, Humphrey (Ed.). *Letters. Op. cit.*, p. 202-03.
503 DAWSON, Christopher, *Criação do Ocidente: A Religião e a Cristandade Medieval*. Trad. e apres. Maurício Righi, São Paulo: É Realizações, 2016, p. 90-91.

CAPÍTULO IV | HEROÍSMO

aliança entre os missionários anglo-saxões, o papado e a família de Carlos Martel, governantes de fato do reino franco, um conjunto de forças a partir do qual o Império Carolíngio e a cultura carolíngia emergiram[504].

Em *The Making of Europe* [*A Criação da Europa*], Dawson leva essa visão ainda mais adiante. São Bonifácio *"exerceu uma influência mais profunda na história da Europa do que qualquer outra pessoa que já viveu"*[505], assevera.

São Bonifácio parece uma fonte tão provável quanto Odin para a personagem de Gandalf. Tolkien gostava de misturar o pagão com o cristão e, como o corajoso e intrépido São Bonifácio, Gandalf cria uma tríplice aliança entre povos diferentes, no caso: hobbits, elfos e os homens de linhagem numenoriana. E assim como Gandalf, Bonifácio recusou a operar de qualquer base de poder, mas escolheu, em vez disso, a vida de um peregrino errante.

Existem outros paralelos entre a Europa da Alta Idade Média e a terceira era da Terra Média. Os hobbits, como observado anteriormente, são análogos ao melhor da sociedade comum dos anglo-saxões. Os elfos de Valfenda e Lotórien parecem os beneditinos do início e da Alta Idade Média. Como os homólogos beneditinos, os elfos preservam a tradição e geram arte. Também atuam como cidadãos do Reino Abençoado, sabendo que são imortais, como os monges, que sabiam que viviam parte na Terra e parte como cidadãos do Reino Celestial de Deus. Por fim, os elfos cantam na atemporalidade (o tempo tem pouco sentido no reino deles) e no estilo do canto gregoriano – a "linguagem pura" de São Gregório (c. 540-604), um beneditino[506].

Os homens do Norte de linhagem numenoriana parecem se assemelhar às tribos germânicas do Norte, como os anglo-saxões,

---

504 Idem. *Ibidem.*, p. 91. Ver, também, a entrada: "St. Boniface of Mainz". *In*: BUTLER, Fr. Alban. *Lives of the Saints*. New York: P. J. Kenedy and Sons, 1962. II, p. 477-81. Ver, também: RUSSELLO, Gerald J. (Ed.), *Christianity and European Culture: Selections from the Work of Christopher Dawson*. Washington, D.C.: Catholic University of America Press, 1998. p. 39.
505 DAWSON, Christopher. *The Making of Europe. Op. cit.*, p. 185.
506 SWANN, Donald. *The Road Goes Ever On. Op. cit.*, p. vi; Idem. *Swann's Way. Op. cit.*, p. 207.

misturados com uma nobreza romanizada. Após a queda do Império Romano, os francos, em especial, tentaram proteger as fronteiras, na terceira era da Terra Média, os homens do Norte de linhagem numenoriana, liderados por Aragorn, agem como patrulheiros que protegem as fronteiras do Condado e outros Reinos do bem. E, assim como Roma após a destruição do Império, os dois reinos numenorianos estão em apuros. Arnor, o reino do Norte, há muito já se acabou, os remanescentes como Topo do Vento (Amon Sûl) e as Colinas dos Túmulos estão em ruínas. Gondor, o reino do Sul, decaiu consideravelmente, e sua destruição final parece iminente. Denethor e Boromir, descendentes de Númenor, que até têm uma semelhança desconcertante com Charles Martel e seus filhos, que se importavam mais com a pompa e o prestígio do Império Romano que com o cristianismo que poderia, efetivamente, animá-lo.

Como vimos no capítulo II do presente livro, Tolkien, em última análise, queria que seu mito terminasse em algo *"como o reestabelecimento de um efetivo Sacro-Império Romano com sede em Roma"*[507]. Gandalf, como São Bonifácio, inspirou toda a Terra Média a parar a invasão do Sul e do Sudeste. Os orcs, de fato, são os grandes exércitos do mal nas fronteiras, tentando penetrar no coração da Terra Média do Noroeste, assim como os muçulmanos tentaram, nos séculos VII e VIII, entrar na Europa ocidental. Gandalf, escreveu Tolkien, *"estava pensando apenas na defesa do Oeste contra a Sombra"*[508]. Por fim, uma vez que a concepção de Tolkien é mitológica, seu conhecimento especial e interesse nos períodos dos primórdios e da Alta Idade Média devem ter informado sua visão de mundo e sua visão de mito. Certamente, como católico, é fácil ver como teria idealizado o período medieval como o estágio de maiores feitos da cristandade.

Se Tolkien o pretendia uma espécie de São Bonifácio ou não, Gandalf se prova indispensável na luta contra Sauron. De fato, é somente a imaginação moral de Gandalf, sua fortaleza que leva à derrota de Sauron. Como um verdadeiro profeta, Gandalf, o servo da Imperecível Chama, inspira os homens a usar seus dons para o bem

---

507 CARPENTER, Humphrey (Ed.). *Letters. Op. cit.*, p. 376.
508 TOLKIEN, J. R. R. *Contos Inacabados. Op. cit.*, p. 426.

Capítulo IV | Heroísmo

maior da sociedade, para viver de acordo com o melhor do passado e a transmitir essa tradição às futuras gerações.

***

Quase no fim da Guerra do Anel, Legolas reflete sobre como Aragorn seria perigoso se fosse um rei das trevas. *"Naquela hora olhei para Aragorn e pensei como poderia ter-se tornado um Senhor grande e terrível, com a força de sua vontade, se tivesse tomado o Anel para si. Não é em vão que Mordor o teme"*[509]. De sua apresentação sombria e misteriosa como Passolargo em uma taverna em Bree, Aragorn emerge como o homem mais poderoso de toda a Terra Média. Sauron o teme – e com razão. Mesmo quando é apenas Passolargo, Aragorn é uma personagem formidável. Lidera os homens de linhagem numeroniana no Norte da Terra Média na função de patrulheiros, homens dedicados a guardar as fronteiras, protegendo o Condado da invasão das forças do Senhor do Escuro. *"Homens solitários somos nós"*, Aragorn admite para Boromir no Conselho de Elrond. *"Caminheiros do ermo, caçadores — mas sempre caçadores dos servidores do Inimigo; pois estes se encontram em muitos lugares, não apenas em Mordor"*[510]. A solidão não era o único fardo de um patrulheiro. A maioria dos habitantes do Norte não confiava neles, compreendendo erroneamente a necessidade de sigilo como uma arte do mal. *"Eu sou 'Passolargo' para um homem gordo que mora a um dia de marcha de inimigos que lhe congelariam o coração, ou arruinariam seu pequeno vilarejo, se ele não fosse guardado sem cessar"*[511]. Os ancestrais e parentes de Aragorn aceitaram o papel de patrulheiros por gerações, esperando o momento apropriado do aparecimento do rei. Segundo a profecia, ele governará Arnor e Gondor recriados.

Do encontro com os hobbits em Bree, na busca por Pippin e Merry depois de terem sido sequestrados por orcs, e no desafio de Sauron no Palantír, Aragorn prova sua capacidade de liderar. Ade-

---

509 Idem. *O Retorno do Rei. Op. cit.*, p. 1261.
510 TOLKIEN, *A Sociedade do Anel. Op. cit.*, p. 357.
511 Idem. *Ibidem.*, p. 357.

mais, apresenta fortaleza e bravura colossais. Embora Aragorn nos dê um vislumbre de suas habilidades na luta com Sauron no Palantír, não é até que sirva como curandeiro que se revela plenamente como o rei profetizado. Um antigo conhecimento da Terra Média afirmava que *"as mãos do rei são mãos de curador"*[512]. Aragorn cura Faramir e Eowyn, ambos feridos pelas trevas profundas do Inimigo. Notícias de seus feitos rapidamente se espalharam por Gondor, dando esperança à cidade sitiada. O rei retornara, e sua força e amor fluiriam por todo o reino. Os amigos mais próximos sentiam isso de modo mais intenso. Gimili observa que somente *"pela vontade de Aragorn"* lhe deu forças para suportar as provações, ao passo que Legolas diz: *"Todos os que chegam a conhecê-lo também o amam à sua própria maneira"*[513]. De fato, até os mortos seguem Aragorn.

Gandalf, o profeta, e Aragorn, o rei divinamente nomeado, formulam e executam o último plano da Guerra do Anel: atacar os próprios portões de Mordor. *"Titubear é cair"*[514], Aragorn diz aos seguidores. Seu último ato é brilhante e desesperado. O ataque aos portões distrairá Sauron, atenuando, assim, a vigilância enquanto o portador do Anel e Sam sobem o Monte da Perdição. Em essência, o rei e o profeta fazem o que lhes é exigido pela Providência. Voluntariamente colocam a si e as suas forças numa posição que experimenta ruína e morte. Como verdadeiros servos de Ilúvatar, estão dispostos a sacrificarem-se pela oportunidade de servir a um bem maior.

Aragorn parece o melhor dos reis da Alta Idade Média; historicamente, é semelhante a Pepino e a Carlos Magno, mas, em espírito está mais próximo de um rei não franco — especificamente, um anglo-saxão cristão ou um virtuoso rei pagão escandinavo, como o Beowulf. Jane Chance, no estudo detalhado e erudito sobre Tolkien, argumenta que nas lendas Denethor é um rei bárbaro mau, Théoden, um rei bárbaro bom e Aragorn, um bom rei cristão[515]. Entretanto, que Aragorn

---

512 Idem. *O Retorno do Rei. Op. cit.*, p. 1243.
513 Idem. *Ibidem.*, p. 1258.
514 Idem. *Ibidem.*, p. 1266.
515 CHANCE, Jane. *Tolkien's Art: A Mythology for England.* Lexington: University of Kentucky Press, ed. rev., 2001. p. 174-175. T. A. Shippey leva isso mais além, ao notar que o Théoden de Tolkien parece muitíssimo com o rei Teodorico I (390-451), rei dos visigodos, derro-

CAPÍTULO IV | HEROÍSMO

incorpore elementos pagãos e cristãos não surpreende o leitor. Na verdade, a noção de reinado medieval, ela mesma, representa a síntese das virtudes bárbaras com as virtudes clássicas e cristãs. Normalmente, na Idade Média, o rei representava todas as tribos e grupos étnicos. No entanto, o rei tinha obrigações para com Deus, bem como para com seus súditos. O reinado poderia ser revogado se o rei se recusasse a agir como Cristo, mas quando um rei agia como Cristo, ficava claro para o povo que fora escolhido por Deus. Governava por direito divino, visto que o reinado e o verdadeiro poder só podiam ser dados por Deus[516]. Tolkien deixou bem claro nas cartas que o rei era representante de Ilúvatar na Terra[517]. Se Manwë era o regente de Ilúvatar em toda a Terra, Aragorn era regente de Ilúvatar na Terra Média, o administrador dos homens, hobbits, anões e elfos.

A coroação de Aragorn foi na forma medieval. O povo consentiu e Frodo, o sacerdote, leva a coroa até Gandalf, o profeta. Como os profetas Samuel e Natã, e os reis Saul e Davi, o profeta Gandalf a coloca na cabeça no rei. Gandalf, explica Aragorn, *"foi o movedor de tudo o que tem sido realizado, e esta é a sua vitória"*[518]. Assim como São Bonifácio coroou o rei Pepino em 752 e, com sucesso, uniu a cristandade contra as forças externas, em especial, do Islã, a coroação de Aragorn por Gandalf une toda a Terra Média contra as forças dos mal, os remanescentes de Sauron.

Após coroar Aragorn, Gandalf identifica Aragorn com os Valar de Arda: *"Agora vêm os dias do Rei, e que sejam abençoados enquanto durarem os tronos dos Valar!"*[519] Quanto Aragorn se levanta, todos o reconhecem como um homem renascido como rei, escolhido por Ilúvatar.

Como rei, Aragorn age como agiria um monarca medieval virtuoso. Muitas das nações e povos que ficaram do lado de Sauron foram perdoados e livres para deixar a corte sem punição. Aragorn

---

tado pelos inimigos na Batalha dos Campos Cataláunicos. Ver: SHIPPEY, T. A. *The Road to Middle-earth. Op. cit.*, p. 12.
516 DAWSON, Christopher. *Criação do Ocidente. Op. cit.*, p. 114.
517 CARPENTER, Humphrey (Ed.). *Letters. Op. cit.*, p. 206-207.
518 TOLKIEN, J. R. R. *O Retorno do Rei. Op. cit.*, p. 1382.
519 Idem. *Ibidem.*, p. 1383.

libertou os escravos de Sauron, redistribuiu-lhes as terras aráveis como recompensa pela escravidão. Recompensou os aliados na guerra com palavras justas e presentes. Como observa no incidente com a personagem Beregond, o rei Aragorn agiu com *"clemência e justiça"*[520] – as palavras mais elogiosas que poderiam ser usadas para um monarca medieval. Ainda mais importante, Aragorn uniu toda a Terra Média, reinstituiu os reinos de Arnor e Gondor, arrancou os redutos do mal remanescentes. Num sentido mitológico, a cristandade foi unida e os inimigos, isolados e debelados. Pelo casamento com Arwen, Aragorn se torna também rei dos elfos[521].

Compreendendo o grande farto, Aragorn não governa arbitrariamente, mas por intermédio da mais cristã e medieval das instituições, o Conselho, conhecido na mitologia de Tolkien como o *"Grande Conselho de Gondor"*. Com ele, Aragorn *"governou o reino no sistema da lei antiga, da qual era o administrador (e intérprete), mas não o criador"*[522]. Para demonstrar ainda que Aragorn é o verdadeiro rei, o rebento descendente da mais antiga das árvores de Valinor brota e floresce novamente na Terra Média.

É bem interessante que, como a Virgem Maria na teologia católica, Aragorn morre por seu livre arbítrio[523]. No entanto, não é suicídio; ele simplesmente decide pôr fim à jornada terrena e começar a jornada eterna com Deus. Como Tolkien descreveu em 1958, um homem *"poderia ou deveria morrer voluntariamente ao render-se, com confiança, antes de ser compelido"*[524]. Tal morte somente glorifica a Deus e reconhece ainda mais sua soberania. Quando Arwen, mulher e rainha de Aragorn, lamenta a decisão de Ilúvatar de permitir que Aragorn dê fim à vida voluntariamente, Aragorn a conforta: *"Vê! Não estamos presos para sempre nos círculos do mundo, e além deles há mais do que lembrança"*[525]. Como Tolkien explicou em suas cartas, *"a morte não é um inimigo"*[526].

---

520 Idem. *Ibidem.*, p. 1384.
521 CARPENTER, Humphrey (Ed.). *Letters. Op. cit.*, p. 160.
522 Idem. *Ibidem.*, p. 324.
523 TOLKIEN, J. R. R. *Morgoth's Ring. Op. cit.*, p. 341.
524 CARPENTER, Humphrey (Ed.). *Letters. Op. cit.*, p. 286.
525 TOLKIEN, J. R. R. *O Retorno do Rei. Op. cit.*, p. 1511.
526 CARPENTER, Humphrey (Ed.). *Letters. Op. cit.*, p. 267.

CAPÍTULO IV | HEROÍSMO

Para entender Aragorn plenamente, devemos compreender seu "segundo" Faramir. Em 1944, Tolkien expressou surpresa diante da aparição de Faramir em suas histórias: *"Estou certo de que não o inventei, nem mesmo o queria, embora goste dele, mas, lá veio ele caminhando nos bosques de Ithilien"*[527]. C. S. Lewis e Charles Williams gostaram imediatamente de Faramir,[528] e Tolkien o considerou a personagem mais próxima de si mesmo em *O Senhor dos Anéis*[529]. Tolkien e Faramir partilhavam de um recorrente *"sonho da grande onda"*, em que uma onda monstruosa destrói a civilização. Parece que esse foi um sonho Tolkien teve durante toda a vida[530].

Faramir aparece pela primeira vez em *As Duas Torres* como um farol de esperança para Frodo e Sam. Filho de Denethor e irmão de Boromir, Faramir é de linhagem numeroniana; Tolkien até mesmo intitulou o capítulo em que Faramir aparece de "A Janela para o Oeste", sugerindo que Faramir oferece um vislumbre do melhor de Númenor. Faramir se recusa a mentir o a enganar de modo algum, mesmo nos negócios com o inimigo. É excessivamente honrado. Altamente inteligente e mata, até mesmo o inimigo, com relutância.

Diferente do irmão e do pai, contudo, Faramir não se ressente da posição da família como regentes e não realeza. Faramir é um homem de integridade e grande coragem, não uma pessoa que busca o poder. No encontro inicial com Frodo e Sam, Faramir volta a contar os pontos de vista do irmão e do pai. *"Quantas centenas de anos é preciso para transformar um regente em um rei, se o rei não voltar?"*, Boromir perguntou ao pai. Após ouvir a resposta do pai, Boromir respondeu, frustrado: *"Em Gondor, dez mil anos não bastariam"*[531]. Diferente de seu irmão, mas como Sam, Faramir faz o que é certo, não o que é lucrativo, conveniente ou político. Seu pai, Denethor, desconfiava de seu segundo filho, Tolkien explicou nas cartas, porque ele mesmo *"estava contaminado com a mera política"*[532]. Sauron e Mordor tinha, em seu

---

527 Idem. *Ibidem.*, p. 79.
528 Idem. *Ibidem.*
529 Idem. *Ibidem.*, p. 232.
530 Idem. *Ibidem.*, p. 213, 232. Ver também: TOLKIEN, J. R. R. *The Lost Road. Op. cit.*
531 Idem. *As Duas Torres. Op. cit.*, p. 959.
532 CARPENTER, Humphrey (Ed.). *Letters. Op. cit.*, p. 241.

entendimento, se tornado apenas outro poder rival a sua política, não ao mundo, à humanidade ou a Deus. Faramir conhece o seu lugar na criação e não deseja nada além de exercer o papel que Ilúvatar escolheu para ele. Embora homem, Faramir se parece mais com os elfos, que permitiam que seus santuários de sublime beleza fossem sacrificados ao bem maior e comum com a destruição do Um-Anel.

Faramir incorpora a graça em inúmeros níveis. Primeiro, Tolkien não planejou seu aparecimento. Deus o criou e inspirou Tolkien a incluí-lo na história – ou assim acreditava o professor de Oxford. Segundo, foi a cura de Faramir, juntamente com Eowyn e Merry, que revelou a verdadeira natureza e realeza de Aragorn. Terceiro, e talvez o mais importante, Faramir oferece uma das pouquíssimas alusões óbvias à religião em *O Senhor dos Anéis*. Logo antes do jantar com Frodo, *"Faramir e todos os seus homens viraram-se com os rostos para o oeste em um momento de silêncio"*[533]. Embora Faramir não esteja certo do significado do ato, segue as formas de piedade que chegaram a ele pela tradição.

* * *

Cada uma dessas personagens em *O Senhor dos Anéis* – Frodo, Sam, Gandalf, Aragorn e Faramir – representa atos heroicos diferentes. Gandalf é o profeta, Aragorn é o rei "cristão", Frodo é o sacerdote sacrificial, Sam, o homem comum e Faramir é o homem que conhece e respeita seu lugar na criação de Deus. Tolkien encheu sua coletânea de lendas com muitos heróis e cada um merece um capítulo próprio: Túrin Turambar, Luthien, Beren, Eärendil e Tom Bombadil, para nomear alguns. No entanto, Frodo, Sam, Gandalf, Aragorn e Faramir representam melhor os heróis santificados que Tolkien tinha em mente para uma mitologia centrada no cristianismo. Cada um, separadamente e combinados, cumprem não só a visão de heroísmo pós-romana de Santo Agostinho – uma síntese de realismo estoico e esperança cristã – mas, particularmente, a noção de São Paulo de que cada indivíduo é um membro do Corpo de Cristo, maior e eterno.

---

533 TOLKIEN, J. R. R. *As Duas Torres. Op. cit.*, p. 968.

Capítulo IV | Heroísmo

Esses heróis, escreveu Tolkien em suas cartas, conscientemente lutaram pelo bem contra o mal. *"A história é contada em termos de um lado bom e um lado mau, beleza contra a feiúra implacável, tirania contra realeza, liberdade moderada com consentimento contra coerção que há muito perdeu o propósito, salvo o simples poder"*[534]. Em 1971, apenas dois anos antes de morrer, Tolkien elogiou o papel da vontade humana na sobrevivência: *"Sempre impressionou-me que estejamos sobrevivendo aqui por causa da coragem indomável de povos bem diminutos diante de revezes impossíveis: selvas, vulcões, feras selvagens..., de certo modo, lutam quase cegamente"*[535]. Ainda assim, como cada um dos heróis de Tolkien revela, o verdadeiro heroísmo deriva da graça, não da vontade humana. Em 1968, Russell Kirk comentou que *"Esse esquema* [de Sauron] *poderá destruir o homem enquanto filho de Deus. Poderá abolir a liberdade moral que distingue o homem dos animais irracionais. Apenas o sacrifício de heróis pode salvar-nos dessa forma de degradação. E Tolkien apelou para o espírito nobre que ainda está latente nos jovens do século XX"*[536].

Tolkien também sabia que embora houvesse épocas de renovação em que os homens aceitaram a graça de Deus e empregaram os dons com sabedoria, atendendo, assim, às necessidades da Igreja, houve tempos ruins que precisaram ser renovados e redimidos. Em épocas assim, como disse Tolkien com propriedade, *"os homens dormiram"*[537].

---

534 CARPENTER, Humphrey (Ed.). *Letters. Op. cit.*, p. 178-79.
535 GUEROULT, Denys. *Now Read On* [interview with Tolkien]. Programa de rádio. Londres: BBC Radio 4, 1971.
536 KIRK, Russell. "Tolkien and Truth through Fantasy". *To the Point* (General Features Corporation), June 29-30 1968. [Em português, o texto foi publicado como: KIRK, Russell. "Tolkien e a Verdade da Fantasia". Trad. e notas Alex Catharino. *COMMUNIO: Revista Internacional de Teologia e Cultura*, Volume XXVII, Número 3 (Edição 99), julho/setembro 2008: 783-86. (N. T.)]
537 TOLKIEN, J. R. R. *As Duas Torres. Op. cit.*, p. 915.

CAPÍTULO V

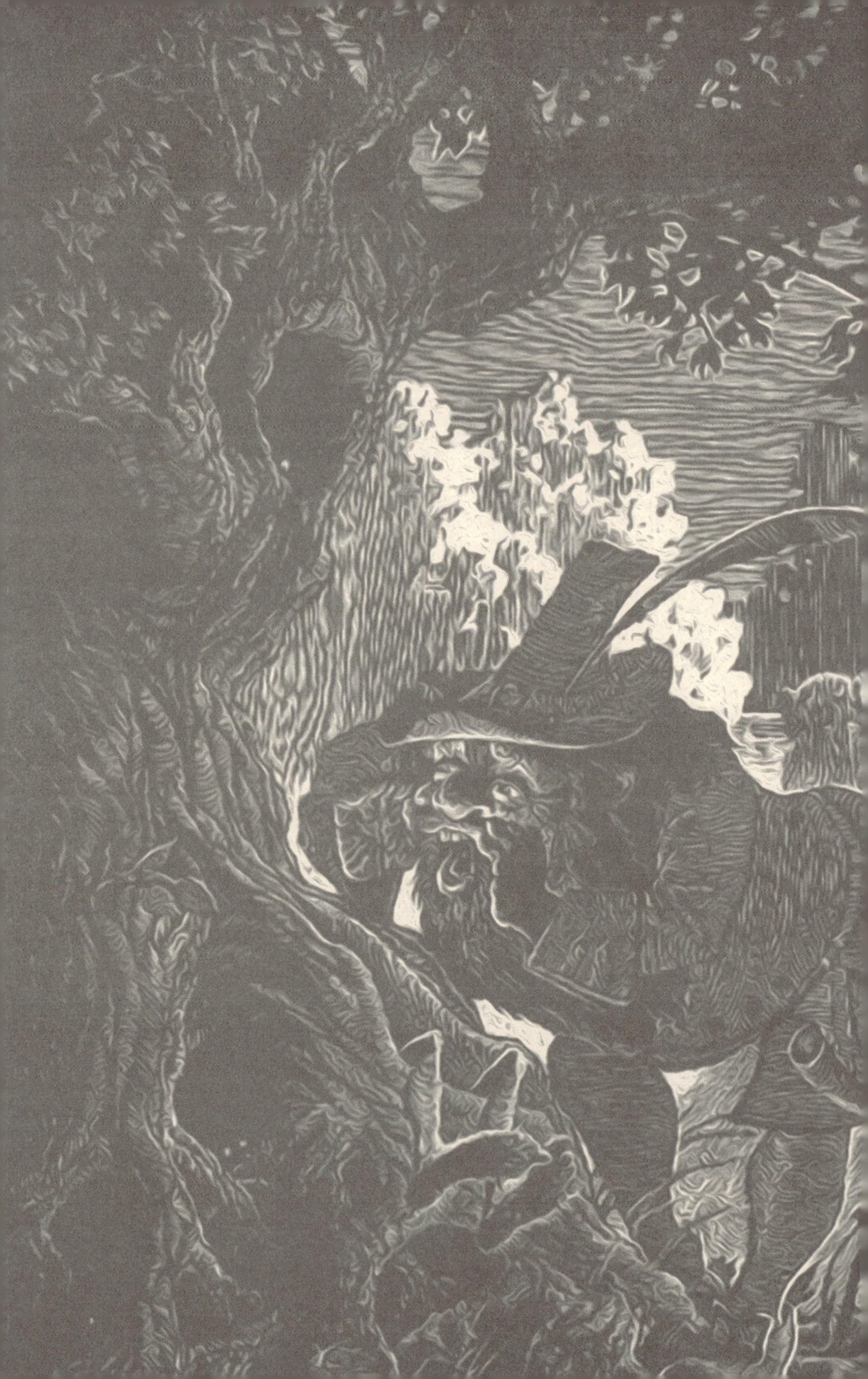

A Natureza do Mal

Em 1942, C. S. Lewis publicou um livro de ficção teológica sobre dois demônios – um, aspirante em treinamento e o outro, um tentador experiente – que escreve cartas para o primeiro sobre as tentativas de evitar que um rapaz se torne cristão. Graças à amizade de treze anos, Lewis dedicou o livro *The Screwtape Letters* [*Cartas de um Diabo a seu Aprendiz*], de 1942, a J. R. R. Tolkien, e escreveu na cópia que deu ao amigo: *"Em pagamento simbólico de uma grande divida"*[538]. A dedicatória de Lewis enraiveceu Tolkien, pois o livro o perturbou profundamente[539]. Como Lewis pôde mergulhar tão profundamente nas artes do Inimigo?, Tolkien deve ter pensado. Em termos nada incertos, Tolkien desaprovava tais incursões – mesmo quando empreendidas por bons cristãos como Lewis. O mal era demasiado poderoso para o homem discutir ou escrever demais. Depois da publicação de *Cartas de um Diabo a seu Aprendiz*, outro professor de Oxford só aumentou o

---

538 CARPENTER, Humphrey. *The Inklings. Op. cit.*, p. 174.
539 Idem. *Ibidem.*, p. 174-175.

mal-estar de Tolkien quando referiu-se aos dois demônios de Lewis, perguntando-lhe: *"Diga, você é Vermebile ou Fitafuso?"*[540]

Por toda a vida, Tolkien acreditou fortemente na iminência do mal. O mal manifestava-se de duas maneiras possíveis, acreditava. A primeira, o modo predominante durante a pré-história ou no mito, era como uma entidade física ou espiritual.

> Essa história [*O Senhor dos Anéis*] exibe o "mito" passando para a história do Domínio dos Homens; pois, é claro, a Sombra surgirá de novo, em certo sentido (como predito de modo claro por Gandalf), mas nunca mais (a menos antes do grande fim) um demônio irá encarnar-se como inimigo físico; dirigirá os homens e todas as complicações dos quase-males e dos bens imperfeitos, e dos crepúsculos de dúvidas quanto aos lados, situações que mais ama[541].

Melkor e Sauron representam as duas manifestações do mal mais explícitas na mitologia de Tolkin e, embora várias outras abundem ao longo do seu conjunto de lendas: Balrogs, dragões, lobisomens, orcs, goblins, meio-orcs, espectros do Anel, monstros, cães do Inferno, vampiros, *wargs* [troca-peles], lobos e trolls, para nomear alguns. O segundo modo como o mal se manifesta é indireto: por exemplo, por meio das mentiras, do orgulho e da desconfiança gerada e espalhada por tipos como Melkor e seu principal servo, Sauron. Ainda que Melkor ou Sauron não tenham poder algum de mudar a natureza de toda uma raça ou espécie, eles podem corromper indivíduos com mentiras sujas e decepções que deixam no rastro. Como Satanás, seu equivalente mitológico, Morgoth é *"mentiroso e pai da mentira"* (*João* 8, 44).

Tolkien acreditava que uma pessoa virtuosa devia compreender que o mal existe, mas devia reconhecer ou agir com base em pouco mais que isso. Ao tentar explicar por que Saruman renunciara

---

540 Clyde S. Kilby, partes não publicadas do capítulo sobre Tolkien, Lewis, e Williams, p. 100, n. 32 WCWC, Kilby Files, 1-12, *TOLKIEN AND THE SILMARILLION*.
541 CARPENTER, Humphrey (Ed.). *Letters. Op. cit.*, p. 207.

Capítulo V | A Natureza do Mal

aos votos dos Istari na luta contra Sauron, Elrond explicou: *"É perigoso aprofundar-se demais nas artes do Inimigo, para o bem ou para o mal"*[542]. Antes, Gandalf explicara a Frodo que ao crescer o conhecimento de Saruman, crescia também seu orgulho. Até imitar o mal leva a uma alteração irrevogável na compreensão de mundo da pessoa virtuosa. Assim, Tolkien achava que as *Cartas de um Diabo* de Lewis era um experimento perigoso[543]. Lewis aprofundou-se muito na mente do "Inimigo", como comumente Tolkien se referia ao mal, muito para o risco de Lewis e, possivelmente, de todos os *Inklings*. Ademais, Lewis estava agindo muito como Charles Williams, a quem Tolkien chamava de *"doutor bruxo"*[544].

O insucesso de Tolkien em explorar ou explicar o mal em mais profundidade levou muitos críticos a repreendê-lo por ser muito simplista e infantil. O escritor de horror, Fritz Leiber (1910-1992), por exemplo, reclamou que Tolkien *"não explora e até parece não estar interessado em explorar a mentalidade, a consciência e a vida interior de seus principais vilões"*. Seus vilões são apenas *"vis, tirânicos e covardes ressentidos"*[545]. Talvez o principal crítico de Tolkien nessa área seja o escritor de fantasia Michael Moorcock, que acusa Tolkien de ter criado a personagem maléfica *"não tão má"* de Sauron. Em Tolkien *"as personagens corajosas assumem o aspecto de coronéis aposentados que finalmente decidem escrever uma carta para o* The Times *e não estamos certos – porque Tolkien realmente não consegue se aproximar de sua prole e de seus líderes satânicos – se 'Sauron e cia.' são tão maus quanto nos dizem"*. (Afinal, Moorcock observa, com crueldade: *"quem quer que deteste os Hobbits não pode ser de todo mau"*)[546]. Tolkien apenas te levará *"à beira do abismo e te chamará a atenção para a excelente casa de chá no sopé, indicando os degraus escavados no*

---

542 TOLKIEN, J. R. R. *A Sociedade do Anel. Op. cit.*, p. 379.
543 Ver: KILBY, Clyde S. "Tolkien and The Silmarillion", partes do capítulo não publicado sobre Tolkien, Lewis e Williams, p. 100, n. 32, *in* Kilby Files, 1-12, WCWC.
544 Citado em: CARPENTER, Humphrey. *The Inklings. Op. cit.*, p. 121.
545 Citado em: MOORCOCK, Michael. *Wizardry and Wild Romance: A Study of Epic Fantasy.* Londres: Victor Gollancz, Ltd., 1987, p. 45. Ver também: POWER, Edward. "Michael Moorcock". *Irish Times*, December 28, 2001. p. 61.
546 MOORCOCK, Michael. *Wizardry and Wild Romance. Op. cit.*, p. 125.

penhasco e recordando-te para ser cuidadoso porque os corrimãos não são muito firmes"[547].

No entanto, Tolkien provavelmente não ficaria muito incomodado com as críticas de Leiber ou Moorcock. O mal para Tolkien não era ter medo de monstros. Melhor, o mal é muito real e perigoso, seja nos contos de fadas, nas trincheiras da Primeira Guerra Mundial ou nos *gulags* soviéticos. Se os monstros da ficção e dos pesadelos são simples manifestações da verdade, o mal original – é a perversão e o escárnio da criação de Deus. Na essência, sempre é e sempre será apenas secundário e perverso. Portanto, na famosa explicação de Hannah Arendt (1906-1975), o mal é, por fim, banal. Até Sauron nada é senão um pobre substituto de Morgoth. *"As operações de Sauron, natural e inevitavelmente, se parecem ou repetem as de seu mestre"*[548], explicou Tolkien.

Há, de fato, algo brilhante na recusa tolkieniana de discutir o mal em profundidade. Ao colocar o mal como pano de fundo em *O Senhor dos Anéis*, Tolkien criou um mal que é francamente ameaçador, pois parece estar em todos os lugares, impregnando toda a paisagem da Terra Média, envolvendo por todos os lados a Sociedade do Anel. Até mesmo os pássaros da montanha parecem estar corrompidos, observando e informando cada movimento da Sociedade, forcando-os, por exemplo, a tomar a estrada através de Moria e a enfrentar o Balrog.

Ao longo de todo *O Senhor dos Anéis* e por toda a coleção de lendas de Tolkien, então, o mal aparece tanto de maneira direta como indireta. É ainda mais aterrador porque abordamos a história a partir dos hobbits, ou seja, da perspectiva do homem comum. Nossas imaginações, e não a de Tolkien, nos permitem contemplar o pior quando consideramos o mal vagamente descrito, mas onipresente, incrustado no coração da Terra Média. A escritora de fantasia Ursula Le Guin (1929-2018), observou isso em 1977, ao argumentar que a descrição de Tolkien (ou a ausência de descrição) do mal é platônica. Aqueles *"que fazem o mal não são personagens completas, mas complementos; Saruman é o eu-obscuro de Galdalf; Boro-*

---

[547] Idem. *Ibidem.*, p. 127. Ver, também: GARDNER, Anthony. "Literary Giant or Monstrous Myth?". *London Times*, December 28, 1991.
[548] TOLKIEN, J. R. R. *Morgoth's Ring. Op. cit.*, p. 344.

Capítulo V | A Natureza do Mal

mir, o de Aragorn; o língua-de-cobra é, quase literalmente, a fraqueza do rei Théoden", escreve. *"Gollum é a sombra de Frodo"*[549]. É pela bondade dos heróis que lutam pela Terra Média que compreendemos o mal ao qual o bem faz oposição. E como afirma corretamente o filósofo Peter Kreeft, os *Inklings* fizeram a maior de todas as contribuições ao tornar o bem interessante[550].

"Como Lewis, Tolkien era um homem ocidental antigo, atordoado com a atual direção da civilização", escreveu Clyde Kilby[551]. A história era, como acreditava Tolkien, uma *"grande derrota"*, com vitória somente no final, e até então, só seria conseguida por Deus e por meio de Deus[552]. Tolkien admitiu que as várias crises do século XX penetraram em sua mitologia e ajudaram a dar-lhe forma[553]. Entretanto, o mal no mundo de Tolkien não guarda paralelo com nenhum mal específico no mundo primário. *O Senhor dos Anéis* não é uma alegoria sobre o desenvolvimento da bomba de hidrogênio ou a ascensão de Stalin ou Hitler. Russell Kirk descreveu bem o método de Tolkien:

> Embora o significado político possa ser lido em algumas das fantasias mais influentes de nosso século, é notável como foram bem-sucedidos os fabulistas que se afastaram da ideologia na era de religiões políticas. Alguns críticos podem identificar o poder político em *O Senhor dos Anéis de Tolkien* com a dominação nazista ou comunista; contudo, o próprio Tolkien não pretendia estar preso aos duelos ideológicos de ontem ou de hoje. Seus três volumes são o retrato da eterna luta entre o bem e o mal; sua preocupação é a intoxicação corruptora do poder[554].

---

549 LE GUIN, Ursula K. "The Dark Tower and Other Stories by C. S. Lewis [review]". *The New Republic*, April 16, 1977, p. 30.
550 Ver, por exemplo: KREEFT, Peter. *Back to Virtue: Traditional Moral Wisdom for Modern Moral Confusion*. San Francisco: Ignatius Press, 1992. p. 191.
551 KILBY, Clyde S. "Tolkien the Man" em: *TOLKIEN AND THE SILMARILLION*, partes não publicadas do capítulo "Woodland Prisoner", p. 13 in WCWC, Kilby Files, 3-8.
552 CARPENTER, Humphrey (Ed.). *Letters. Op. cit.*, p. 255.
553 Idem. *Ibidem.*, p. 41.
554 KIRK, Russell. *Enemies of the Permanent Things: Observations of Abnormality in Literature and Politics*. Peru: Sherwood Sugden, 1988. p. 113.

Como demonstrou Tolkien, um *"pouco conhecimento de história nos deprime com a sensação do peso eterno da iniquidade humana"*[555]. O século XX pode ter sido notável pelo volume de derramamento de sangue e horror que testemunhou, mas o mal sempre esteve, e sempre estará, presente no mundo. *"A presença (mesmo que apenas nas fronteiras) do terrível é, creio, o que confere a esse mundo imaginado sua verossimilhança"*, escreveu Tolkien em 1937. *"Uma terra da fantasia segura é falsa para todos os mundos"*[556].

* * *

Num poema escrito para celebrar a conversão de seu amigo C. S. Lewis ao cristianismo, Tolkien escreveu:

> Mal não verá, pois esse mal está
> não no que Deus fez, mas no erro do olhar,
> não na fonte, mas em escolha errada,
> e não no som, mas na voz quebrantada[557].

Deus não faz nada mau; melhor, tudo o que faz é bom. Como Elrond afirmou no Conselho: *"nada é mau no começo"*[558]. Até mesmo Morgoth, a figura diabólica da mitologia de Tolkien, foi criada a partir da pura bondade e do amor autêntico. De fato, Ilúvatar lhes deu mais dons do que a qualquer outra entidade. Morgoth, todavia, ansiava por mais. Em vez de cantar a canção de Ilúvatar na criação de Arda, desejou criar a própria música e tornar-se, ele mesmo, um deus. Seu orgulho mostrou ser sua desgraça, e tornou-se o *diabolus*. Após sua rebelião, Morgoth foi próspero em destruição e escravização. *"Corromper ou destruir o que quer que surgisse de novo e belo era sempre*

---

555 CARPENTER, Humphrey (Ed.). *Letters. Op. cit.*, p. 80.
556 Idem. *Ibidem.*, p. 24.
557 No original: *"Evil it will not see, for evil lies/not in God's picture but in crooked eyes / not in the source but in malicious choice / and not in sound but in the tuneless voice"*. A tradução para português do poema *Mythopoeia* encontra-se em: LOPES, Reinaldo José. *A Árvore das Estórias: Uma proposta de tradução para* Tree and Leaf, *de J. R. R. Tolkien. Op. cit.*, p. 162. (N. T.)
558 TOLKIEN, J. R. R. *A Sociedade do Anel. Op. cit.*, p. 382-83.

Capítulo V | A Natureza do Mal

o grande desejo de Morgoth"[559], explicou Tolkien. *"Seu domínio era tormento"*[560]. Outra figura estritamente diabólica de Tolkien, Ungoliant, é uma das criaturas mais atemorizantes que aparecem na mitologia. Ela se alimenta de vida e luz, absorvendo tudo, ao passar por qualquer criatura viva. Ela é, em essência, um buraco negro monstruoso e demoníaco.

As tentativas do Mal de criar, no mundo de Tolkien, resultam em uma zombaria pervertida da criação de Ilúvatar[561]. Os orcs são o exemplo mais óbvio[562]. Traduzido do anglo-saxão, "orc" significa "demônio". Os orcs são, como Tolkien os concebeu originalmente, eram elfos corrompidos por Morgoth e Sauron[563]. *"São servos do Poder do Escuro e, depois de Sauron, nenhum deles poderia produzir ou produziria seres viventes"*. Tolkien observou e, por isso, *"eles devem ser 'corrupções'"*[564]. *O Silmarillion* nos recorda que os elfos capturados por Melkor *"lá foram postos na prisão e, por lentas artes de crueldade, foram corrompidos e escravizados; e assim Melkor fez surgir a raça hedionda dos Orques, em inveja e zombaria dos Elfos"*[565]. Tolkien propôs que, se Morgoth realmente tivesse "criado" os orcs do nada, agiriam *"mais como marionetes (apenas à distância), com a mente e a vontade do criador, ou como formigas agindo sob o comando central da rainha"*[566]. Mesmo como corrupções daquilo que outrora foi bom, os orcs menosprezam a individualidade característica das criaturas de Deus. Isso se reflete no culto à mecanização, no ódio à luz e no desprezo pela beleza. Como Tolkien escreveu em *O Hobbit*:

---

559 Idem. *O Silmarillion. Op. cit.*, p. 199.
560 Idem. *Ibidem.*, p. 216.
561 CARPENTER, Humphrey (Ed.). *Letters. Op. cit.*, p. 195.
562 Tolkien os rotulava de "Goblins" em *O Hobbit*, no entanto, a tradução brasileira substituiu seus nomes por "Orcs" ou "Orques". (N. T.)
563 CARPENTER, Humphrey (Ed.). *Letters. Op. cit.*, p. 287. No entanto, não devemos tomar isso de maneira definitiva, pois Tolkien parece não ter certeza em como lidar com os orcs e suas origens. Ver, por exemplo, seu último ensaio sobre por que os orcs vêm dos homens e não dos elfos. Ver: TOLKIEN, J. R. R. "Orcs". *In: Morgoth's Ring. Op. cit.*, p. 409-24.
564 CARPENTER, Humphrey (Ed.). *Letters. Op. cit.*, p. 178.
565 TOLKIEN, J. R. R. *O Silmarillion. Op. cit.*, p. 82.
566 CARPENTER, Humphrey (Ed.). *Letters. Op. cit.*, p. 195.

Ora, os orcs são cruéis, malvados e perversos. Não fazem coisas bonitas, mas fazem muitas coisas engenhosas. Podem cavar túneis e minas tão bem quanto qualquer um, exceto os anões mais habilidosos, quando se dão ao trabalho, embora geralmente sejam desorganizados e sujos. Martelos, machados, espadas, punhais, picaretas, tenazes, além de instrumentos de tortura, eles fazem muito bem, ou mandam outras pessoas fazerem conforme o seu padrão, prisioneiros e escravos que têm de trabalhar até morrer por falta de ar e luz. Não é improvável que tenham inventado algumas das máquinas que desde então perturbam o mundo, especialmente os instrumentos engenhosos para matar um grande número de pessoas de uma só vez, pois sempre gostaram muito de rodas e motores e explosões, como também de não trabalhar com as próprias mãos além do estritamente necessário[567].

Tolkien advertiu contra o pensar nos orcs em termos muito fantásticos. Não devemos julgá-los com muita dureza, pensava, pois são *"fundamentalmente, uma raça de criaturas 'racionais encarnadas', embora horrivelmente corrompidas, se não mais do que muitos homens que encontramos hoje"*[568]. Orcs, como todas as criaturas sentientes exceto o demônio, no fim das contas, são redimíveis[569]. Entretanto, são muito decaídos; o lembas eucarístico os aterroriza, e comem com avidez a carne humana com que Saruman os alimenta[570].

Estranhamente, a criação dos anões se compara à tortura de Morgoth e à perversão final dos elfos em orcs. Entretanto, diferente de Morgoth, o Vala Aulë fez os anões a partir da alegria, esperando partilhar com eles toda a criação de Ilúvatar. Por muito amar a criação, Aulë decidiu servir como mentor das habilidades e ofícios terrenos. Ilúvatar repreendeu Aulë e observou que a criação dos sete anões estava além da autoridade que havia lhe delegado. Imediata-

---

567 TOLKIEN, J. R. R. *O Hobbit*. Trad. Lenita Esteves e Almiro Pisetta, São Paulo: Livraria Martins Fontes Editora, 2012. p. 62-63. (N.T.)
568 CARPENTER, Humphrey (Ed.). *Letters. Op. cit.*, p. 190.
569 Idem. *Ibidem.*, p. 90.
570 Sobre orcs detestarem os lembas, ver: TOLKIEN, J. R. R. *O Retorno do Rei. Op. cit.*, p. 1310. Sobre orcs comerem carne humana, ver: Idem. *As Duas Torres. Op. cit.*, p. 667.

Capítulo V | A Natureza do Mal

mente, Aulë percebeu seu erro. Quando Ilúvatar o informa de que dos anões só podem agir como fantoches, pois Aulë, também, é muito limitado para conferir-lhes o livre-arbítrio, Aulë envergonha-se e perturba-se. Como Abraão com Isaac, Aulë tenta matar os anões por obediência, mas Ilúvatar evita a destruição deles, ao conferir, a cada um dos anões, consciência independente e livre-arbítrio. A raça deles, contudo, deve esperar até que os elfos e os homens surjam no tempo, para que também possam ingressar no tempo. Até lá, devem habitar na terra, afastados dos elfos e de todas as criaturas que vivem acima do solo[571].

***

Podemos encontrar o tema da "queda" por toda a mitologia de Tolkien. Serviu como uma das referências mais importantes de suas histórias. Quase sem exceção, o orgulho antecede a queda, e o desejo de ser algo maior que Deus, ou daquilo que Deus pretendeu, pode corromper até o melhor dos seres. Às vezes, é o orgulho angélico, como nos casos de Morgoth e Sauron; outras vezes, é o orgulho individual como em Isildur, que fracassou ao destruir o Um Anel quando teve chance de fazê-lo, logo após o sucesso da Última Aliança; às vezes, o orgulho de toda uma raça, como os homens, embora a queda ocorra, na mitologia de Tolkien, fora de cena[572]. Na conversa entre Finrod e Andreth, Andreth recusa a contar a Finrod o motivo da queda dos homens. Andreth explica que os homens não falam disso com estranhos, e os homens que disso falam, não concordam a respeito dos detalhes específicos. Só sabem que muito enfureceram Ilúvatar, em algum momento, no passado distante[573]. Há uma história que diz que os homens trocaram a independência por um conhecimento maior. Logo, porém, passaram a não ter nem conhecimento nem independência, e começaram a rezar para Morgoth. Diferente de Ilúvatar, Morgoth só respondia às preces deles se os homens rea-

---

571 Idem. *O Silmarillion. Op. cit.*, p. 73-77.
572 Para a história de Isildur, ver: TOLKIEN, J. R. R. "O Desastre dos Campos de Lis". *In*: *Contos Inacabados. Op. cit.*, p. 365-85.
573 TOLKIEN, J. R. R. *Morgoth's Ring. Op. cit.*, p. 313.

lizassem feitos e obras para ele[574]. Por isso os homens, agora, lamentam a queda, mesmo que os detalhes permaneçam desconhecidos:

> Depois disso, fomos gravemente afligidos pelo cansaço, pela fome e pela doença; e a Terra e todas as coisas que nela estavam voltaram-se contra nós. Fogo e Água rebelaram-se contra nós. Os pássaros e as feras nos evitavam, ou, se fossem fortes o bastante, nos atacavam. As plantas nos deram venenos e temíamos as sombras sob as árvores[575].

O elfo Finrod argumenta que a queda do homem não foi resultado apenas das ações de Morgoth. Morgoth, afirma Finrod, não tem o poder de criar nem o poder de destruir ou corromper completamente. *"Melkor pode seduzir mentes e vontades individuais"*, diz a Andreth, *"mas, não pode tornar isso hereditário ou alterar (contrário à vontade e designio de Eru) a relação de todo um povo com o tempo e com Arda"*[576]. Somente o criador, o primeiro motor, pode mudar o relacionamento com o criador, e somente por razão de alguma escolha má por parte de suas criaturas. O papel de Morgoth era simplesmente explorar o desassossego que os homens já sentiam, não criar essa inquietação ou má vontade para com Ilúvatar. Em específico, explorou o medo que os homens tinham da mortalidade, da morte. Originalmente, Ilúvatar deu aos homens uma vida curta como um dom. Na verdade, Ilúvatar não pretendia que os homens temessem a morte. Ao contrário, a inquietação que pusera no homem pretendia levá-los a aceitar e desejar a vida eterna junto a Ele. No entanto, por conta da desordem que ações de Morgoth introduziram antes do nascimento do homem, os homens entenderam mal as intenções de Ilúvatar e temeram a morte[577].

A interpretação mais explícita de Tolkien de uma queda – e, de certo modo, a mais fascinante, embora pouquíssimo desenvolvida – é a de Númenor na Segunda Era, ou, como Tolkien a nomeou,

---

574 Idem. *Ibidem.*, p. 346-347.
575 Idem. *Ibidem.*, p. 348.
576 Idem. *Ibidem.*, p. 334.
577 Idem. *Ibidem.*, p. 313ss.

Capítulo V | A Natureza do Mal

Akallabêth, "a Caída". Como recompensa para os homens – os edain – que lutaram contra Morgoth em vez de sucumbir à vontade pervertida no final da Primeira Era, Ilúvatar os abençoou com um reino próprio, Andor. Nele, os edain, que agora se chamavam de numenoreanos, viveram vidas longas, criaram belas obras de arte e se tornaram os maiores marinheiros que o mundo jamais vira. As águas, controladas pelo Vala Ulmo, os protegiam do perigo, e o restante dos Valar zelavam por eles de variadas maneiras. Duas restrições, contudo, lhes foram dadas. Primeiro, os numenoreanos ainda eram mortais. Diferente dos elfos, estava na natureza deles ser mortal, e os Valar não tinham autoridade nem desejo de agraciá-los com nada além disso. Segundo, para evitar que os edain compreendessem mal o dom da mortalidade e sofressem de ciúmes, como acontecera aos primeiros dos homens, foram proibidos de velejar para o Reino Abençoado e testemunhar a vida dos imortais. Os numenoreanos sabiam da segunda regra como "o banimento". A Meneltarma, também conhecida como "Coluna dos Céus", foi alçada pelos numenoreanos à condição de templo em louvor a Ilúvatar. Nela, somente o rei, que também se apresentava como sacerdote, podia falar[578]. O primeiro monarca, Elros, filho de Eärendil e irmão de Elrond, *"que escolheu ser um rei de Homens"*, tendo reinado os númenóreanos sabiamente *"por quatrocentos anos"*[579].

 À medida que os numenoreanos alcançavam habilidades, perícia nas artes e sabedoria cada vez maiores, expandiram as explorações ao Leste, descobrindo e explorando as costas da Terra Média. Encontraram povos atrasados – aqueles homens na Terra Média que tinham permanecido neutros ou se aliado a Morgoth na última grande guerra e agora viviam em uma era de profundas trevas. Com compaixão por aqueles que encontraram, os numenoreanos serviram como missionários, ensinando aos homens ignorantes as artes da agricultura e da vida bem-ordenada. Os homens da Terra Média acreditavam que os numenoreanos eram divinos e, com orgulho egoísta, os numenoreanos começaram a concordar. Eram, por

---

578 Idem. *Ibidem.*, p. 174.
579 Idem. *O Silmarilion. Op. cit.*, p. 344.

certo, superiores aos homens que encontraram fora de Númenor. Na sua arrogância, começaram a pensar por que os Valar lhes impuseram a mortalidade e o banimento.

Quanto mais os numenoreanos viviam essas suspeitas, maior tornava-se o orgulho deles. Vieram a se ressentir dos Valar e a temer a morte, a vendo não como dom, mas como maldição. Ao longo dos séculos, tentaram prolongar suas vidas mortais o mais que puderam, mas *"alcançaram apenas a arte de preservar, sem corrupção, a carne morta dos Homens e encheram toda a terra com tumbas silenciosas, nos quais o pensamento da morte era entesourado na escuridão"*[580]. A obra missionária na Terra Média tornou-se apenas colonização. À moda imperialista, exploraram os recursos naturais e o labor da Terra Média, garimpando ouro e prata e exigindo o pagamento de impostos daqueles que "ajudaram". Ao discutir um famoso capitão do mar numenoreano, Aldarion, Tolkien escreveu: *"sonhava com a glória de Númenor e o poder de seus reis, e buscava pontos de apoio a partir dos quais pudessem passar a maiores conquistas"*[581]. Ao mesmo tempo, Sauron, lentamente, começou a assumir novamente forma física. Em vez de parar o crescimento de Sauron, os homens de Númenor, endureceram seus corações, cheios de raiva e despeito dos Valar. Para demonstrar a raiva, os reis de Númenor começaram a adotar o título blasfemo de "Senhores do Oeste", que fora reservado somente para Manwë. Ao se tornarem cada vez mais cheios de orgulho, proibiram o uso das línguas élficas.

Quando os numenoreanos finalmente confrontaram Sauron e seu poder crescente na Terra Média, fizeram-no por vaidade e por preocupação com o próprio poder, em vez de fazer por misericórdia pelos povos da Terra Média. Não podiam partilhar o mundo conhecido com um poder igual ou superior e decidiram destruir Sauron e suas forças. Combinando as forças navais e terrestres, dominaram Sauron por completo, de modo que o lugar-tenente de Morgoth humilhou-se diante do rei numenoreano. Implorou por perdão e ofereceu seus préstimos como profeta ao homem de grande conhecimento. Iludido pela lisonja, o rei aceitou Sauron como conselheiro.

---

[580] Idem. *Ibidem.*, p. 350.
[581] Idem. *Contos Inacabados. Op. cit.*, p. 262.

Capítulo V | A Natureza do Mal

Assim como o primeiro dos homens fora tentado com o conhecimento, aqui também o foram os numenoreanos. Tendo conquistado a confiança dos numenoreanos, Sauron logo ofereceu uma interpretação e leitura gnóstica do que restava da teologia tradicional numenoreana. Ilúvatar era um deus falso, o *"Senhor da Escuridão"*, disse o profeta das trevas e sacerdote, ao defender para o rei Ar-Pharazôn, *"detrás de portas trancadas"*, que Melkor era o verdadeiro deus, o *"Provedor da Liberdade"*582 aos homens. *"A mísera alma se desvia para um labirinto de tormento e vagueia sem uma saída"*, ensina um antigo texto gnóstico, *"Busca escapar do caos amargo, mas não sabe como sair"*583. Na mitologia de Tolkien, Sauron se apresenta como o salvador gnóstico, instando os numenoreanos a sair do labirinto do tempo e espaço de Ilúvatar e saírem em direção ao "verdadeiro deus" Melkor.

Escreveu Tolkien:

> Sauron perfizera o caminho de todos os tiranos: começa bem, ao menos naquele nível que, embora desejasse ordenar todas as coisas segundo a própria sabedoria, considerou primeiro o bem-estar (econômico) dos outros habitantes da Terra. Entretanto, foi muito além dos tiranos humanos no orgulho e desejo de dominar, sendo, originalmente, um espírito imortal (angélico)584.

Sauron, lentamente, tirou vantagem das fraquezas e desordens da alma dos numenoreanos. Destruiu, por dentro, a cultura ufanista deles com suas inversões gnósticas. Uma pequena minoria, conhecida como amigos dos elfos ou "os Fiéis", permaneceu devotada a Ilúvatar, mas foram perseguidos e levados à clandestinidade. Sauron cortou a Árvore Branca, símbolo da aliança entre os Valar e os numenoreanos, e construiu o próprio templo. Seu primeiro sacrifício foi a Árvore Branca, oferecida a um deus falso e decaído, Melkor. Os sacrifícios, logo, envolveram executar em fogueiras os homens, aqueles que eram amigos dos elfos. Adorando a Escuridão, os

---
582 Idem. *O Silmarilion. Op. cit.*, p. 357.
583 VOEGELIN, Eric. *Science, Politics, and Gnosticism: Two Essays*. Chicago: Regnery, 1968. p. 9.
584 CARPENTER, Humphrey (Ed.). *Letters. Op. cit.*, p. 243.

numenoreanos se tornaram cada vez mais poderosos e ricos e, declaradamente, mais industriais e tecnologicamente sagazes. Até escravizaram os homens da Terra Média.

No auge do orgulho, a Terra Média sucumbiu e com Sauron como principal sacerdote e profeta, os numenoreanos decidiram invadir o Reino Abençoado. Por que não? Não eram os maiores seres de toda Arda? Por que os Valar e os elfos desfrutavam da imortalidade quando seus superiores sofriam? Sauron declarou-se um deus, oferecendo holocausto humano no centro da Meneltarma, o verdadeiro templo de Ilúvatar, e os numenoreanos aceitaram sua deificação.

Enfurecido pela blasfêmia de Sauron e dos numenoreanos, Ilúvatar interveio diretamente no mundo, passando por cima até mesmo dos Valar, seus regentes. Refez a forma da terra e a transformou numa esfera (fora plana). Então, *"um grande abismo se abriu no mar entre Númenor e as Terras Sem-Morte"*[585], em que as frotas dos numeroneanos desapareceram. Por fim, Ilúvatar destruiu totalmente a Terra da Dádiva. *"Então, subitamente, o fogo rebentou Meneltarma, e veio um vento poderoso e um tumulto da terra, e o céu revirou, e as colinas deslizaram, e Númenor afundou no mar, com todas as suas crianças, e as suas esposas, e as suas donzelas, e as suas soberbas damas"*[586]. Como Noé e os poucos seguidores, somente os amigos dos elfos foram poupados pela ira de Ilúvatar. Tinham partido para a ilha um pouco antes de os numenoreanos tentarem invadir o Reino Abençoado. Em nove navios, levaram tudo o que podiam, entre as coisas, um rebento da árvore branca chamada Nimloth, livros de histórias e as sete Palantíri[587]. Tornaram-se os fundadores de Gondor e Arnor, fazendo retornar os remanescentes da sociedade numenoreana a sociedade e cultura bem-ordenadas.

Não só os remanescentes, pela graça de Ilúvatar, foram bem-sucedidos, mas o Mal partiu; durante a destruição de Númenor por Ilúvatar, Sauron perdeu sua forma encarnada agradável. Viajou para a Terra Média como um vento escuro e tomou forma, novamen-

---

585 TOLKIEN. *O Silmarillion. Op. cit*, p. 365.
586 Idem. *Ibidem.*, p. 366.
587 "Uma Descrição da Ilha de Númenor" é um dos livros de história e encontra-se publicado como primeiro capítulo da segunda parte dos *Contos Inacabados* (p. 229-38).

CAPÍTULO V | A NATUREZA DO MAL

te, em Barad-dûr como o Olho de Sauron, o Terrível. Uma cultura númenóreana renascida prosperou por centenas de anos na Terra Média, preservando a reta razão e a paz nos reinos de Gondor e Arnor, embora os homens permanecessem decaídos e facilmente suscetíveis ao pecado do orgulho.

Tolkien morreu antes que pudesse completar muito da história da Segunda Era. Os primeiros relatos são dados em "A Estrada Perdida", "Uma Descrição da Ilha de Númenor", "A esposa do Marinheiro" e "A Linhagem de Elros". Talvez porque exista relativamente pouca descrição, a Segunda Era parece muitíssimo fascinante, visto que a imaginação deve, por necessidade, completar aquilo que foi dado. No entanto, o relato de Tolkien da Segunda Era também fascina porque, mais do que qiuaisquer outras "eras" de Tolkien, tem um toque de familiaridade que leva o leitor a aprofundar-se. Mesmo em forma "bruta", podemos ver vários temas importantes. Primeiro, a história de Númenor representa a incorporação por Tolkien do mito de Atlântida no próprio conjunto de lendas[588]. Tolkien acreditava que Atlântida, ou uma versão, era *"fundamental para a 'história mitica'"*, tenha ou não fundamento na realidade[589]. Lewis deve ter concordado com Tolkien, pois referiu-se à versão tolkieniana de Númenor várias vezes em sua trilogia espacial e também aludiu a ela em *As Crônicas de Nárnia*. Segundo, o mito numenoreano incorpora o próprio "sonho da onda", um tanto perturbador e vívido, que partilhou com um de seus filhos, bem como com a personagem Faramir[590]. Terceiro, o mito numenoreano de Tolkien demonstra as tolices do orgulho e reconta a história da queda do homem, De fato, a versão de Tolkien nos toca tão profundamente pois como humanos, criados à imagem de Deus, ansiamos pelo Paraíso. Quarto, a história numenoreana revela a arrogância e os perigos do imperialismo, da exploração e da industrialização. É, em essência, o comentário tolkieniano sobre o caráter da modernidade. Um amigo dos elfos descreveu, com propriedade, as mudanças que Sauron trouxe para Númenor, como

---

588 CARPENTER, Humphrey (Ed.). *Letters. Op. cit.*, p. 186.
589 Idem. *Ibidem.*, p. 197-98, 361.
590 Idem. *Ibidem.*, p. 347.

o desejo divinamente inspirado por beleza tornou-se o desejo diabólico por poder.

> A princípio, ele revelou apenas segredos de sua arte e ensinou a fazer muitas coisas poderosas e maravilhosas; e pareciam boas. Nossos navios, agora, partem sem vento, e muitos são feitos de um metal que corta pedras escondidas e não afundam na calmaria ou na tempestade; mas não são mais belos de se admirar. Nossas torres ficam cada vez mais fortes e cada vez mais altas, mas a beleza, deixam para trás nessa terra. Nós, que não temos inimigos, estamos preparados para o combate com fortalezas inexpugnáveis – e principalmente no Oeste. Nossos exércitos se multiplicam como se estivéssemos numa guerra prolongada, e os homens estão deixando de amar ou de cuidar de fazer coisas para uso ou deleite. Entretanto, nossos escudos são impenetráveis, nossas espadas são irresistíveis, nossos dardos são como trovões e transpassam ligas indefectíveis[591].

Ou, como Erendis, uma mulher numenoreana, sabiamente descreveu o resultado final do reinado de Sauron: *"não podemos residir no tempo que está por vir, pois assim perderíamos nosso agora em troca de um fantasma que nós mesmos inventamos"*[592]. Claramente, Tolkien sugeria por esses comentários, descrições da modernidade.

Por fim, no nível narrativo, o mito numenoreano faz a ligação entre as Primeira e Terceira Eras. Permite-nos ver a fonte de animosidade entre os homens e os elfos, entre os de descendência numenoreana e os homens nativos da Terra Média, e a animosidade entre os numenoreanos exilados. Em seu sangue corre fé e blasfêmia. Também descobrimos como Sauron se torna o Olho de Sauron. E a importância do retorno do rei Aragorn é explicada: com ele *"o culto a Deus seria renovado"*[593].

***

---

591 TOLKIEN, J. R. R. *The Lost Road. Op. cit.*, p. 67.
592 Idem. *Contos Inacabados. Op. cit.*, p. 253.
593 CARPENTER, Humphrey (Ed.). *Letters. Op. cit.*, p. 206-07.

Capítulo V | A Natureza do Mal

No conjunto de lendas de Tolkien, a invocação de magia de uma personagem é sempre sinal da presença do mal. A magia exerce um papel central em toda a literatura fantástica.

> Uma "estória de fadas" é a que toca ou usa Feéria, qualquer que seu próprio propósito central possa ser: sátira, aventura, moralidade, fantasia. A própria Feéria possa talvez ser traduzida mais proximamente por Magia[594].

A maioria dos autores, contudo, emprega a magia de uma maneira bem diferente de Tolkien. Muitas das vezes, os escritores de fantasia usam a magia para representar o poder bruto, extraído da própria personagem ou da força espiritual que a acompanha. Como católico, Tolkien acreditava que a magia, no sentido de poder, era má.

Para Tolkien, a história de Simão, o mago, nos Atos dos Apóstolos (*Atos* 8, 9-24) oferecia copiosa comprovação da realidade da magia. Simão praticou magia por toda a Samaria e muitos, dentre eles Simão, acreditavam que seu dom provinha do Deus cristão. Quando Simão testemunhou Pedro e João receberem poder do Espírito Santo, desejou ter e dominar esse mesmo poder. Ao aproximar-se deles com confiança, Simão ofereceu pagar-lhes pelo conhecimento e pelo dom do poder sagrado. Horrorizados e furiosos com sua insolência, Pedro retrucou: *"Maldito seja o teu dinheiro e tu também, se julgas poder comprar o dom de Deus com dinheiro!"* (*Atos* 8, 20). A questão é clara: obtemos um dom tal como o de São Pedro somente pela fé, e é somente decisão soberana de Deus, conferi-lo livremente à sua criatura. Tal poder não pode ser comprado ou permutado. São Paulo teve um encontro semelhante com um mago, Élimas, também registrado no Atos dos Apóstolos. Por meio de Deus, São Paulo cegou temporariamente Élimas, demonstrando, assim, a superioridade do milagre à mágica (*Atos* 13, 8-11).

Assim como os dois tipos de poder sobrenatural são descritos no Novo Testamento, Tolkien acreditava que o que normalmente é

---
594 TOLKIEN, J. R. R. "Sobre Estórias de Fadas". *Op. cit.*, p. 51.

rotulado de "magia" existe em duas formas: *"magia e goécia"*[595]. Ainda que não fosse rígido quanto às definições, Tolkien geralmente empregava a primeira, "magia", para significar "encantamento", e a última, "goécia", para indicar um poder derivado de uma fonte demoníaca e que tenciona dominar os demais e privar a vítima de livre-arbítrio. Galadriel fala dessa divisão quando ela, Frodo e Sam ficam diante do espelho encantado. *"Isto é o que teu povo chamaria de magia, creio eu"*, fala para Sam, *"porém não compreendo claramente o que querem dizer, e parecem usar a mesma palavra sobre os engodos do Inimigo"*[596]. A "mágica élfica" de Galadriel era uma forma de magia ou encantamento. Encantamento é o processo e o resultado de uma subcriação não orgulhosa, a glorificação do mundo de Deus e a promoção de seus desejos pela criação. *"Não-corrompido, ele não busca ilusão ou feitiço e dominação"*, explica Tolkien em "Sobre Estórias de Fadas", mas, em vez disso, *"busca enriquecimento partilhado, parceiros na criação e no deleite, não escravos"*[597]. Por outro lado, a pessoa que invoca a goécia tem desdém pelo mundo de Deus como ele é e espera dominá-lo e manipulá-lo, transformando-o em uma imagem estranha. Essa forma de mágica, escreveu Tolkien, *"produz, ou finge produzir, uma alteração no Mundo Primário. Não importa por quem seja praticada, fada ou mortal, ela permanece distinta dos outros dois; não é uma arte, mas uma técnica; seu desejo é* poder *neste mundo, dominação de coisas e vontades"*[598]. Podemos usar a goécia, Tolkien escreveu numa carta, para *"aterrorizar e subjugar"*[599]. É *"a perversão da [...] arte ao poder"*[600]. Sauron estava tão corrompido na ocasião da Guerra dos Anéis que só podia compreender o poder e, portanto, essa forma de mágica. A arte o iludiu, pois não tinha mais imaginação moral. Habituara-se a pecar, ao estado desordenado do corpo, da mente e da alma. A ideia de povos livres em qualquer lugar – cheios de alegria, usando a terra e os dons que Deus lhes deu, tais como os hobbits no Condado – enfurece Sauron.

---

595 CARPENTER, Humphrey (Ed.). *Letters. Op. cit.*, p. 199.
596 TOLKIEN, J. R. R. *A Sociedade do Anel. Op. cit.*, p. 511.
597 Idem. "Sobre Estórias de Fadas". *Op. cit.*, p. 111.
598 Idem. *Ibidem.*, p. 109. (grifo no original)
599 CARPENTER, Humphrey (Ed.). *Letters. Op. cit.*, p. 200.
600 Idem. *Ibidem.*, p. 146.

Capítulo V | A Natureza do Mal

Tolkien via as máquinas, a industrialização e a ciência moderna como variantes da goécia, pois todas as três buscavam controlar os outros e reordenar o mundo segundo a imagem finita do homem em vez da imagem infinita e excelsamente incompreensível de Deus. Numa carta escrita em 1950, Tolkien dissera que *O Senhor dos Anéis* versa sobre três coisas, intimamente relacionadas: a *"queda, mortalidade e a máquina"*. A perversão e a queda ocorrem quando:

> O subcriador deseja ser o Senhor e Deus de sua criação privada. Rebelar-se-á contra as leis do Criador – em especial, contra a mortalidade. Ambas (sozinhas ou juntas) levarão ao desejo de poder, tornando a vontade mais rápida e eficiente – e, igualmente, a máquina[601].

O encantamento élfico, em contraposição, versa sobre *"Arte e não poder, subcriação e não dominação e reforma tirânica da criação"*. *"O Inimigo, em formas sucessivas, sempre está 'naturalmente' preocupado com a dominação pura, e assim é o Senhor da magia e das máquinas"*[602]. A classificação dicotômica da magia reproduz a classificação dicotômica de Romano Guardini de tecnologia. Tecnologia, segundo Guardini, pode agir com a natureza ou pode buscar dominá-la. Com o primeiro tipo de tecnologia, *"o propósito é penetrar, mover por dentro, viver com"*, argumenta Guardini. *"A outra, todavia, esvazia, rompe e compartimentaliza, domina e governa"*[603]. Essa última, o tipo de tecnologia que domina, logo assume vida própria e o homem é subsumido por ela. *"É destrutiva porque não está sob controle humano"*, concluiu Guardini. *"Está à frente de forças que foram desencadeadas e ainda não dominadas, matéria-prima que ainda não foi reunida, que não tomou uma forma viva e espiritual e se relacionou à humanidade"*[604].

De modo similar, nos estudos sobre a gnose moderna, Eric Voegelin afirmou que a revolução científica pós-medieval produziu

---

601 CARPENTER, Humphrey (Ed.). *Letters. Op. cit.*, p. 145.
602 Idem. *Ibidem.*, p. 146. Ver também: Idem. *Ibidem.*, p. 87-88.
603 GUARDINI, Romano. *Letters from Lake Como. Op. cit.*, p. 43.
604 Idem. *Ibidem.*, p. 79.

O Mito Santificador de J. R. R. Tolkien | Bradley J. Birzer

"'a maior orgia de poder na história da humanidade' causada por 'uma erupção gigantesca de imaginação mágica após o colapso da forma intelectual e espiritual da alta civilização medieval"[605]. Na mitologia de Tolkien, vemos isso claramente na corrupção de Saruman. Torna-se cada vez mais confiante no maquinário e nos seus servos orcs. Por sua vez, torna-se mais confiante no próprio poder. Como Merry explica após testemunhar os ents dizimarem o maquinário de Saruman: *"creio que ele não tenha muito tutano, não tenha muita coragem simplesmente, sozinho num lugar apertado sem um monte de escravos e máquinas e coisas assim"*[606]. Ainda que acreditasse ser o Senhor das Máquinas, tornara-se escravo delas e ficou quase impotente quando não as teve.

Na mitologia de Tolkien, o símbolo supremo da magia e da máquina é o Um Anel do poder, o Anel de Sauron, forjado na Montanha da Perdição, e no qual Sauron pôs muito de sua vontade e espírito. Fez isso para dominar os outros anéis do poder: os três dos elfos, os sete dos anões, e os nove dos homens. De fato, o único propósito do Um Anel é reordenar o mundo à imagem de Sauron para zombar, corromper e perverter a criação de Ilúvatar. Dos dezenove portadores menores do anel, somente os portadores élficos compreenderam as maquinações de Sauron e evitaram o controle dele com o Um Anel. Ainda, todas as obras que produziram e preservaram com os três anéis estavam sujeitas, em última análise, ao Um Anel. Se ele o obtivesse, reduziria as subcriações deles a pó. E, mesmo os elfos não estavam livres do orgulho, embora os motivos tenham permanecido bons. Como Tolkien escreveu, a imortalidade trouxe tristeza aos elfos, e tornaram-se *"antiquários, e os esforços, todos, realmente uma espécie de embalsamamento"*[607].

Num determinado nível, o Um Anel representa a máquina, pois ambos contribuem para o desejo de controlar outrem. Em um nível mais básico, o Anel representa o próprio pecado, em especial, o primeiro pecado, como registrado no livro do Gênesis: *"vós também sereis como deuses"* (*Gênesis* 3,5). Assim como o Anel de Giges de Platão,

---

605 Citado em: HENRY, Michael D. "Voegelin and Heidegger as Critics of Modernity". *Modern Age*, n. 43 (Spring 2001), p. 125.
606 TOLKIEN, J. R. R. *As Duas Torres*. *Op. cit.* p. 924.
607 CARPENTER, Humphrey (Ed.). *Letters. Op. cit.*, p. 151-52.

Capítulo V | A Natureza do Mal

que torna a pessoa invisível e lhe dá *"poder de acordo com sua condição"*[608]. Para Gollum, é seu "precioso". Ele o consome. Quem quer que o coloque, lentamente, habitua-se ao pecado em vez do bem, do decoro e da virtude. Quanto mais o usa, mais a pessoa *"mingua: no fim torna-se invisível permanentemente, e caminha na penumbra sob o olhar do Poder Sombrio que controla os Anéis"*, explica Gandalf, acrescentando que *"mais cedo ou mais tarde o Poder Sombrio o devorará"*[609]. O Anel, como pecado, dá nova forma a Gollum. Antes, um hobbit, agora ele é uma forma desfigurada de seu antigo eu, "forçada ao limite" além do que a natureza ou Ilúvatar pretenderam. Bilbo também é "forçado até o limite". Embora tenha 111 anos no início d'*O Senhor dos Anéis*, parece ter por volta de cinquenta anos. O Anel o "preservara", assim como preservara o Gollum, muito mais velho. No início de *O Senhor dos Anéis*, o Anel, lenta e sutilmente, começa a possuí-lo. Quando Bilbo recusa-se a deixá-lo com Frodo, Gandalf o repreende: *"Ele tem demasiado domínio sobre você. Largue-o! E depois você mesmo pode partir e ser livre"*[610]. Gandalf recusa-se a tocá-lo, sabendo que a tentação de usá-lo para o bem ficaria forte demais dentro dele, *"no entanto, o caminho do Anel para meu coração é pela pena, pena da fraqueza e desejo de força para fazer o bem"*[611], Gandalf explica a Frodo. Outras personagens são tentadas pelo Anel ao longo da história. Galadriel, Boromir e Denethor, para citar alguns. A primeira resiste, os outros dois fracassam, e o anel prova ser a derrota final. Até Frodo fracassa em resistir a ele completamente, quase declarando-se Senhor do Anel.

Se o poder tenta até o bem, por fim, destrói o mal. O desejo de poder de Sauron mostrou ser sua derrota final. Ele o cegou e, assim, o tornou incapaz de entender os motivos do lado do bem[612]. O Anel, pressupôs, seria usado como arma contra ele na Guerra dos Anéis. Ao olhar para os próprios inimigos, Sauron compreendeu muitíssimo bem a corrupção de Saruman e sua ganância, já que Sauron e Saruman eram Maiar corrompidos. Seguiriam o mesmo caminho e

---

608 TOLKIEN, J. R. R. *A Sociedade do Anel. Op. cit.*, p. 107.
609 Idem. *Ibidem.*, p. 98.
610 Idem. *Ibidem.*, p. 81.
611 Idem. *Ibidem.*, p. 117.
612 CARPENTER, Humphrey (Ed.). *Letters. Op. cit.*, p. 153-54.

Sauron previu perfeitamente os movimentos de Saruman, que permitiu-lhe dominar Saruman enquanto apressava sua corrupção. No entanto, erroneamente, Sauron pensou que os Istari eram "emissários dos Valar, buscando instituir novamente o poder perdido e 'colonizar' a Terra Média, como um simples esforço de imperialistas derrotados (sem conhecimento ou sanção de Eru)[613]. Gandalf desconcertou Sauron. Ele também era um Maia, embora de poder e inteligência um tanto menores que Sauron ou Saruman, e um pouco mais de poder e inteligência que Radagast. Que Gandalf escolheria destruir o Anel a portá-lo como um novo poder dominador, isso iludiu Sauron. Somente nos momentos finais, quando Frodo declarou-se o novo Senhor das Fendas do Monte da Perdição, Sauron percebe seu erro. Por isso, a jornada de Frodo e Sam para Mordor não é vista ou esperada, pois o Senhor do Escuro nunca pensaria em procurar por eles ali.

Todos os males secundários – sejam árvores corrompidas, aranhas, orcs ou balrogs, para citar alguns poucos males perniciosos e inteligentes da mitologia de Tolkien – parecem ser controlados, ou no fundo, demasiadamente influenciados pelas vontades de Morgoth, Sauron ou Saruman (ele mesmo, é claro, involuntariamente controlado por Sauron). Isso reverte, ou ao menos dá uma nova virada, nas noções metafísicas de Aristóteles de amor, ordem e nas motivações e ações do Primeiro Motor. Aristóteles argumentava que o Primeiro Motor lançou o amor e chamou-o de volta a si. Tolkien apresentou o diabólico Morgoth como a imagem espelhada do amor divino, um mal grotesco chamando a si todo o mal nas fortalezas do Norte, em *O Silmarillion*. Sauron e seus males secundários comportam-se de modo semelhante e têm relacionamentos similares, em *O Senhor dos Anéis*. *"Mordor atrai todos os seres malignos"*, Gandalf diz a Frodo, *"e o Poder Sombrio empenhava toda a sua vontade para os reunir ali"*[614].

***

---

613 TOLKIEN, J. R. R. *Morgoth's Ring. Op. cit.*, p. 396-97.
614 TOLKIEN, J. R. R. *A Sociedade do Anel. Op. cit.*, p. 113.

Capítulo V | A Natureza do Mal

No final da década de 1950 ou início dos anos 1960, Tolkien começou uma continuação (um "suspense") de *Os Senhor dos Anéis* chamado *The New Shadow* [*A Nova Sombra*]615. Tolkien rapidamente abandonou, por achar a obra extraordinariamente depressiva, mas um fragmento da história permaneceu, e gira em torno de um encontro misterioso, no qual segredos serão revelados.

A Nova Sombra ocorre mais ou menos um ano após a morte de Aragorn. Os homens da Terra Média, novamente, estão entediados com a bondade e com a beleza. De maneira inevitável, o desassossego instaurara-se, desordenando tanto os governantes quanto a geração mais jovem. Os novos reis preocupavam-se apenas com o poder, e os jovens criaram gangues violentas a imitação dos orcs616. A tese da história é, com sabedoria, apresentada pela personagem principal da história, Borlas: *"No fundo, de fato, correm as raízes do Mal [...] e nelas a seiva escura é forte. Essa árvore nunca será morta. Deixe que os homens a cortem o mais rápido que puderem, ela lançará brotos novamente, assim que se afastarem. Nem mesmo na 'Testa do Corte' o machado deve ser pendurado na parede"*617. Como Gandalf adverte antes da derrota de Sauron na Guerra do Anel:

> Há outros males que poderão vir; pois o próprio Sauron é apenas um serviçal ou emissário. Porém não é nosso papel dominar todas as marés do mundo, e sim fazer o que está em nós para socorro dos anos em que fomos postos, extirpando o mal nos campos que conhecemos, para que os que vierem depois tenham terra limpa para cultivar. O clima que enfrentarão não nos cabe imaginar618.

Aparentemente, Tolkien não achou que tivesse de escrever outra história demonstrando a verdade das afirmações de Borlas e Gandalf.

A relutância de Tolkien é compreensível. Leiber e Moorcock estão certos: Tolkien está muito mais preocupado em entender os

---

615 Idem. *The Peoples of Middle-earth. Op. cit.*, p. 409-21.
616 CARPENTER, Humphrey (Ed.). *Letters. Op. cit.*, p. 344, 419.
617 TOLKIEN, J. R. R. "The New Shadow". In: *The Peoples of Middle-earth. Op. cit.*, p. 411.
618 Idem. *O Retorno do Rei. Op. cit.*, p. 1264.

meandros do bem que sondar as tenebrosas complexidades do mal. Como Tolkien deixa claro ao longo de todo o seu conjunto de histórias, é o Bem que pode reivindicar, com justeza, a posse e propriedade verdadeiras da imaginação. E acreditava firmemente que embora o mal continuasse a se manifestar, o bem, por fim, era mais poderoso e, no tempo, emergirá sua vitória.

Capítulo VI

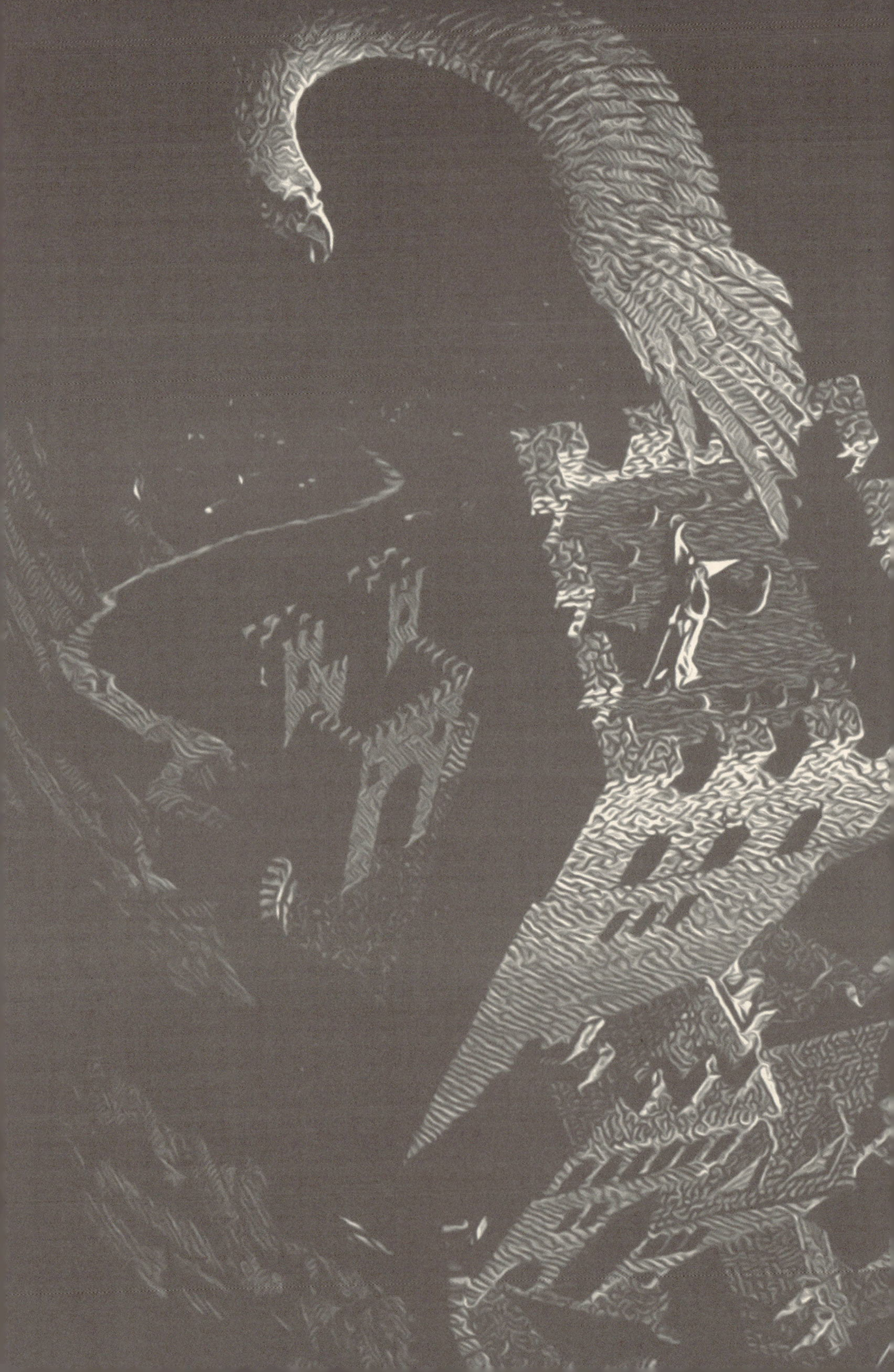

Terra Média e Modernidade

Desde a publicação de *O Senhor dos Anéis* em meados de 1950, as histórias da Terra Média de J. R. R. Tolkien, com frequência, são descartadas como escapismo. Tolkien, argumentam os críticos, viveu num mundo de sonhos. Andrew Rissik, ao escrever para o *London Guardian*, expressou a opinião padrão dos detratores de Tolkein:

> Após os traumas aniquilantes do século passado, é simplesmente perverso atribuir grandeza a essa terra-do-nunca imaginária, falsa e simplificada, onde raças e espécies se misturam à vontade e ocorrem grandes batalhas, mas nunca há um tratamento remotamente convincente daqueles problemas humanos fundamentais pelos quais todas as sociedades, no fim das contas, se definem – religião, filosofia, política e a conduta dos relacionamentos sexuais[619].

---

619 RISSIK, Andrew. "Review of Tom Shippey's *J. R. R. Tolkien: Author of the Century*". London *Guardian*, September 2, 2000.

O MITO SANTIFICADOR DE J. R. R. TOLKIEN | BRADLEY J. BIRZER

O jornalista Roz Kaveney argumentou num viés semelhante, notando que os defensores da obra de Tolkien muitas vezes usam seus livros como porretes em *"um ataque simultâneo ao modernismo e até mesmo ao realismo"*[620]. E a crítica feminista Germaine Geer pleiteou que as obras de Tolkien repudiam as *"grandes lutas do século XX"*, tais como a *"política, a guerra, o movimento negro e a revolução sexual"*[621]. Tolkien, é verdade, não adotou o século XX. Entretanto, ele também não fugiu dele. Melhor, força os leitores a confrontar o mundo de uma perspectiva diferente, uma perspectiva orientada pelo poder do mito, do símbolo e exemplos de verdadeiro heroísmo. O mundo moderno e industrializado parecia ser de pouca utilidade, sabia, para o antigo modo de ver e conhecer representado por sua mitologia. Tampouco viu uso no modo descentralizado de organização política e social que acreditava. Melhor, a tirania caracterizou o século de Tolkien, e Tolkien veementemente detestava a tirania, quer proveniente da esquerda ou da direita do espectro político. E quanto a acusação de "escapista"? Como Tolkien certa vez disse a C. S. Lewis, os que mais detestam o escapismo são os carcereiros[622].

***

O homem não é nada, acreditava Tolkien, a não ser um sub-criador feito à imagem do verdadeiro criador. Deus coloca cada indivíduo exclusivamente criado num determinado tempo, com certos dons, para um determinado motivo. Para Tolkien, a modernidade estava comprometida com a negação de Deus como autor do homem e do mundo. E, uma vez que o homem nega Deus, nega seu verdadeiro eu. Quando Harvey Breit do *New York Times Book Review* perguntou a Tolkien em 1955 o que o fazia "funcionar", Tolkien respondeu: *"não 'funciono'. Não sou máquina (se funcionasse, não deveria ter opiniões a esse respeito, e seria melhor que perguntasse ao bobinador)"*[623]. Tolkien não es-

---

[620] KAVENEY, Roz. "The Ring Recycled". *New Statesmen and Society*, December 27, 1991, p. 47.
[621] Greer citada em: GOODMAN, Paul. "Is This Really the Century's Greatest Book?". *London Telegraph*, January 25, 1997.
[622] KIRK, Russell. *Enemies of the Permanent Things. Op. cit.*, p. 124.
[623] BREITT, Harvey. "Oxford Calling". *New York Times Book Review*, June 5, 1955, p. 8.

CAPÍTULO VI | **TERRA MÉDIA E MODERNIDADE**

tava apenas sendo esquisito ou rabugento. A questão, que refletia a tendência da modernidade de mecanizar o homem, o aborrecia profundamente. Tolkien, em geral, desprezava a mecanização, ao argumentar que refletia o ataque da modernidade à natureza, a tentativa de dominar e subjugar todos os aspectos de um determinado mundo. *"Há tragédia e desespero em todas as máquinas expostas"*, escreveu, e a queda do homem *"não só torna nossos dispositivos falhos, como a torna um mal novo e horrível"*. Referia-se à tecnologia em geral como *"engenhocas de Mordor"* e aos aviões de combate da Segunda Guerra Mundial como *"pássaros Nazgûl"*[624]. Quando Tolkien soube que os americanos lançaram a bomba atômica sobre Hiroshima, respondeu com horror: *"A loucura total desses físicos lunáticos em consentir realizar uma obra dessas para propósitos de guerra: planejando calmamente a destruição do mundo!"*[625] Aliados de Mordor, observou posteriormente com escárnio, criaram a bomba atômica *"para usar o Anel para os próprios (é claro, os melhores) propósitos"*[626].

Embora Tolkien não gostasse, em especial, das máquinas de guerra, muitas vezes reclamava de as máquinas estarem cada vez mais associadas ao uso cotidiano no século XX. Certa vez teve um carro, mas posteriormente recusou-se a ter, após ver que os planejadores mudaram a cidade de Oxford para acomodar os carros[627]. Certa vez, quando Clyde Kilby estava visitando Tolkien, uma motocicleta passou por eles. *"Isso é um orc"*, proclamou Tolkien[628]. Quando seu companheiro *Inkling* George Sayer levou um toca-fitas em 1952 e pediu a Tolkien que lesse algo do, na ocasião, inédito, de *O Senhor dos Anéis*, Tolkien pareceu divertir-se e atemorizar-se. O próprio Sayer havia considerado, cuidadosamente, se mostrava o aparelho de gravação a Tolkien ou não, por saber de sua aversão externa por máquinas. *"Ele pode amaldiçoá-la e a mim juntos"*, temia Sayer[629]. *"Nunca*

---

624 CARPENTER, Humphrey (Ed.). *Letters. Op. cit.*, p. 87-88, 115.
625 Idem. *Ibidem.*, p. 102.
626 Idem. *Ibidem.*, p. 165.
627 KILBY, Clyde S. *Tolkien and The Silmarillion. Op. cit.*, p. 10.
628 FOSTER, William. "Dr. Clyde S. Kilby Recalls the Inklings", JRRT Series 5, Box 1, Folder 23, p. 11, *Tolkien Papers*, Marquette University Archives.
629 SAYER, George. "Recollections of J. R. R. Tolkien". *Op. cit.*, p. 8.

vira um daqueles antes", Sayer escreveu depois, e disse, *"de modo extravagante, que deveria expulsar qualquer demônio que pudesse estar ali, e gravou uma prece, o Pai-Nosso em gótico"*[630]. Quando os donos do primeiro hidroplano tentaram homenagear Tolkien ao batizá-lo de *Scadufax*, Tolkien chamou o plano de *"monstruoso"*[631]. Scadufax, o majestoso cavalo montado por Gandalf, era um dom dos Valar angélico, não uma abominação. O desprezo de Tolkien pelas máquinas revela-se ao longo das obras da Terra Média. Junto com os orcs, Sauron e o corrompido Saruman empregam máquinas com frequência, um fato que para Tolkien servia, adequadamente, para simbolizar a corrupção deles.

***

Para Tolkien, a árvore se opunha à máquina e, como tal, serviu para representar a era pré-moderna. Para ele, as árvores aparecem belas e sábias. Ele *"amara as árvores desde a infância e apontava as árvores que ele mesmo plantara"*, Kilby escreveu na primeira visita à casa de Tolkien em Oxford. *"Compreendemos facilmente a observação de Michael Tolkien a respeito de seu pai de que 'herdou um amor quase obsessivo às árvores e considerou o sentimento forte por árvores 'o assassinato arbitrário de seres vivos para fins muito inferiores'"*[632]. Tolkien achava inaceitável a violação das árvores. *"[Obviamente] amo muito as plantas, sobretudo as árvores, e sempre foi assim"*, Tolkien escreveu para seu editor, Houghton Mifflin, *"e acho os maus-tratos humanos a elas tão difíceis de aceitar quanto alguns creem ser os maus-tratos aos animais"*[633]. Ao discutir a inspiração para essa maravilhosa historieta sobre o purgatório, "Folha de Cisco" [*Leaf by Niggle*], Tolkien escreveu:

> Havia uma grande árvore – um álamo enorme com imensos ramos – visíveis através da minha janela, mesmo quando estava na cama.

---

630 George Sayer, anotações a *J. R. R. Tolkien Reads and Sings His Lord of the Rings* (Caedmon CDL5 1478).
631 CARPENTER, Humphrey (Ed.). *Letters. Op. cit.*, p. 349.
632 KILBY, Clyde S. *Tolkien and The Silmarillion. Op. cit.*, p. 25.
633 CARPENTER, Humphrey (Ed.). *Letters. Op. cit.*, p. 220.

CAPÍTULO VI | TERRA MÉDIA E MODERNIDADE

Eu o amava e ficava apreensivo. Fora selvagemente mutilado alguns anos antes, mas cresceram novos ramos, galantemente – embora, é claro, não com a graça imaculada de seu antigo eu natural, e agora um vizinho tolo estava se movimentando para derrubá-lo. Toda árvore tem seu inimigo, poucas têm um defensor (muitas vezes o ódio é irracional, um medo de qualquer coisa grande e viva, que não é facilmente domável ou destruída, ainda que possa revestir-se de termos pseudo racionais)[634].

Tolkien sempre tomou partido das árvores nas brigas com os humanos. Lamentou que *"o som selvagem da serra elétrica nunca silencia onde quer que ainda se encontrem árvores crescendo"*[635].

Tolkien empregou as árvores, como símbolos e personagens, por toda as obras da Terra Média. Em *O Silmarillion*, as Duas Árvores de Valinor, Teleperios e Laurelin, dão, primeiro, luz à terra. O dois Valar angélicos que as criaram, e Fëanor, o maior dos artífices elfos, criaram as Silmarils, que capturaram a luz das duas árvores. Repelidos pela beleza delas, Morgoth e sua aliada Ungoliant, atacaram as árvores e foram mortalmente feridos por elas.

Então a Desluz de Ungoliant se elevou até as raízes das Árvores, e Melkor saltou sobre o teso; e, com sua lança negra, golpeou cada Árvore até a medula, feriu-as fundo, e a seiva delas vazou como se fora sangue e se derramou pelo chão. Mas Ungoliant a sugou e, indo então de Árvore a Árvore, pôs seu bico negro nas feridas, até que as secou, e o veneno de Morte que estava nela entrou nos tecidos das Árvores e as fez fenecer, raiz, galho e folha; e elas morreram[636].

De maneira platônica, os Valar criaram o sol e a lua, somente reflexos pobres da verdadeira luz das árvores. No final de todas as coisas, Ilúvatar (Deus, o Pai) deve permitir o retorno de Telperion e Laurelin, embora o fim não possa ser predito com clareza pelos mor-

---
634 Idem. *Ibidem.*, p. 321.
635 Idem. *Ibidem.*, p. 420; SAYER, George. "Recollections of J. R. R. Tolkien". *Op. cit.*, p. 6.
636 TOLKIEN, J. R. R. *O Silmarillion*. *Op. cit.*, p. 114-15.

tais. E quando as árvores brancas crescem novamente em Gondor no fim da Terceira Era, os habitantes da Terra Média reconhecem isso como um outro sinal de que Aragorn é o verdadeiro rei.

Uma das criações mais reveladoras de Tolkien é o Barbárvore, a personificação última do antimodernismo de Tolkien. Barbárvore é uma criatura árvore, com sentidos e gigante que apareceu pela primeira vez em *O Senhor dos Anéis*, desdenha dos orcs, dos machados e das máquinas. Com sua voz profunda, como a de instrumentos de sopro, de madeira, Barbárvore fala, deliberadamente, fazendo com que seus novos amigos, os hobbits Merry e Pippin saibam que *"os nomes de verdade contam a história dos seres aos quais pertencem em minha lingua, no entês antigo"*[637]. Ele e sua espécie, os *Ents*, serviram como pastores para todas as árvores, bem como historiadores e cronistas dos acontecimentos da Terra Média. O Barbárvore convence os outros *Ents* a atacar Saruman, o mago traidor de Isengard. *"Está conspirando para se tornar um Poder"*, diz Barbárvore, *"Tem uma mente de metal e rodas, não se preocupa com os seres que crescem, exceto à medida que lhe servem no momento"*[638]. Com isso, Barbárvore e seu exército de Ents marcham em direção ao desavisado Saruman e sua fortaleza. Aí, encontram *"tesouros, depósitos, arsenais, forjas e grandes fornalhas* [de Saruman]. *Rodas de ferro giravam ali sem fim, e martelos caíam com baque surdo. À noite, plumas de vapor escapavam dos respiradouros, iluminadas por baixo com luz vemelha, ou azul, ou de verde peçonhento"*[639]. O ataque foi furioso, em especial para os Ents, ponderados, de vida longa: *"Um Ent zangado é aterrorizante"*, explica Merry, tendo testemunhado a destruição de Isengard, *"seus dedos das mãos e dos pés simplesmente agarram a rocha; e rasgam-na como casca de pão. Era como observar a obra de grandes raízes de árvore em uma centena de anos, tudo comprimido em alguns momentos"*[640].

***

---

637 Idem. *As Duas Torres. Op. cit.*, p. 692.
638 Idem. *Ibidem.*, p. 702.
639 Idem. *Ibidem.*, p. 809.
640 Idem. *Ibidem.*, p. 824.

Capítulo VI | Terra Média e Modernidade

A mecanização do homem e da natureza revelou todo seu potencial diabólico nos crimes estatais cometidos durante o século XX, um século que Tolkien detestava[641]. Considerando que a morte e a brutalidade espalharam detritos pela paisagem, é difícil admirar muita coisa do século que acabou de findar. Desde o princípio da história até o ano de 2000, os governos assassinaram, estima-se, 133 milhões dos próprios cidadãos. Entre 1901 e 1987, os governos assassinaram quase 170 milhões dos próprios cidadãos. Josef Stalin matou 41 milhões; Mao Tse-Tung (1893-1976), 35 milhões e Adolf Hitler, 21 milhões. Outros 38,5 milhões morreram em guerras patrocinadas pelo Estado durante o mesmo período[642]. Quando algum demógrafo começa a chegar à contagem final do século, incluindo dentre eles os números dos que foram mortos na África, na antiga Iugostávia e na China desde 1987, os números chegam a mais de 200 milhões.

Oprimido pelo derramamento de sangue de sua época, Tolkien enfrentou, em suas obras, essa combinação mortal de guerra, industrialismo e nacionalismo. Numa das passagens mais apavorantes de *O Senhor dos Anéis*, Tolkien escreveu:

> Por mais pavorosos que fossem os Pântanos Mortos e as charnecas áridas da Terra-de-Ninguém, era ainda mais repugnante a região que o dia rastejante já revelara, lentamente, aos seus olhos [de Frodo] contraídos. Até mesmo o Brejo dos Rostos Mortos vinha algum fantasma desfigurado da primavera verde; mas ali nem a primavera nem o verão jamais haveriam de voltar. Nada vivia ali, nem mesmo a vegetação leprosa que se alimentava de podridão. As lagoas estranguladas sufocavam com cinzas e lamas rastejantes, de um branco e cinzento doentio, como se as montanhas tives-

---

641 LAWLOR, John. *C. S. Lewis. Op. cit.*, p. 7.
642 Para números, ver: RUMMEL, R. J. *Death by Government*. New Brunswick: Transaction Press, 1994; COURTOIS, Stephane *et al*. *Black Book of Communism: Crimes, Terror, Repression*. Cambridge: Harvard University Press, 1999. Para uma análise melhor do século e seus crimes, ver: CONQUEST, Robert. *Reflections on a Ravaged Century*. New York: W. W. Norton, 2000. Os números que Mao assassinou ainda são discutidos, alguns acadêmicos argumentam que ele deve ter assassinado, direta e indiretamente, 65 milhões de chineses. Ver: *Black Book of Communism. Op. cit.*, p. 4.

sem vomitado imundície de suas entranhas em torno. Altos morros de rochas esmagadas e pulverizadas, grandes cones de terra arruinada pelo fogo e manchada por veneno, erguiam-se em fileiras infindáveis como um obseno cemitério, lentamente revelados à luz relutante[643].

C. S. Lewis observou que somente alguém que testemunhara as trincheiras da guerra, em primeira pessoa, poderia ter escrito essa passagem[644]. Para Lewis, foi a capacidade de Tolkien de transformar a realidade em "símbolo" que precipitou a capacidade de descrever a guerra e os resultados da guerra de modo tão eficaz e com tanto realismo penetrante[645]. Isso não sugere que *O Senhor dos Anéis* serve como simples alegoria para os acontecimentos do século XX, uma acusação comum dos críticos de Tolkien. No prefácio de *A Sociedade do Anel*, Tolkien escreveu:

> A guerra de verdade não se parece com a guerra lendária em seu processo ou seu desfecho. Se ela tivesse inspirado ou dirigido a evolução da lenda, certamente o Anel teria sido tomado e usado contra Sauron; este não teria sido aniquilado, e sim escravizado, e Barad-dûr não teria sido destruída, e sim ocupada. Saruman, sem conseguir entrar em posse do Anel, na confusão e nas traições do tempo, teria encontrado em Mordor os elos perdidos de suas próprias pesquisas no saber do Anel, e em breve teria feito seu próprio Grande Anel com o qual desafiaria o autointitulado Soberano da Terra-média. Nesse conflito, ambas as partes considerariam os hobbits com ódio e desprezo: estes não teriam sobrevivido por muito tempo, mesmo como escravos[646].

---

643 TOLKIEN, J. R. R. *As Duas Torres. Op. cit.*, p. 900-10.
644 GROTTA, Daniel. *J. R. R. Tolkien: Architect of Middle Earth. Op. cit.*, p. 52-53. Tolkien igualmente reconhece isso em: CARPENTER, Humphrey (Ed.). *Letters. Op. cit.*, p. 303. Além de enfatizar que os romances de William Morris (1834-1896), também, o influenciaram.
645 LEWIS, C. S. *On Stories and Other Essays on Literature*. New York: Harcourt Brace Jovanovich, 1988. p. 88. Tom Shippey deu continuidade a essa argumentação no excelente livro *J. R. R. Tolkien: Author of the Century*.
646 TOLKIEN, J. R. R. *A Sociedade do Anel. Op. cit.*, p. 33-34.

Capítulo VI | Terra Média e Modernidade

Embora Tolkien odiasse, em especial, Adolf Hitler, os alemães do Terceiro Reich o fascinavam. Os alemães, escreveu numa carta ao filho Michael, eram *"os inimigos cujas virtudes (e são virtudes) da obediência e do patriotismo são maiores do que os nossos na multidão"*. Porque eram liderados por Hitler, contudo, viveram *"sob a maldição de Deus"*. A única coisa que unia os alemães era a perversão de Hitler do mito da Europa setentrional. Tolkien não gostava, de modo particular, do termo "nórdico", o vendo como adulteração da bondade verdadeira e intrínseca dos mitos germânicos. *"Tenho, nesta guerra, uma ardente aversão privada [...] àquele maldito ignorante do Adolf Hitler"*, prosseguiu Tolkien para Michael, pois *"ao arruinar, ao perverter, ao empregar de modo errôneo e amaldiçoar, para sempre, o nobre espírito do Norte, uma contribuição suprema para a Europa que eu teria amado e tentar apresentá-la sob a verdadeira luz. Por acaso, lugar algum foi mais santificado e cristianizado prematuramente que a Inglaterra"*[647]. Ao contrário de muitos dos ingleses eminentes de sua época, Tolkien desejava uma paz branda com os povos alemães, pondo a culpa pela guerra aos pés de Hitler e de seus subordinados imediatos[648]. *"A destruição da Alemanha, seja cem vezes merecida"*, escreveu Tolkien ao filho Christopher em janeiro de 1945, enquanto os tanques soviéticos cruzavam Berlim, *"é uma das catástrofes mundiais mais terríveis"*[649].

Alguns dos críticos de Tolkien — e até alguns dos amigos — alegaram que as obras da Terra Média tolkienianas podem ser lidas como a demonstração de um tipo moderado de fascismo benigno de classe média. Fred Inglis, por exemplo, acredita que Tolkien desejava uma variedade *"de pressão vegetal constante"* inglesa de fascismo. Sobre a temática, escreve Inglis:

> Tolkien não é fascista, mas seu grande mito pode ser tomado como foi o de Richard Wagner (1813-1883), para prefigurar os verdadeiros ideais e nobreza das quais o fascismo é uma tenebrosa negação.

---

647 CARPENTER, Humphrey (Ed.). *Letters. Op. cit.*, p. 55-56.
648 Idem. *Ibidem.*, p. 93.
649 Idem. *Ibidem.*, p. III.

Em vez dos berros estridentes do *Il Duce*, o pentâmetro; em vez de tanques e do "passo de ganso", cavalos, capas e lanças; em vez de Nuremberg, o adeus de Frodo[650].

Os fascistas italianos até mesmo se apropriaram de Tolkien e das suas obras como se fossem deles. Embora somente nos tempos recentes tenham adotado Bilbo Baggins como símbolo, a afiliação com Tolkien começou na década de 1970, quando um editor de direita introduziu pela primeira vez uma versão de *O Senhor dos Anéis* ao público italiano. Ecoando Inglis, o jornalista Nick Farrell assegura aos leitores que Tolkien não era fascista. *"Ainda assim, sua visão de mundo era semelhante, em muitos aspectos, à dos fascistas"*, escreve Farwell. *"Exaltava a ordem, a hierarquia, a vida do campo e o passado místico [e] desprezava a industrialização e a modernização"*[651].

Entretanto, as leituras de Inglis e de Farrell são demasiado simplistas. Como Lewis, Tolkien se opunha fortemente a qualquer forma de tirania. Lewis escreveu de modo penetrante sobre o comunismo e o fascismo, reconhecendo-os como manifestações do afastamento de Deus da modernidade e a aderência ao primeiro pecado *"sereis como deuses"* (*Gênesis* 3,5). Assim como Tolkien, reconhecia que ambas as ideologias continham alguns sinais externos de bondade, mas essências corrompidas. *"O fascismo e o comunismo, como todos os outros males, são potentes por conta do bem que contêm ou imitam"*, escreveu Lewis. *"E, é claro, o motivo deles é o fracasso dos que deixaram a humanidade faminta desse determinado bem. Isso não altera para mim a convicção de que eram realmente muito maus. Uma das coisas das quais devemos nos resguardar é o embrenhar-se de ambos no cristianismo"*[652]. Tolkien escreveu que os santos vivos do mundo moderno eram aqueles *"que, apesar de todas as imperfeições, nunca dobraram a cabeça e a vontade para o mundo e o espírito maligno (em termos modernos,*

---

650 INGLIS, Fred. "Gentility and Powerlessness: Tolkien and the New Class". *In*: GIDDINGS, Robert (Ed.). *J. R. R. Tolkien, This Far Land*. Totowa: Barnes & Noble Books, 1984. p. 40.
651 FARRELL, Nick. "Italian Fascists Take Bilbo Baggins and Gandalf Hostage". *London Sunday Telegraph*, March 26, 2000; KENNEDY, Frances. "Fascists Take Heart from Hobbit Revival". *London Independent*, January 18, 2002, p. 1.
652 LEWIS, W. H. (Ed.). *Letters of C. S. Lewis. Op. cit.*, p. 176.

mas não universais: mecanicismo, materialismo 'científico', socialismo em alguma de suas facções agora em guerra)"[653]

Como muitos dos católicos das décadas de 1930 e 1940, Tolkien acreditava que o comunismo representava uma forma de tirania mais perigosa que o fascismo. Se detestava o fascismo, realmente odiava o comunismo. Muitos dos assim chamados fascistas, cria, tais como Francisco Franco (1892-1975) na Espanha, na verdade protegeram a Igreja Católica, ao passo que os comunistas sempre atacaram qualquer forma de teísmo, substituindo as crenças cristãs pela própria ideologia, de maneira tão rápida e violenta quanto possível[654]. Tolkien ficou especialmente comovido com o aliado brigão de Franco, o poeta Roy Campbell, recém-convertido ao catolicismo. Ao encontrar com Tolkien e Lewis em outubro de 1944, Campbell relatou as atrocidades contra os católicos que eram perpetradas pelos comunistas e socialistas na Espanha. Ao fim da noite, Tolkien concluiu que Campbell era um caminheiro dos dias de hoje (a designação anterior da personagem que se tornaria Aragorn), abarcando o mundo e lutando contra os poderes para defender a glória de Deus. Lewis, embora abalado pela conversa, permaneceu menos convencido da pureza dos motivos de Campbell[655].

Tolkien também temia o comunismo por conta do potencial de fazer o mal após o fim da guerra. *"O que dizer do crisântemo rubro do Oriente?"*, perguntou Tolkien. *"Quando tiver terminado* [a Segunda Guerra Mundial]*, restará às pessoas comuns alguma liberdade (à direita ou à esquerda), terão de lutar por ela ou estarão muito cansadas para resistir?"*[656] Tolkien temia a perda de qualquer parte do Ocidente para os soviéticos, que via como um poder verdadeiramente estrangeiro e oriental, totalmente estranho ao Ocidente. Rotulou a Conferência de Teerã de novembro de 1943, em que os "Três Grandes" transigiam

---

653 CARPENTER, Humphrey (Ed.). *Letters. Op. cit.*, p. 110.
654 Para uma análise mais profunda do ataque comunista ao cristianismo, ver: CHAMBERS, Whittaker. *Witness*, Washington: Regnery, 1952. Esp. p. 3-22.
655 CARPENTER, Humphrey (Ed.). *Letters. Op. cit.*, p. 95. Para uma análise clara de Franco e da guerra civil espanhola, afirmando os pontos de vista de Campbell e de Tolkien, ver: JOHNSON, Paul. *Modern Times: From the Twenties to the Nineties*. New York: Harper Collins, 1991. p. 323-40.
656 CARPENTER, Humphrey (Ed.). *Letters. Op. cit.*, p. 89.

com os princípios e buscavam definir os contornos do mundo pós-guerra, um "sensacionalismo". Tolkien ficava enjoado ao pensar que *"o assassino velhaco sedento de sangue do Josef Stalin estava a convidar todas as nações a ingressar na família feliz de pessoas dedicadas à abolição da tirania e da intolerância"*[657]. O pior cenário que Tolkien podia imaginar era um mundo divivido entre os soviéticos brutais, totalitários, e os americanos comercialmente agressivos. O mundo, previu Tolkien, tornar-se-ia uma entidade homogênea, cosmopolita, com a Inglaterra como mero subúrbio. *"Que a maldição de Babel atinja todas as línguas até que possam dizer apenas 'baa-baa'"*, Tolkien escreveu para Christopher. *"Creio que deveria recusar-me a falar qualquer outra coisa senão o mércio antigo"*[658]. Aqui, Tolkien ecoava Christopher Dawson, amigo íntimo do *Inkling* Robert Emlyn Havard. Somente um ano antes Dawson escrevera: *"Está chegando o tempo em que as cidades se tornarão uma cidade — uma Babilônia que deixa sua marca na mente de todos os homens e mulheres e impõe o mesmo padrão de conduta a todas as atividades humanas"*[659].

Os católicos tinham uma aversão pelo comunismo por conta de dois acontecimentos importantes no final do século XIX e no início do século XX. Primeiro, em 1884, o papa Leão XIII (1810-1903) teve uma visão de demônios vagueando pela Terra no século XX, causando a perdição de muitos. Consequentemetne, compôs a "Oração de São Miguel", que pede a Deus que permita que São Miguel Arcanjo lute com os demônios e com o diabo, e a instituiu como oração final em todas as missas[660]. Não é de surpreender, então, que muitos católicos fiéis do século XX, dentre eles Tolkien, vissem o comunismo como uma irrupção satânica no mundo. Não é coincidência que Tolkien tenha dado Manwë um papel eminente nos assuntos da Terra Média, já que Manwë representa São Miguel.

Segundo, em 1917, em Fátima, Portugal, a Virgem Maria apareceu para três crianças, dando-lhes várias profecias secretas com

---

657 Idem. *Ibidem*., p. 65.
658 Idem. *Ibidem*.
659 DAWSON, Christopher. *O Julgamento das Nações*. Pref. Alex Catharino; trad. Márcia Xavier de Brito. São Paulo: É Realizações, 2018. p. 69.
660 FLYNN, Ted. *Thunder of Justice*. Sterling: MaxKol, 1993. p. 8.

Capítulo VI | Terra Média e Modernidade

relação ao curso do século XX. Uma dessas era a do comunismo se tornar o maior inimigo mundial da Igreja no século XX. A Revolução Bolchevique, no final de 1917, somente meses depois da aparição em Fátima, deu crédito às advertências de Maria. A Igreja rapidamente aprovou a aparição e, sem dúvida, foi outro fator importante no desenvolvimento da crença de Tolkien de que o comunismo era inimigo primário do homem. Ao longo de todo o século, fiéis católicos fizeram orações do rosário pela queda do comunismo e pela conversão da Rússia ao cristianismo. Essa continua a ser uma das grandes histórias não contadas da piedade católica do século XX.

É interessante que, durante a década de 1980, as obras de Tolkien tenham servido como manuais para movimentos clandestinos pela paz, movimentos cristãos e anticomunistas na Europa Oriental e na Rússia[661]. Um ex-dissidente tcheco, Michael Semin, escreveu:

> Mordor era entendido como o "império do mal" da União Soviética. Também era localizado no Oriente. Os anéis, é claro, representam a sedução do demônio de colocar tudo em mãos humanas apenas, sem referência ao fim transcendental do homem. Seguem o caminho do *non serviam* original. Então, o papel especial dos hobbits, criaturas sem poderes especiais ou mágicos, muito simples e, até certo ponto, terrenos. Isso servia para nos recordar que até mesmo os cidadãos tchecos comuns poderiam se colocar contra o totalitarismo do mal sem tanques ou artilharia. Todo o livro também era anti-utópico. Nos ajudava a entender que [...] não deveríamos esperar paraíso algum na Terra[662].

Não surpreende que a União Soviética tenha proibido os livros de Tolkien, compreendendo que Moscou e Mordor eram, em essência, senão em forma, semelhantes. Também temiam que os orcs de Tolkien pudessem representar o proletariado. Não obstante, an-

---

[661] CURRY, Patrick. *Defending Middle-earth: Tolkien, Myth, and Modernity*. Edinburgh: Floris Books, 1997. p. 24.
[662] Carta de Michal Semin para o autor, 13 de novembro de 2000.

tes de 1991, obras fotocopiadas, em tradução ruim, circulavam nos subterrâneos da Rússia⁶⁶³.

***

O mal nem sempre aparece na forma de guerra ou de terror totalitário. Tolkien viu no capitalismo mecânico e impessoal do século XX, e, em especial, suas criadas, as burocracias democráticas do mundo ocidental, uma forma de tirania branda quase tão opressiva quanto o fascismo e o comunismo. Assim como Lewis em *The Abolition of Man* [*A Abolição do Homem*] e *That Hideous Strength* [*Uma Força Medonha*], Tolkien temia os condicionadores democráticos e os "homens sem peito" que planejavam por amor ao planejamento, drenando vida das vastas riquezas e maravilhas. Os burocratas miravam, especialmente, as línguas. A especialidade de Tolkien, e para o autor, o tempero da verdadeira vida. *"Na Inglaterra moderna, o tratamento tornou-se desastrosamente confuso pela interferência maléfica do governo com o objeto habitual dos governos: a uniformidade"*⁶⁶⁴.

Quando Merlin reaparece depois de adormecer por quinze séculos em *Uma Força Medonha*, de Lewis, pergunta onde pode encontrar aliados para combater o mal que ameaça o que resta da cristandade, Ranson responde:

> O veneno foi preparado nas terras do Oeste, mas ele já está espalhado por toda parte agora. Por mais longe que fosse, você encontraria as máquinas, as cidades lotadas, os tronos vazios, os textos falsos, os leitos estéreis: homens enlouquecidos com falsas promessas e amargurados com desgraças verdadeiras, adorando as obras de ferro de suas próprias mãos, isolados da Terra, sua mãe, e de seu pai, no Céu. Você poderia ir tanto para o Leste de modo que o Leste se tornasse Oeste e você voltasse para a Britânia cru-

---

663 PHILPS, Alan. "Young Russians Seek Refuge in Tolkien's Middle Earth". *London Telegraph*, February 12, 1997.
664 TOLKIEN, J. R. R. "English and Welsh". *In*: *The Monsters and the Critics. Op. cit.*, p. 182.

Capítulo VI | Terra Média e Modernidade

zando o grande Oceano, mas mesmo assim em parte alguma você teria conseguido sair para a luz. A sombra de uma asa escura encobre Tellus por inteiro[665].

Democracia, a nova palavra da moda na Inglaterra durante a guerra, nada era senão uma impostura, segundo Tolkien. Na Grécia antiga, a democracia serviu como um nome de fantasia para a lei do populacho. Qualquer cidade-Estado grega, vale a pena ser lembrada, escreveu Tolkien, exatamente por conta da capacidade centralizada de mobilizar e atacar outro poder[666]. Ademais, argumentou Tolkien, a democracia naturalmente põe fim à escravidão. *"Não sou um 'democrata' somente porque a 'humildade' e a igualdade são princípios espirituais corrompidos pela tentativa de mecanizá-los e formalizá-los, com a consequência de que não obtemos pequenez e humildade, mas grandeza universal e orgulho, até que alguns orcs se apoderem de um anel de poder – e então, obtemos e continuamos obtendo escravidão"*[667], lamentou Tolkien, ecoando vários críticos da democracia, desde o ateniense Platão, em *A República*, no final século V a.C., até o normando Alexis de Tocqueville (1803-1859), em *A Democracia na América*, em meados do século XIX.

***

Tolkien nunca referiu a si mesmo como membro de um ou outro dos partidos políticos da Inglaterra, embora parecesse ser mais favorável aos conservadores que aos trabalhistas[668]. No entanto, ao discutir, em 1965, a influência de seu pai substituto, o padre Morgan, Tolkien afirmou que os ensinamentos do padre *"penetraram*

---

665 LEWIS, C. S. *Uma Força Medonha*. Trad. Waldéa Barcellos. São Paulo: WMF Martins Fontes. 2013. p. 303.
666 CARPENTER, Humphrey (Ed.). *Letters. Op. cit.*, p. 107.
667 Idem. *Ibidem.*, p. 246.
668 Edith, a mulher de Tolkien, afirmou sua antipatia ao Labor Party [Partido Trabalhista]. Tolkien não comentou, mas apenas ouviu. Provavelmente, concordava com ela. Ver: SAYER, George. "Recollections of J. R. R. Tolkien". *Op. cit.*, p. 15. John Wain, o membro mais jovem dos *Inklings*, escreveu que os *Inklings "davam por certo que um governo trabalhista era inimigo de tudo o que defendiam"*. Ver: WAIN, John. *Sprightly Running. Op. cit.*, p. 181.

até mesmo na escuridão 'liberal' de onde vim"[669]. Noutras ocasiões, revelou as próprias opiniões políticas de modo um tanto enérgico. *"Minhas opiniões políticas tendem cada vez mais para a anarquia (filosoficamente entendida, indicando a abolição do controle e não homens de suíças com bombas) – que para uma monarquia 'inconstitucional'"*, Tolkien escreveu para o filho Christopher. *"Eu prenderia quem quer que empregasse a palavra Estado (em qualquer sentido diferente do reino inanimado da Inglaterra e seus habitantes, algo que não é poder, direito nem mentalidade); e após uma oportunidade de retratação, executá-los, caso permanecessem obstinados!"*[670].

Ao odiar máquinas e qualquer matiz de socialismo – comunista, fascista ou democrático – a verdadeira afeição de Tolkien se aferrava à sociedade rural e agrária. De Tolkien, "certa vez observei que o sentimento a respeito do lar deve ter sido muito diferente na época em que a família tinha de comer da produção dos mesmos poucos quilômetros do país por seis gerações, e que talvez, isso assim fosse porque viam ninfas nas fontes e dríades no bosque – eles não estavam enganados, pois havia um sentido de verdadeira (não metafórica) conexão entre eles e o campo", Lewis escreveu a um amigo íntimo. "O que fora terra e ar e depois, milho e ainda mais tarde, pão, realmente estava neles". Em vez disso, concluiu Tolkien, segundo Lewis, *"Somos homens sintéticos, desenraizados. A força das montanhas não é nossa"*[671]. No seu diário, em 1933, Tolkien registrou:

> Fico angustiado ao passar por Hall Green – tornou-se um subúrbio enorme, cruzado por bondes, sem sentido, onde, na verdade, me perdi – e, por fim, chegar no que restou das amadas terras da infância e passar defronte ao portão de nosso chalé, agora no meio de um mar de tijolos vermelhos novos. O antigo moinho ainda está de pé, e ainda é possível avistar a sra. Hunt na estrada quanto subimos a colina, mas a cruz além do charco, agora cercado, onde campos de campânulas iam até o campo do moinho, agora é uma travessia

---

669 CARPENTER, Humphrey (Ed.). *Letters. Op. cit.*, p. 354.
670 Idem. *Ibidem.*, p. 63.
671 HOOPER, Walter (Ed.). *They Stand Together: The Letters of C. S. Lewis and Arthur Greeves, 1914-1963*. New York: Macmillan, 1979. p. 363-64.

Capítulo VI | Terra Média e Modernidade

perigosa com motores e luzes vermelhas. A casa do Ogro Branco (que as crianças ficavam animadas para ver) tornou-se um posto de gasolina, e a maior parte da Short Avenue e os elmos entre ela e a travessia já não estão mais lá. Como invejo aqueles cuja paisagem preciosa ainda não foi exposta a tais mudanças tão violentas e particularmente hediondas"[672].

Sempre que se deparava com o campo destruído pelas forças da industrialização, o humor de Tolkien mudava dramaticamente, e ele falava dos orcs e de suas devastações[673]. *"Os pavorosos orcs, que parecem o exército chinês, os nazistas, e nossas estradas e ruas são como aparenta ser a humanidade quando a deferência é substituída pelo poder e a civilização pela eficiência"*, escreveu, de modo perceptivo, Guy Davenport no obituário de Tolkien[674].

Segundo Joseph Pearce e Colin Wilson, ambos estudiosos de Tolkien, as ideias agrarianas e distributistas de Hilaire Belloc (1870-1953) e de G. K. Chesterton influenciaram muito J. R. R. Tolkien[675]. Como os agrarianos jeffersonianos, os distributistas argumentavam que a propriedade privada deveria ser dividida o mais igualmente possível, e distribuída entre muitos em vez de ficar concentrada nas mãos de uns poucos. Viam-se como uma via média entre o socialismo centralista estatal e o capitalismo livre, que, criam, tendia à concentração e ao monopólio. *"Que nossa sociedade livre moderna, em que os meios de produção pertencem a poucos, estando, necessariamente, em equilíbrio instável"*, Belloc escreveu no seu livro de 1912, *The Servile State* [*O Estado Servil*], *"tende a alcançar uma condição de equilíbrio instável por meio da instituição de um trabalho compulsório, legalmente aplicável àqueles que não possuem meios de produção, em proveito dos que possuem"*[676].

---

672 Citado em: CARPENTER, Humphrey. *Tolkien. Op. cit.*, p. 124-25.
673 SAYER, George. *Liner notes to J. R. R. Tolkien Reads and Sings His Lord of the Rings*. Caedmon CDL5 1478.
674 DAVENPORT, Guy, "J. R. R. Tolkien, RIP", *National Review*, September 28, 1973, p. 1043.
675 PEARCE, Joseph. *Tolkien: Man and Myth. Op. cit.*, p. 153-181; WILSON, Colin. *Tree by Tolkien. Op. cit.*
676 BELLOC, Hilaire. *The Servile State. Op. cit.*, p. 39.

O MITO SANTIFICADOR DE J. R. R. TOLKIEN | BRADLEY J. BIRZER

Ademais, se não possuem terras individuais, tendem a se tornar sofisticados urbanos, afirmavam Belloc e Chesterton, destruindo, assim, a continuidade entre gerações que se fundamenta em ter raízes na comunidade. Finalmente, sem terra, a autonomia econômica individual é diminuída drasticamente. Dito de modo simples, os distributistas desejavam uma nação de classe média de proprietários de pequenas fazendas e lojas, independentes e autônomos, uma nação que promovesse, e não retardasse, a descoberta e o desenvolvimento dos dons de Deus de cada indivíduo único. Belloc, Chesterton e seus aliados, de modo algum foram os primeiros a defender essa visão. Filósofos políticos republicanos clássicos, do romano Marco Túlio Cícero ao inglês James Harrington (1611-1677) e ao norte-americano Thomas Jefferson (1743-1826), todos, afirmaram que herdades rurais, descentralizadas, melhor fomentariam uma cidadania virtuosa[677].

Em um dos argumentos mais importantes, os distributistas alegam que, com a perda das terras, da independência e da fé, os homens e mulheres modernos sem raízes, se voltariam a novos símbolos e novos mitos nos quais se fundamentariam. *"Existe uma nova religião que não é, exatamente, o culto ao Estado, mas a adoração ao corpo coletivo (anteriormente chamado de Inglaterra, agora, mui comumente denominado Império), do qual o indivíduo é membro"*, escreveu Belloc[678]. O Império, advertiu Belloc, tornava-se para o inglês secularizado uma entidade sacrossanta, auto-justificativa. Tolkien concordou, e ao desafiar a tendência, proclamou durante a Segunda Guerra Mundial: *"Eu amo a Inglaterra (não a Grã-Bretanha e, por certo, não a Commonwealth britânica [grr!])"*.

Os distributistas e outros, como Tolkien, que desconfiavam do Estado secular, centralizado e moderno, viam seus pontos de vista ecoar a doutrina social da Igreja Católica. As encíclicas *Aeterni Patris* (Sobre a Restauração da Filosofia Cristã), de 4 de agosto 1879, e *Rerum*

---

677 Para melhor análise do pensamento republicano por toda a história ocidental, ver: RAHE, Paul. *Republics: Ancient and Modern*. Chapel Hill: University of North Carolina Press, 1992.
678 BELLOC, Hilaire. "The Modern Man". *In*: AGAR, Herbert & TATE, Allen (Eds.). *Who Owns America?: A New Declaration of Independence*. Wilmington: ISI Books, 1999. p. 434.

CAPÍTULO VI | TERRA MÉDIA E MODERNIDADE

Novarum (Sobre a Condição do Trabalho), de 15 de maio de 1891, ambas do papa Leão XIII, ofereceram mapas especialmente eficazes para o desenvolvimento de uma verdadeira filosofia social[679].

* * *

O Condado apresenta a concepção de Tolkien da república agrária ideal. O Condado é uma sociedade pré-moderna e os hobbits que ali vivem sempre parecem inocentes e infantis porque o são: vivem em uma época pré-cínica. Como fazendeiros, lojistas e artesãos, os hobbits vivem a boa vida. Comem, bebem, fumam, discutem, fazem mexericos e também colecionam muitos presentes ("mathom"), fazem jardinagem e amam. *"Os hobbits são um povo discreto, mas muito antigo, mais numeroso outrora do que hoje em dia; pois amam a paz e a tranquilidade e uma boa terra lavrada: uma área rural bem ordenada e bem cultivada era seu pouso favorito"*, escreveu Tolkien no "Prólogo" de *A Sociedade do Anel*. O autor continua esta narrativa, afirmando que os hobbits *"não compreendem e não gostam de máquinas mais complicadas que um fole de forja, um moinho d'água ou um tear manual, apesar de que eram habilidosos com ferramentas"*[680].

Tolkien confessou que o Condado foi formulado segundo a Inglaterra pré-industrial de sua juventude. *"O Condado é baseado na Inglaterra rural e não em qualquer outro país do mundo"*, escreveu Tolkien para seu editor. *"A toponímia do Condado, ao tomarmos o primeiro rol, é uma 'paródia' daquela Inglaterra rural, no mesmo sentido dos habitantes: unem-se e devem permanecer unidos"*[681]. Politicamente, o Condado é, como C. S. Lewis o descreveu, *"quase anárquico"*[682]. Tolkien referiu-se a ele como *"meio república, meio aristocracia"*, indicando, essencialmente, uma sociedade jeffersoniana isolacionista governada por elites naturais[683]. Em tal sociedade, boa parte da reputação da pessoa vem da família e do parentesco. Bilbo Baggins, por exemplo, é

---

679 DAWSON, Christopher, *O Julgamento das Nações*. Op. cit., p. 72-73.
680 TOLKIEN, J. R. R. *A Sociedade do Anel*. Op. cit., p. 37.
681 CARPENTER, Humphrey (Ed.). *Letters*. Op. cit., p. 250.
682 LEWIS, C. S. *On Stories*. Op. cit., p. 85.
683 CARPENTER, Humphrey (Ed.). *Letters*. Op. cit., p. 241.

parte Tûk, uma das famílias mais ousadas do condado. Antes da jornada relatada em *O Hobbit*, Galdalf dirige-se a Bilbo quase exclusivamente por esse motivo. No Condado, o *"chefe dos Tûk"*, ostentava o título nominal de *"Thain"*, que em um passado remoto era um cargo que dava o poder de *"senhor do Tribunal do Condado, e capitão das tropas do Condado e dos Hobbits-em-Armas"*[684], semelhante às sociedades indígenas à função de um "cacique de tribo". Nenhum hobbit ou grupo de hobbits decretava novas leis. Ao contrário, os hobbits voluntariamente obedeciam às leis de um rei ausente por mil anos. Essas leis eram conhecidas como *"As Regras"* porque eram *"tanto antigas como justas"*[685]. Em emergências, que eram poucas e espaçadas, o cabeça da família Tûk servia como presidente do Tribunal do Condado (uma espécie de Parlamento) e como líder da milícia local. Doze condestáveis policiavam o Condado, usando uma pena nos chapéus para identificação. A principal tarefa era capturar animais extraviados. Um grupo de homens também patrulhava a fronteira do Condado para que *"os forasteiros de qualquer tipo, grandes ou pequenos, não se transformassem incômodos"*[686].

As famílias no Condado, todavia, normalmente se protegiam. Uma das famílias hobbit mais poderosas e independentes, os Brandebuque, viviam nos limites do Condado em um tipo de colônia de hobbit chamado "Terra dos Buques". O chefe da família, o "Senhor da Sede", detinha considerável poder sobre o próprio grupo de aparentados. Para se protegerem, os Brandebuque, por gerações, contruíram uma cerca-viva de vinte milhas de comprimento, conhecida como *"Sebe Alta"*[687]. Quando os três espectros do Anel apareceram na Terra dos Buques, procurando por Frodo e pelo Anel, as tradições há muito mantidas, mas em geral desnecessária, se mostraram eficazes. Ao sinalizar perigo, *"soou uma trompa. Ela rasgou a noite como fogo no topo da colina. — DESPERTEM! MEDO! FOGO! INIMIGOS! DESPERTEM!"*[688] Os Brandebuque pegaram em armas e vieram em socorro, expulsando o mal, ao menos naquela ocasião.

---

684 TOLKIEN, J. R. R. *A Sociedade do Anel. Op. cit.*, p. 49.
685 Idem. *Ibidem.*, p. 49.
686 Idem. *Ibidem.*, p. 50.
687 Idem. *Ibidem.*, p. 165.
688 Idem. *Ibidem.*, p. 266.

Capítulo VI | **Terra Média e Modernidade**

Em um dos capítulos mais politicamente interessantes de *O Senhor dos Anéis*, "O Expurgo do Condado", Frodo, Sam, Merry e Pippin retornam e encontram o Condado transformado em um Estado industrial fascista, governado pelo "Chefe". O Chefe criou fábricas de fumaça, construiu casas feias para substituir as tocas dos Hobbits e derrubou fileiras de árvores, hortas e lares, desalojando vários hobbits. O Chefe instituiu novas regras, a maioria, regras taxando e regulando o uso e o consumo de objetos comestíveis e vários materiais. Como um ditador puritano, o Chefe também baniu a cerveja. Os hobbits foram escravizados, trabalhando sob olhares vigilantes de gangues de homens. Talvez, o mais perturbador, fossem os vários hobbits que colaboravam com os valentões fascistas. *"Isto é pior que Mordor!"*, disse Sam. *"Muito pior, de certo modo. Atinge a gente, como dizem, porque é nossa casa, e lembramos dela antes que estivesse toda arruinada"*[689].

Os hobbits, é claro, saem vitoriosos contra o Chefe e seus homens. Sob a liderança de Sam, Merry e Pippin, os hobbits respondem, emitindo o tradicional alarme de perigo. Muito rapidamente, e apenas com pouco derramamento de sangue, graças à influência do agora pacifista Frodo, os hobbits tomam o governo do Condado, expulsando os homens e o líder deles, Sharkey.

A parte mais difícil, como em qualquer guerra, é a limpeza. Trabalhando como uma comunidade coesa e harmoniosa, os hobbits libertam os prisioneiros políticos, muitos dos quais estavam quase morrendo de fome, derrubam uma das fábricas, reconstroem as hortas dos condados. Sam replanta árvores por todo o Condado, usando um grão do dom misterioso de Galadriel em cada plantinha. Na primavera seguinte, o Condado voltou ao normal, abençoado pelos esforços de Sam e pelo presente de Galadriel. De fato, o Condado nunca experimentou uma primavera ou verão como aquele. O ano de 1420, no Condado, testemunhou:

> [...] um ar de riqueza e crescimento e um lampejo de beleza além da dos verões mortais que tremeluzem e passam nesta Terra-média. Todas as crianças nascidas ou concebidas naquele ano, e foram

---

689 TOLKIEN, J. R. R. *O Retorno do Rei. Op. cit.*, p. 1447.

muitas, eram belas de se ver e fortes, e a maioria tinha lindos cabelos dourados que antes foram raros entre os hobbits. As frutas foram tão abundantes que os jovens hobbits quase se banhavam em morangos e creme; e mais tarde sentavam-se nos gramados sob as ameixeiras e comiam até fazerem montes de caroços como pequenas pirâmides, ou como crânios empilhados de um conquistador, e depois seguiam adiante. E ninguém adoecia, e todos estavam contentes, exceto os que tinham de cortar a grama[690].

Tolkien não era um republicano estrito, no sentido clássico, muito embora o Condado sugira tal leitura. Como muitos católicos de sua época, Tolkien guardou, por toda a vida, uma predileção pela monarquia[691]. No entanto, indireta ou imaginariamente, o Condado era governado por um monarca por quase mil anos antes da coroação de Aragorn. Não importava que o rei não existisse. Os membros do Condado agiam como se ele existisse. A história de Tolkien, portanto, reflete fielmente a imagem do *"bom rei"* que permaneceu potente na imaginação dos católicos do período. *"Depois das calamidades da Reforma, da Guerra Civil Inglesa, das Revoluções Gloriosa, Francesa, Industrial e Russa etc."*, explica Charles Coulombe, *"o rei se tornou [...] o líder exilado dos fiéis, que só ao retornar faria voltar os velhos costumes, e poria fim à mudança e à inquietude"*[692]. Aragorn representa o rei ideal: nobre, cavalheiresco, poderoso e curador.

* * *

"Minha opinião sobre os assuntos atuais não é tão deprimente como a de algumas pessoas", disse Tolkien a um entrevistador em 1966:

Devo dizer que estou um tanto assustado ao notar que gregos tenham um pouco de razão ao dizer que aqueles que os deuses desejam destruir, primeiro, eles os levam à loucura. Nosso mundo mo-

---

690 Idem. *Ibidem.*, p. 1455.
691 Isso pode muito bem ter brotado dos escritos de Santo Tomás de Aquino, favorável ao reino cristão. Ver: SANTO TOMÁS DE AQUINO. *Suma contra os Gentios*. Livro I.
692 COULOMBE, Charles A. "The Lord of the Rings – A Catholic View". *Op. cit.*, p. 56.

Capítulo VI | Terra Média e Modernidade

derno é como a torre de Babel – barulho insano e confusão. No entanto, creio que uma historieta possa curar. Viver no final do século XVI pode ter sido igualmente ruim, mas não havia tantas pessoas ao redor.

Hoje, as máquinas destruíram *"certas coisas que eram boas, que eram belas, que eram mais saudáveis para a pessoa humana"*[693]. Não podemos, contudo, escolher nossa época e lugar, somente o que fazemos com o tempo que nos é dado. *"Olho ao Leste, Oeste, Norte e Sul, e não vejo Sauron"*, Tolkien disse a uma plateia holandesa. *"Mas vejo que Saruman tem muitos descendentes. Nós, hobbits, não temos contra eles armas mágicas. Ainda assim, meus gentis hobbits, brindo-vos assim: Aos hobbits, que sobrevivais aos Sarumans e vejais novamente a primavera nas árvores"*[694]. Tolkien escreveu para Lewis, em desafio:

> Não seguirei seus símios progressivos,
> eretos e sapientes. Caem vivos
> nesse abismo ao qual seu progresso tende –
> se por Deus o progresso um dia se emende
> e não sem cessar revolva o batido
> curso sem fruto com outro apelido[695].

---

[693] RESNIK, Henry A. "The Hobbit-Forming World of J. R. R. Tolkien". *Saturday Evening Post*, June 2, 1966, p. 94.
[694] Citado em: CARPENTER, Humphrey. *Tolkien. Op. cit.*, p. 225-26.
[695] No original: *I will not walk with your progressive apes, / erect and sapient. Before them gapes / the dark abyss to which their progress tends / — if by God's mercy progress ever ends, / and does not ceaselessly revolve the same / unfruitful course with changing of a name*. A tradução pode ser encontrada em: TOLKIEN, J. R. R. "Mythopoeia". *In*: LOPES, Reinaldo José. *A Árvore das Estórias: Uma proposta de tradução para* Tree and Leaf, *de J. R. R. Tolkien. Op. cit.*, p. 160.

Conclusão

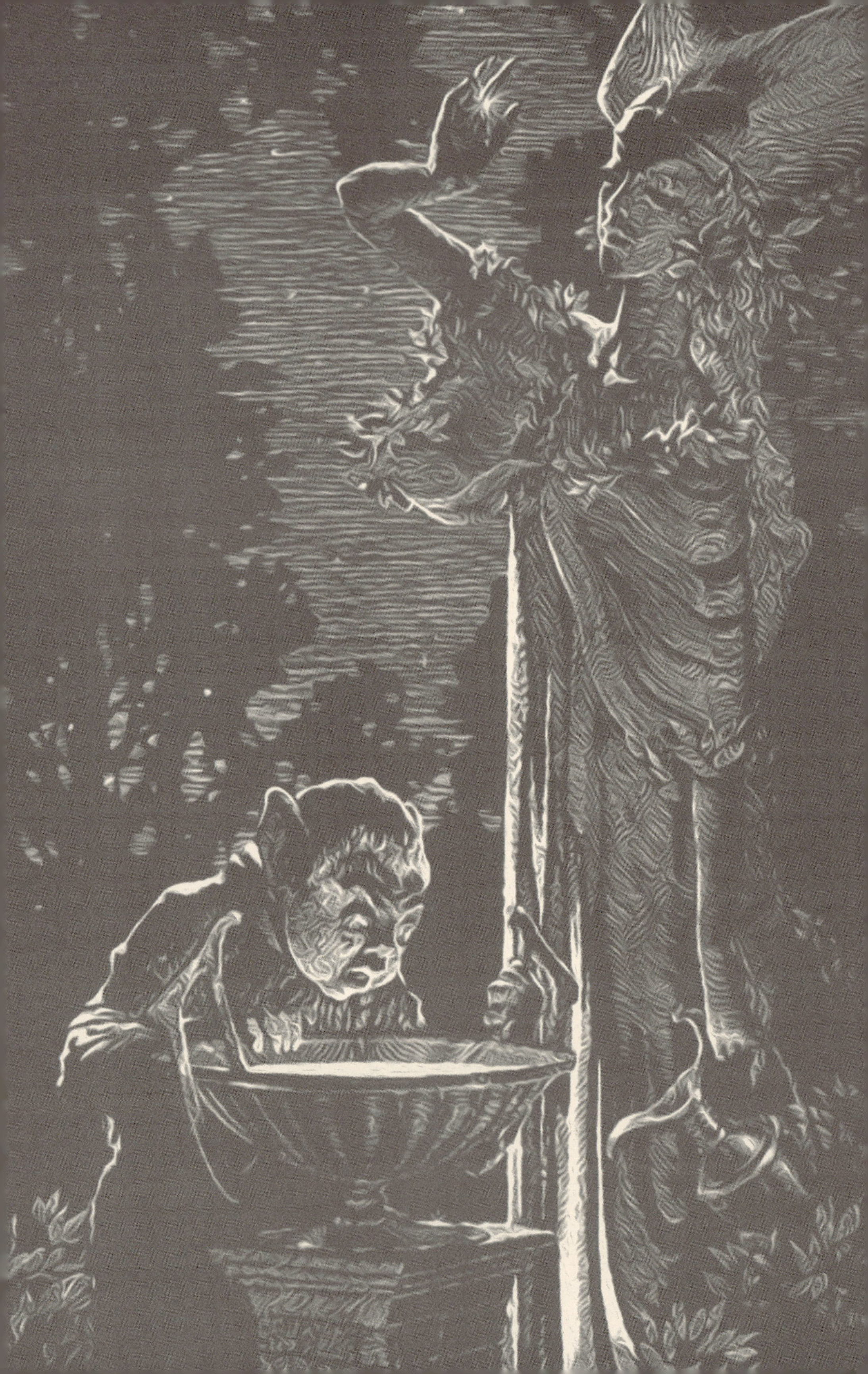

A Proclamação da Natureza da Graça

No verão do ano 2000, uma igreja unitarista em Bloomington, Indiana, realizou um fórum na cidade para debater o ataque ecoterrorista que fora recentemente perpetrado por um grupo autodenominado *Environmental Liberation Front* [Frente de Libertação Ambiental] ou E. L. F. Esse grupo pôs fogo em uma casa que estava sendo construída numa área supostamente frágil em termos ecológicos. Assim que as atividades do fórum estavam por começar, um advogado representando um grupo ambientalista chamado Elf Lore apareceu com uma citação alegando o uso impróprio do termo e da palavra "E. L. F.". Disse um membro do Elf Lore, apontando para o porta-voz da Frente de Libertação Ambiental, *"Vocês não são de modo algum elfos, mas orcs!"*[696]

---

[696] Correspondência de John Dichtl, Bloomington, Indiana, para o autor em Hilsdale, Michigan, em 30 de junho de 2000. *E-mail* com o autor. Por conta da associação constante com o E. L. F., o Elf Lore, grupo ambientalista inspirado em Tolkien, desde então mudou o nome da organização para "Lothorien".

O MITO SANTIFICADOR DE J. R. R. TOLKIEN | BRADLEY J. BIRZER

O Elf Lore, tido como uma tentativa de viver a mensagem dos hobbits de comunalismo e harmonia com a natureza, é apenas um exemplo dos grupos ambientalistas inspirados em J. R. R. Tolkien que se desenvolveram, primeiramente, nos anos 1960 e início dos anos 1970. De fato, a associação de Tolkien com a rebelião da juventude dessa época é um dos motivos pelos quais, com poucas exceções notáveis, várias gerações de acadêmicos viram a mitologia de Tolkien como algo um tanto psicodélico, uma história de "capa e espada". Harold Bloom (1930-2019), por exemplo, argumentou que *O Senhor dos Anéis* é *"inflado, de estilo muito elaborado, tendencioso e moralista ao extremo. Não seria uma obra histórica gigantesca?"*[697] Expondo de modo simples, escreve Bloom, Tolkien *"foi de encontro a uma necessidade dos primórdios da contracultura"*[698]. Especificamente, a necessidade de escape. *"Não enterramos todas aquelas coisas com óleo de Patchouli e LSD?"*, perguntou um comentarista escocês. *"Os sábios recordarão que o fanatismo por Tolkien há muito tem sido um barômetro de idiotice e falta de higiene pessoal"*[699].

Na verdade, a reputação crítica de Tolkien não ajudou quando livros como *The Tolkien Reader*, reimpresso pela Ballantine Books na primavera de 2002, apareceu com capa psicodélica. Nesse livro, o professor conservador e católico de Oxford parece ter acabado de tomar ácido.

É interessante especular o que Tolkien teria achado de tudo isso. Sem dúvida, não necessariamente teria reconhecido os ambientalistas modernos como aliados. Diferente de alguns ecologistas radicais, não acreditava que para a natureza ser preservada e respeitada a humanidade deveria ser desvalorizada. Ao contrário, acreditava que o mundo natural era um dom de Deus e que o homem era obrigado a agir como um administrador. Na história inacabada da quarta era, "A Nova Sombra", Tolkien abordou diretamente a questão.

---

697 BLOOM, Harold. *J. R. R. Tolkien*. Philadelphia: Chelsea House Publishers, 2000. p. 1.
698 Idem. *Ibidem.*, p. 1-2. Para um relato melhor e um resumo da miríade de críticos de Tolkien, ver o seguinte ensaio muito perspicaz: CURRY, Patrick. "Tolkien and His Critics: A Critique", *In*: HONEGGER, Thomas (Ed.). *Root and Branch: Approaches towards Understanding Tolkien*. Zurich: Walking Tree Publishers, 1999. p. 81-148.
699 MCGILL, Hannah. "Youth Culture Risks Picking up a Filthy Hobbit". *The Scotsman*, November 3, 2000, p. 5.

Conclusão | A Proclamação da Natureza da Graça

Falaste do julgamento das árvores nessas questões. Entretanto, árvores não são juízes. Os filhos do Um são os mestres. Meu juízo, como um deles, tu já o sabes. Os males do mundo não estavam, primeiramente, no grande Tema, mas ingressaram com as discordâncias de Melkor. Os homens não vêm com essas discórdias; ingressam depois, como uma coisa nova diretamente de Eru, o Uno, e portanto, são chamados de seus filhos, e tudo isso estava no Tema que tinham, para o próprio bem, o direito de usar — e com razão, sem orgulho ou devassidão, mas com reverência[700].

"Na verdade, a natureza começa a relacionar-se conosco quando começamos a habitá-la, quando, nela, começa a cultura", escreveu Romano Guardini em meados dos anos 1920.

A cultura, então, desenvolve-se e, pouco a pouco, a natureza é remodelada. Criamos nosso próprio mundo, moldado por pensamentos e controlado, não apenas pelos impulsos naturais, mas pelos fins que instituímos para que sirvamos como seres intelectuais e espirituais, um ambiente que está relacionado conosco e que vem a existir por meio de nós[701].

Na mitologia de Tolkien, Valfenda é o que melhor representa o viver com a natureza, o Condado representa o uso agrário da natureza e Orthanc e Mordor representam a exploração, o domínio e, consequentemente, a destruição da natureza.

Tolkien também lidou com a adoração à natureza com a personagem de Radagast, um dos Istari que se torna tão enamorado da natureza e da criação que, por fim, abandona o autor. Ele até involuntariamente ajuda Saruman na captura e prisão de Gandalf, no princípio da Guerra do Anel. Conhecido como primo de Gandalf, Radagast, o Castanho, vive na fronteira Sul da Floresta das Trevas e *"é um Mago de valor, mestre das formas e mudanças de cor; e tem grande sa-*

---

700 TOLKIEN, J. R. R. "The New Shadow". *In: The Peoples of Middle-earth. Op. cit.*, p. 413.
701 GUARDINI, Romano. *Letters from Lake Como. Op. cit.*, p. 10.

ber sobre as ervas e animais, e as aves em especial são suas amigas"[702]. Se Gandalf incorpora os elementos de São Bonifácio e de Odin, Radagast incorpora os elementos de São Francisco de Assis (1181-1226) e a personagem mitológica tcheca de Radagast, muitas vezes imaginada como um domador de pássaros[703]. Como São Francisco, Radagast é descrito em *O Silmarillion* como *"amigo de todas as feras e pássaros"*[704] e, nos *Contos Inacabados* com trajes *"castanho da terra"*[705], como um franciscano. Ao apaixonar-se demais pela natureza e esquecer sua missão de ajudar a Terra Média na luta contra Sauron, contudo, ele auxilia o inimigo ao emprestar-lhe pássaros como mensageiros e, por fim, como espiões. *"'Radagast, o Castanho!', riu-se Saruman, e não escondia mais seu desprezo"*[706] – mas verdadeiro. Ficamos imaginando se Tolkien também pretendeu fazer um comentário sobre o pensamento de São Francisco.

Os ambientalistas não são os únicos que reivindicaram o legado de Tolkien. Talvez, mais preponderante sejam as legiões de escritores de fantasia, de leitores de fantasia, de jogadores de cartas colecionáveis (tais como *Magic: The Gathering*) e de RPG, como *Dungeons and Dragons*. Embora a fantasia como um meio transmissor exista há milhares de anos, a comercialização e a categorização da fantasia como um gênero distinto começou nos anos 1960 com a imensa popularidade de Tolkien. Às vezes, parece quase impossível não ler *"Finalmente, um sucessor digno de Tolkien"*[707], no verso de um livro de fantasia. Ainda que Tolkien não tenha inventado a fantasia, *"ele a elevou e a redefiniu, a ponto de ela nunca mais ser a mesma"*, como afirmou o aclamado autor de fantasia, George R. R. Martin[708]. Tolkien *"teve muitos imitadores, imitadores de imitadores e imitadores de imi-*

---

702 TOLKIEN, J. R. R. *A Sociedade do Anel. Op. cit.*, p. 369.
703 Patrick Curry discute o Radagast tcheco em: CURRY, Patrick. *Defending Middle-earth. Op. cit.*, p. 114.
704 TOLKIEN, J. R. R. *O Silmarillion. Op. cit.*, p. 392.
705 Idem. *Contos Inacabados. Op. cit.*, p. 515.
706 Idem. *A Sociedade do Anel. Op. cit.*, p. 371.
707 ROTHSTEIN, Edward. "Flaming Swords and Wizards' Orbs". *New York Times Book Review*, December 8, 1996. p. 60.
708 MARTIN, George R. R. "Introduction". *In*: HABER, Karen (Ed.). *Meditations on Middle-earth*. New York: St. Martin's Press, 2001. p. 3.

Conclusão | **A Proclamação da Natureza da Graça**

tadores de imitadores, até que algumas jornadas heroicas de fantasia pareçam nada além de a sexta geração fotocopiada e obscura de uma grande obra", reclama o historiador profissional e romancista Harry Turtledove[709]. Muitas histórias de fantasia são, na melhor das hipóteses, histórias do bem contra o mal, ao passo que um bom número nada são senão elucubrações bizarras sobre medievalismo falso e ocultismo. Como escreve Jane Yolen, a fantasia, muitas vezes, *"degenerou em uma espécie de bobagem mítica – elfos de tanga de peles, unicórnios em tons pastel, espadas falantes tímidas, paisagens medievais padrão com o número necessário de tabernas sujas, magos maléficos e seres de pés peludos de vários credos sexuais"*[710]. Ursula Le Guin (1929-2018), uma das maiores autoras de fantasia vivas, argumenta que *"a fantasia co-modificada não traz riscos: nada inventa, mas imita e banaliza. Segue por privar as antigas histórias das complexidades intelectuais e éticas, transformando a ação em violência, os atores em bonecos e o dizer a verdade em platitudes sentimentais"*[711]. Tolkien encontraria pouco em comum com o gênero fantástico contemporâneo. Para Tolkien, o feérico e o mito tinham significados muito além de quaisquer coisas que os autores de fantasia contemporâneos e fãs imaginam.

Não obstante, o atrativo à fantasia de Tolkien é responsável, em grande parte, pela disseminação imprevisível de sua popularidade. Por exemplo, a popularidade de Tolkien na Rússia subiu muito desde a queda do comunismo[712]. Alguns fã-clubes de Tolkien na Rússia simplesmente se encontram para debater Tolkien e o significado de sua mitologia. Outros, entretanto, levam isso muito mais

---

[709] TURTLEDOVE, Harry. "The Ring and I". *In*: *Meditations on Middle-earth. Op. cit.*, p. 69. Ver também: FULLER, Edmund. "Catnip for Hobbit Lovers". *Wall Street Journal*, July 24, 1984.

[710] YOLEN, Jane. "Introduction". *In*: GREENBERG, Martin H. *After the King: Stories in Honor of J. R. R. Tolkien*. New York: Tor. 1992, p. ix.

[711] Citado em: ANDERSON, Douglas A. "Tolkien after All These Years". *In*: *Meditations on Middle-earth. Op. cit.*, p. 139-40.

[712] *O Senhor dos Anéis* foi publicado pela primeira vez na Rússia em 1982. Antes disso, a pessoa tinha de encontrá-lo em "cópias clandestinas – impressões mimeografadas de uma tradução datilografada. O Kremlin também suspeitava que a terra do mal de Tolkien, Mordor, era realmente a Rússia e os brutais orcs eram uma difamação do nobre proletariado". Em: PHILPS, Alan. "Young Russians Seek Refuge in Tolkien's Middle Earth". *London Telegraph* (versão eletrônica), 12 de fevereiro de 1997, *Op. cit*. Os comunistas, é claro, estavam certos em suspeitar da trilogia. Tolkien os detestava.

longe, vestidos em falsos trajes medievais e reunindo-se em lugares como o Parque Gorki para, como explicou uma fã, *"representar cenas das fantasias, não só de Tolkien, mas de autores como os irmãos Strugatsky e Ursula Le Guin. As pessoas vêm de carona de todas as partes do país. Às vezes, aparecem umas quinhentas. Dividimos em campos e lutamos com espadas"*[713].

"Levaram-me colina acima para Eglador, ou a Terra Esquecida", escreve um repórter, *"onde dúzias de adolescentes se reuniam em torno de uma pequena fogueira. Todos os tipos de jovens estavam ali* – punks, hippies, *fãs de* heavy metal – *mas as pequenas diferenças não eram importantes se comparadas ao amor comum por Tolkien. Pareciam ser a nata intelectual da juventude russa"*[714]. Por que os russos são tão atraídos por Tolkien? Devem ver em seu mundo um escape da anarquia social:

> Os jovens que se recordam do antigo sistema estão, instintivamente, tentando redescobri-lo. A propaganda comunista soviética se foi, mas eles encontram muitas das mesmas regras no mundo místico medieval de Tolkien. As personagens de Tolkien vivem pelo princípio do bem público superior às necessidades privadas. Os mesmos princípios foram martelados pelos comunistas em meninos e meninas[715].

Na antiga república soviética do Casaquistão, os seguidores de Tolkien, conhecidos lá, assim como na Rússia, como Tolkienisti, foram presos por portar "armas escondidas", tais como machados de borracha e espadas de madeira, que usam para simular batalhas[716]. O governo pró-islâmico do Casaquistão tem aprisionado tais devotos tolkienianos por serem *"satanistas e conduzirem rituais das trevas"*[717].

---

713 WOMACK, Helen. "Teenage Elves, Goblins Frolic in Gorky Park". *Moscow Times*, January 10, 1998.
714 Idem. *Ibidem*.
715 PHILPS, Alan. "Young Russians Seek Refuge". *Op. cit.*
716 NELSON, Craig. "Kazakhstan Crackdown on Human Hobbits Middle Earth and Former Soviet Republic in Collision of Cultures". *London Sunday Telegraph*, August 26, 2001, p. 27.
717 COCKBURN, Patrick. "Police Get Tough with the Hobbit-Lovers of Kazakhstan". *London Independent on Sunday*, July 29, 2001, p. 18; "Dressing Up Gets Dressing Down in Russia". *Ottawa Citizen*, February 24, 2002, C16.

Conclusão | A Proclamação da Natureza da Graça

Nessa altura, existem fanáticos. Três décadas depois da morte do grande escritor, os cultistas de Tolkien ainda molestam impiedosamente os filhos de Tolkien. *"A família Tolkien está sob o abuso perpétuo de um tipo ou de outro"*, revela o padre John Tolkien (1917-2003) em 2001. *"Isso continua o tempo todo"*. O filho de Tolkien, Christopher, *"não vive mais na Inglaterra e quando chega à Inglaterra não usa o próprio nome. Christopher vive na França e, recentemente, teve alguns problemas com pessoas tentando chegar até ele. Mantém javalis no jardim, o que é um pouco perigoso, mas são úteis quando as pessoas se tornam um estorvo"*[718].

No entanto, no fim, a popularidade de Tolkien vai além dos ambientalistas, os devotos da fantasia e os extravagantes. Cerca de 150 milhões de cópias de *O Senhor dos Anéis* foram vendidos ao redor do mundo[719]. A editora norte-americana de Tolkien, a Houghton Mifflin, vê Tolkien como *"a grande e estimada joia da coroa"*[720]. Dado o sucesso fenomenal das adaptações cinematográficas de Peter Jackson de *O Senhor dos Anéis*, não há indícios de que essa joia venha a perder seu brilho tão cedo.

* * *

Quando a primeira parte da trilogia de *O Senhor dos Anéis* do New Line Cinema apareceu, no verão de 2002, o verdadeiro fã de Tolkien teve razão ao ficar apreensivo com o projeto do diretor Peter Jackson. Parece improvável que quem dirigiu *Heavenly Creatures* [*Almas Gêmeas*] – um filme arrepiante sobre duas adolescentes que assassinam uma das mães ao esmagar o crânio dela com um tijolo – jamais poderia captar apropriadamente a visão de Tolkien. Parece ser um temor razoável que Jackson pudesse, na pior das hipóteses, perverter a mitologia de Tolkien para fins imorais e que, na melhor

---

718 FOGGO, Daniel. "Lord of the Rings Films 'Will Force Tolkien Family into Hiding'". *London Sunday Telegraph*, January 7, 2001, p. 11. Ver, também: WILSON, Christopher. "As the Fantasy World of the Lord of the Rings Is Brought to Life on the Big Screen, the Author's Family Has Bitterly Condemned the Project: The Sad Legacy of Tolkien's Fable". *London Express*, October 12, 2001, p. 37; GATES, David & GORDON, Devin. "One Ring to Lure Them All". *Newsweek*, January 29, 2001. p. 60.
719 HUNTER, Janet. "Meet Bilbo, the 'New' Harry Potter". *Ottawa Citizen*, July 28, 2001, J1.
720 Idem. *Ibidem*.

das hipóteses, produzir um filme de ação despido do sentido profundo de Tolkien. E, ainda assim, desde os primeiros acordes de abertura da trilha sonora épica e a narração de Galadriel — *"A história se tornou lenda, a lenda se tornou mito"* — a versão de Jackson de Terra Média, com razão, cativou as plateias em todo o mundo. Dos exércitos élficos e numenoreano da Última Aliança até o rompimento da Sociedade, Jackson, com fidelidade, capturou o espírito e a essência da visão de Tolkien em *A Sociedade do Anel*[721]. Às vezes, por certo, o espectador deseja entrar nas paisagens retratadas no filme, em especial o Condado pastoral e a etérea Valfenda. Alguns dos acréscimos de Jackson são igualmente brilhantes: Boromir ensinando Pippin e Merry a luta de espadas; Sam usando panelas e frigideiras para lutar contra os orcs; os orcs descendo pelas pilastras como insetos em Moria.

No entanto, o mais importante, é que a versão cinematográfica de Jackson inclui um simbolismo religioso ainda mais explícito que os livros de Tolkien. Quando Arwen aparece pela primeira vez — uma das mudanças de Jackson que muitos fãs particularmente temeram antes de ver o filme — ela o faz como uma versão feminina de São Rafael, do livro deuterocanônico de Tobias. Ela cura parcialmente a ferida de Frodo, feita por uma faca de Morgul, com uma prece: *"Pela graça que me foi dada, dou-me livremente a ti"*. Aqui, Jackson adota a interpretação de T. A. Shippey dos elfos como anjos semi-decaídos. Na erudita obra *Road to Middle-Earth*, Shippey afirma que os elfos de Tolkien representam os "anjos neutros" do poema do início da Idade Média, *A lenda de São Miguel*, em que um punhado de anjos declara neutralidade na guerra entre São Miguel e Satanás. Alguns tendem para o lado de Deus, outros, para o do diabo[722].

Em outro acréscimo de Jackson, o futuro rei, Aragorn, faz, por duas vezes, um sinal-da-cruz rudimentar: quando Galadriel aparece pela primeira vez e quando Boromir morre heroicamente.

---

[721] Nada disso sugere que a visão de Peter Jackson seja melhor que a de Tolkien. De fato, a visão de Jackson deixa muito a desejar. Vários capítulos, bem como várias personagens, simplesmente, faltam na narrativa de Jackson. Essa análise apenas considera o uso de temas religiosos por Jackson.

[722] SHIPPEY, T. A. *The Road to Middle-earth*. Op. cit., p. 178-79.

Conclusão | A Proclamação da Natureza da Graça

E, no que possivelmente é o momento mais potente do filme, Gandalf enfrenta o demônio Balrog na ponte de Khazad-Dum, declarando estar a serviço do Fogo Secreto. Jackson poderia, facilmente, ter deixado isso de fora, assim como é um tanto confuso para qualquer espectador que não leu os livros. No entanto, para seu crédito, Jackson mantém essa frase, a afirmação religiosa mais importante do livro, e uma das únicas referências diretas a Ilúvatar em toda a trilogia.

Em termos de cinematografia, Jackson baseou-se muito dos épicos da década de 1990, tais como *The Last of the Mohicans* [*O Último dos Moicanos*], de 1992, e *Braveheart* [*Coração Valente*], de 1995. Repleto de ação, o filme tem poucos momentos de pausa. Por três horas, ficamos presos à tela, enquanto Frodo e o restante da sociedade seguem pela Terra Média, cercados por todos os lados por poderes malignos cada vez maiores de Mordor e de Isengard. Como observei em um capítulo anterior, um dos críticos de Tolken afirmou – de modo correto, creio – que a Sociedade representa a Igreja a lutar ao longo do tempo e do espaço contra muitos inimigos. Jackson retrata belamente essa imagem. O que quer que aconteça com o restante da trilogia, a primeira parte é uma adaptação fiel e a representação da visão sacramental de Tolkien.

***

Independente do que a indústria do entretenimento, os ambientalistas, os entusiastas da fantasia, os fascistas italianos ou qualquer outro elemento do mundo moderno e pós-moderno façam para Tolkien ou com Tolkien e seu legado, a própria visão dele, em que sempre confiou, permaneceu consistente por toda a sua vida adulta. Essa visão, que tentou empregar o mito para fazer o mundo ocidental voltar à fé e à reta razão, em sua essência, encontra paralelo nos sentimentos de muitos acadêmicos e artistas do século XX conhecidos coletivamente como humanistas cristãos. Vimos na introdução que os humanistas cristãos fazem duas perguntas fundamentais: 1) Qual o papel do homem na criação de Deus?; e 2) Como o homem se ordena na criação de Deus?

Talvez a primeira obrigação da obra dos humanistas cristãos fosse demonstrar que o homem não é o criador do próprio mundo, mas é uma criatura que, inevitavelmente, vive sob a lei natural e divina. É obrigado, portanto, a admitir uma postura de humildade e piedade diante do mundo – e perante sua fonte transcendente e governante. De fato, fazer a apoteose do homem e de suas obras é sucumbir às palavras da primeira tentação; "sereis com deuses". Na visão de Tolkien e do restante dos humanistas cristãos, essas são palavras em que toda ideologia – seja comunismo, fascismo ou quaisquer das variantes – está fundamentada. Para o humanista cristão, a ideologia, uma das principais características da modernidade, pode ser definida como *"uma fórmula política que promete um paraíso terreno à humanidade"*. Entretanto, como assinala Russell Kirk, *"de fato, o que a ideologia criou foi uma série de infernos na Terra"*[723]. Em vez de tentar forçar seres humanos reais, vivos e historicamente enraizados a se ajustar às elocubrações imaginárias da ideologia, o homem deve viver dentro da lei natural e ordenar-se segundo esta, algo compreendido por Cícero:

> A razão reta, conforme a natureza, gravada em todos os corações, imutável, eterna, cuja voz ensina e prescreve o bem, afasta o mal que proíbe e, ora com seus mandatos, ora com suas proibições, jamais se dirige inutilmente aos bons, nem fica impotente ante os maus. Essa lei não pode ser contestada, nem derrogada em parte, nem anulada; não podemos ser isentos de seu cumprimento pelo povo nem pelo senado; não há que procurar para ela outro comentador nem intérprete; não é uma lei em Roma e outra em Atenas – uma antes e outra depois, mas unasempiterna e imutável, entre todos os povos e em todos os tempos; uno sempre será seu imperador e mestre, que é Deus seu inventor, sancionador e publicador[724].

---

723 KIRK, Russell. *A Política da Prudência*. Apr. Alex Cathaino; trad. Gustavo Santos e Márcia Xavier de Brito. São Paulo: É Realizações, 2013. p. 95.
724 CÍCERO. *De Republica*. Livro Terceiro, XVII.

Conclusão | A Proclamação da Natureza da Graça

São Paulo afirma a visibilidade universal da lei natural em sua Carta aos Romanos, quando escreve: *"Desde a criação do mundo, as perfeições invisíveis de Deus, o seu sempiterno poder e divindade, se tornam visíveis à inteligência, por suas obras; de modo que não se podem escusar"* (*Romanos* 1, 20).

Ademais, para o humanista cristão, a Encarnação prova o valor intrínseco de cada pessoa humana, apesar da depravação que cada pessoa herdou por conta do pecado de Adão. Assim, as pessoas nunca devem ser usadas como meios para fins "maiores". Ao contrário, cada vida tem uma dignidade única. Como o papa João Paulo II explicou: *"O conceito da pessoa humana como o centro único e irrepetível de liberdade e responsabilidade, cuja dignidade inalienável deve ser reconhecida [...] provou ser a pedra angular de qualquer civilização verdadeiramente humana"*[725]. É claro, a desvalorização da dignidade pessoal é uma das marcas distintivas do ideólogo. Não é de surpreender, então, que os ditadores motivados por ideologias no século XX tenha perpetrado, de longe, os maiores morticínios que a história humana jamais assistiram. T. S. Eliot afirmou sem rodeios: *"Se não quiserem aceitar a Deus (e Ele é um Deus ciumento), os senhores serão obrigados a dedicar a sua deferência a Hitler ou a Stalin"*[726].

Outra característica do humanismo cristão é a crença em que, como criatura de Deus, cada pessoa tem responsabilidade por lutar por excelência e criatividade. Como São Paulo escreveu na Carta aos Filipenses: *"Além disso, irmãos, tudo o que é verdadeiro, tudo o que é nobre, tudo o que é justo, tudo o que é puro, tudo o que é amável, tudo o que é de boa fama, tudo o que é virtuoso e louvável, eis o que deve ocupar vossos pensamentos"* (*Filipenses* 4,8). Ao usar os dons para o Corpo de Cristo, a pessoa glorifica a criação e louva a Deus pelos dons que ele lhe concedeu. Santificar o trabalho o torna *opus Dei*, a obra de e para Deus. Para Tolkien, em especial, um dos maiores dons de Deus para cada pessoa humana era a capacidade da imaginação; adequadamente dominada e acompanhada pela graça, prontamente, superaria o mal.

---

725 PAPA JOÃO PAULO II, "Incarnation Inspires Christian Genius", *L'Osservatore Romano*, December 4, 1996.
726 ELIOT, T. S. *Christianity and Culture*. San Diego: Harvest, 1976. p. 50.

Para descobrir o contexto do humanismo cristão – suas fontes de inspiração, bem como o que o anima – devemos nos voltar para duas encíclicas papais do século XIX, profundas, ambas promulgadas pelo papa Leão XIII: a encíclica de 1879, *Aeterni Patris* (Sobre a Restauração da Filosofia Cristã) e a encíclica de 1891, *Rerum Novarum* (Sobre a Condição do Trabalho). A primeira analisa novamente a filosofia à luz do pensamento progressista e humanista, ao passo que a segunda reafirma a posição da Igreja sobre a indústria, os sindicatos, o socialismo e o capitalismo. Cada uma delas se tornou um chamado às armas para os acadêmicos católicos do século XX, e também influenciaram inúmeros autores anglicanos, ortodoxos e protestantes.

Dentre esses acadêmicos e escritores incluímos: o francês Jacques Maritain (1882-1973), o ítalo-germânico Romano Guardini, o austro-americano Eric Voegelin, o francês Étienne Gilson, o russo Aleksandr Solzhenitsyn (1918-2008), o norte-americano Russell Kirk, irlandês do norte C. S. Lewis, o inglês E. I. Watkin (1888-1981), e o anglo-americano T. S. Eliot, para citar alguns. Em algumas áreas, esses homens discordavam radicalmente. C. S. Lewis, por exemplo, menosprezava Jacques Maritain e, inicialmente, T. S. Eliot. Entretanto, no geral, esses pensadores eram muito mais parecidos entre si do que diferentes.

Para os humanistas cristãos ingleses, as influências intelectuais mais importantes, em ordem cronológica, eram: John Henry Newman, G. K. Chesterton e Christopher Dawson. Cada um desses pensadores exerceu um papel vital no progresso do humanismo cristão em sua época. Para Tolkien, o mais importante dos humanistas cristãos ingleses era o historiador Dawson, provavelmente, o acadêmico católico inglês mais importante da primeira metade do século XX[727]. *"Quando o historiador do futuro descrever o renascimento católico do século XX, suspeito que dará atenção especial à emergência, durante as grandes guerras e no momento mais tenebroso antes do alvorecer, de*

---

727 Para conhecer a importância de cada um, ver: PEARCE, Joseph, *Literary Converts: Spiritual Inspiration in an Age of Unbelief*, San Francisco: Ignatius Press, 1999. [Em português, a obra está disponível como: PEARCE, Joseph, *Convertidos Literários*. Trad. Fausto M. Tiemann. Balneário Camboriú: Danúbio, 2017. (N. T.)]

Conclusão | A Proclamação da Natureza da Graça

grandes 'doutores' que foram os profetas da nova era", escreve um comentador. Apontará para homens como Étienne Gilson, Jacques Maritain, Edward Ingram Watkin e, certamente, para Christopher Dawson. E, também, Tolkien. Em termos de influências, se contarmos apenas os números, esses já ordenam sua inclusão. Alcançou mais pessoas com sua mitologia da Terra Média do que qualquer outro pensador humanista cristão, dentre eles C. S. Lewis. Excluindo os autores das Escrituras, ele deve ser o autor cristão mais lido em nossa época.

* * *

Qual será o legado de Tolkien? Será que a mitologia dele terá o efeito desejado em milhões de leitores? Se uma pessoa foi profundamente tocada pelo conjunto de lendas de Tolkien o que, por fim, deve fazer? A resposta para Tolkien era tão simples quanto furiosamente difícil. Nós, como pessoas humanas, nossa comunidade, nossa sociedade, a Igreja e, por fim, o mundo. Nas palavras de Gandalf: *"Tudo o que temos de decidir é o que fazer com o tempo que nos é dado"*[728].

Tolkien não tinha um plano abrangente para a sociedade. Na verdade, detestava a ideia de um plano vindo de cima para recriar o mundo e, por isso, detestava a ideia de sua mitologia servir como modelo para algum novo sistema, ideologia ou religião. Se Tolkien queria renovar a cristandade, não era numa estrutura superficial ou mesmo no sentido político que buscava tal renovação, mas, em vez disso, no sentido de que desejava que fosse instilada na sociedade uma ética que abrangesse o propósito que Deus tem para toda a criação e para a Igreja. Essa ética não era exotérica, mas, ao contrário, estava codificada na lei natural e na lei divina. A mitologia da Terra Média deveria servir como um despertar para essa lei, uma lei outrora mais reconhecida, acreditava Tolkien, que na época moderna. Por isso seu conjunto de lendas também era um chamado à defesa de tudo que existiu de melhor no decorrer da civilização ocidental.

---

728 TOLKIEN, J. R. R. *A Sociedade do Anel. Op. cit.*, p.104.

O Mito Santificador de J. R. R. Tolkien | Bradley J. Birzer

As lições da mitologia de Tolkien, afinal, são simples, diretas, antiquadas e, por isso, impopulares. Por um lado, Tolkien quis ensinar os leitores que a graça de Deus, assim como o feérico, está em todos os lugares. Entretanto, devemos estar abertos a isso, desejando aceitá-lo como um dom livremente concedido e perceber, como Frodo não o fez quando desejou o martírio nas Fendas da Montanha da Perdição, que a nós é dado o bastante para realizar a nossa tarefa designada, e nada mais. O mito de Tolkien nos chama a abraçar a santidade de cada pessoa humana e a obrigação de agir como fiéis administradores da Criação. Também somos chamados, como Beowulf ou Aragorn, a lutar para proteger o bom e o oprimido, até mesmo a ponto do autossacrifício. E não devemos nos envergonhar de fazer a coisa certa, independente do que os que nos rodeiam possam crer ser o resultado. Como Tolkien, certa vez, escreveu a sua mulher: *"creio firmemente que nenhuma impiedade ou medo mundano algum possam nos afastar de seguir, sem hesitar, a luz"*[729]. E, por fim, devemos esperar eras de trevas, pois o homem é decaído e sucumbe facilmente ao pecado. *"O mal de Sauron"*, lamenta Gandalf, *"não poderá ser curado por completo"*[730]. Os *gulags*, os campos de concentração e os campos de morticínio do século XX refutam o otimismo utópico.

E, ainda assim, Tolkien acreditava, com a mesma firmeza, que sempre havia esperança. Mesmo nas profundezas de Mordor, *"Sam viu uma estrela branca piscando por alguns instantes. Sua beleza lhe atingiu o coração, olhando para cima desde a terra abandonada, e a esperança retornou a ele. Pois como um raio, nítido e frio, perpassou-lhe o pensamento de que no fim a Sombra era somente uma coisa pequena e passageira: havia luz e elevada beleza para sempre além do seu alcance"*[731]. Essa esperança e, em especial, a graça concedida pela Encarnação, nos recorda que devemos santificar o mundo e "redimir o tempo". Quando questionado a respeito do sentido da vida, Tolkien escreveu que:

---

729 Citado em: PEARCE, Joseph. *Tolkien: Man and Myth. Op. cit.*, p. 35.
730 TOLKIEN, J. R. R. *As Duas Torres. Op. cit.*, p. 803.
731 Idem. *O Retorno do Rei. Op. cit.*, p. 1321.

Conclusão | A Proclamação da Natureza da Graça

O principal propósito da vida, para qualquer um de nós, é crescer, segundo nossas capacidades e conhecimento de Deus, por todos os meios que temos e nos deixar mover por isso, louvar e agradecer. Fazer o que proferimos no *Gloria in Excelsis* [...]. "Nós vos louvamos, nós vos bendizemos, nós vos glorificamos, nós vos damos graça em vossa imensa glória". E nos momentos de exaltação, que possamos pedir a todas as coisas criadas se unam a nós em coro, falando por si mesmas [...] todas as montanhas e montes, todos os pomares e florestas, todas as coisas que rastejam e os pássaros alados[732].

J. R. R. Tolkien, o subcriador, cumpriu da melhor maneira que pôde o seu propósito. Sua vocação era redimir o tempo por meio de uma mitologia de inspiração cristã e centrada em Deus para combater a aridez e a devastação do mundo moderno com encantamento, para oferecer um vislumbre da Verdadeira Alegria e dar voz a todas as coisas: Valar, Maiar, anjos encarnados, elfos, anões, Ents, hobbits .... e, até mesmo pelos homens e mulheres modernos. Seus feitos nos ajudam a acreditar, de fato, que há sempre esperança.

---

732 CARPENTER, Humphrey (Ed.). *Letters. Op. cit.*, p. 400.

BIBLIOGRAFIA

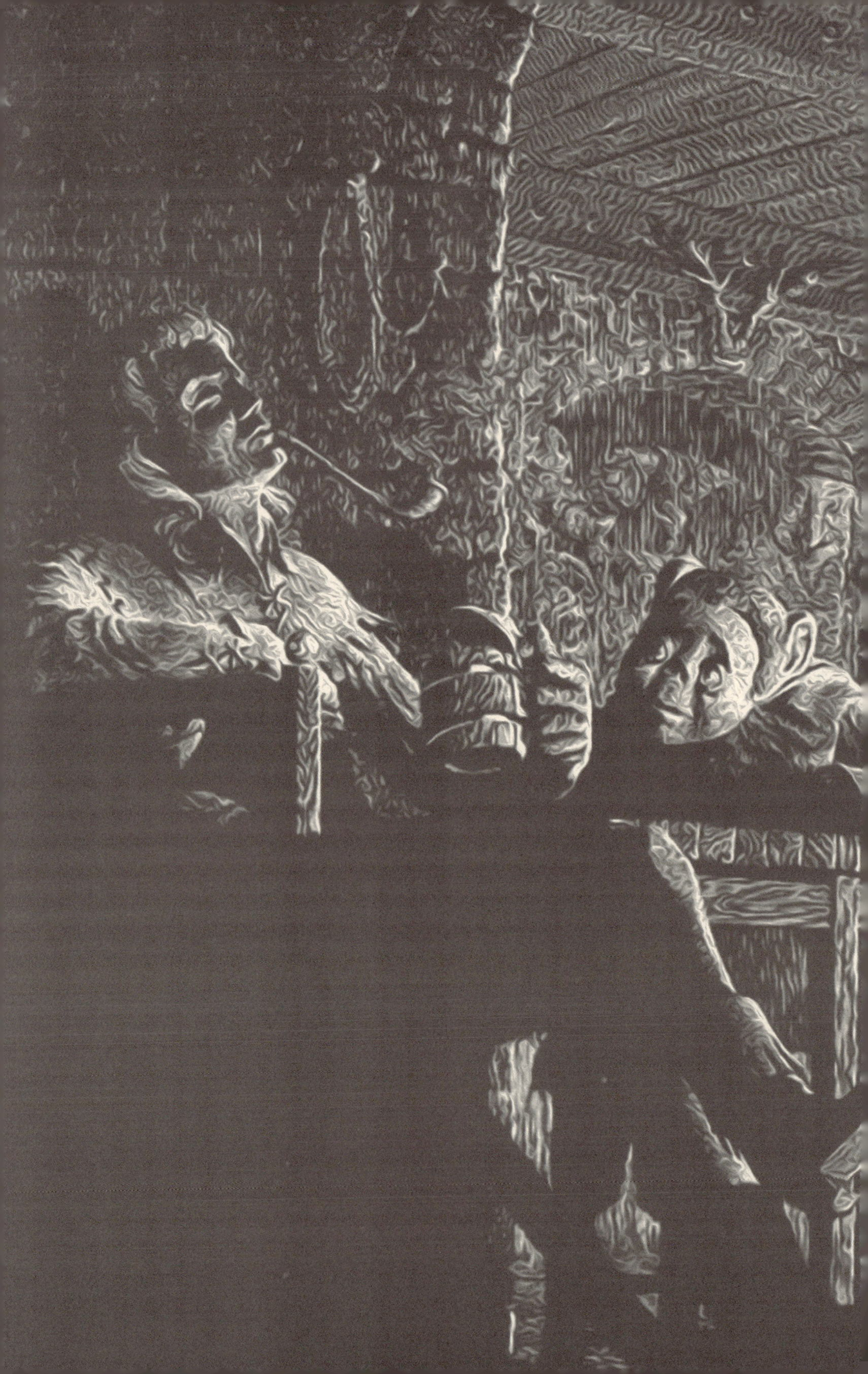

BIBLIOGRAFIA

1 - Fontes de Arquivo

Wade Collection, Marion Wade Center, Wheaton College, Wheaton, Illinois [WCWC].

J. R. R. Tolkien Archives, Marquette University Library, Milwaukee, Wisconsin [MU JRRT].

2 - Obras de J. R. R. Tolkien e/ou Christopher Tolkien

TOLKIEN, Christopher (Ed.). *The Saga of King Heidrek*. London: Thomas Nelson, 1960.

_____. *The Silmarillion: A Brief Account of the Book and Its Making*. Boston: Houghton Mifflin, 1977.

TOLKIEN, J. R. R. "The Adventures of Tom Bombadil". *In*: *The Tolkien Reader*. New York: Ballantine, 1966. p. 189-251.

_____. "Beowulf: The Monsters and the Critics". *In*: NICHOLSON, Lewis E. (Ed.). *An Anthology of Beowulf Criticism*. Notre Dame: University of Notre Dame Press, 1963.

_____. *The Book of Lost Tales: Part One – History of Middle-Earth: Volume 1*. Ed. Christopher Tolkien. Boston: Houghton Mifflin, 1983.

_____. *The Book of Lost Tales: Part Two – History of Middle-Earth: Volume 2*. Ed. Christopher Tolkien. Boston: Houghton Mifflin, 1984.

_____. "Chaucer as Philologist: The Reeve's Tale". *Transactions of the Philological Society* (1934): 1-70.

_____. "English and Welsh". *In: The Monsters and the Critics and Other Essays*. Ed. Christopher Tolkien. Boston: Houghton Mifflin, 1983. p. 162-97.

_____. "Enquiry into the Communication of Thought". *Vinyar Tengwar*, No. 39 (1998): 21-34.

_____. *The Fellowship of the Ring*. 2nd ed. Boston: Houghton Mifflin, 1993.

_____. *Finn and Hengest: The Fragment and the Episode*. Edited by Alan Bliss. Boston: Houghton Mifflin, 1983.

_____. "The Homecoming of Beorhtnoth Beorhthelm's Son". *Essays and Studies*, 6 (1953): 1-18.

_____. *The Hobbit, or, There and Back Again*. Boston: Houghton Mifflin, 1997.

_____. "Inram". *Time and Tide*, No. 3 (December 1955): 1561.

_____. "The Lay of Aotrou and Itrou". *Welsh Review*, No. 4 (1945): 254-66.

_____. *The Lays of Beleriand – History of Middle-Earth: Volume 3*. Ed. Christopher Tolkien. Boston: Houghton Mifflin, 1985.

_____. *The Letters of J. R. R. Tolkien*. Ed. Humphrey Carpenter. Boston: Houghton Mifflin, 1981.

_____. *The Lost Road and Other Writings: Language and Legend before 'The Lord of the Rings' – History of Middle-Earth: Volume 5*. Ed. Christopher Tolkien. Boston: Houghton Mifflin, 1987.

_____. *The Monsters and the Critics and Other Essays*. Ed. Christopher Tolkien. Boston: Houghton Mifflin, 1983.

BIBLIOGRAFIA

_____. *Morgoth's Ring: The Later Silmarillion, Part One — History of Middle-Earth: Volume 10*. Ed. Christopher Tolkien. Boston: Houghton Mifflin, 1993.

_____. "The Name 'Nodens'". *Report on the Excavation of the Prehistoric, Roman, and Post Roman Site in Lydney Park, Cloucestershire* (1932): 132-37.

_____. "The Oxford English School". *Oxford Magazine* (29 May 1930): 778-82.

_____. "On Fairy-Stories". *In*: *The Monsters and the Critics and Other Essays*. Ed. Christopher Tolkien. Boston: Houghton Mifflin, 1983. p. 109-61.

_____. "On Translating Beowulf". *In*: *The Monsters and the Critics and Other Essays*. Ed. Christopher Tolkien. Boston: Houghton Mifflin, 1983. p. 49-71.

_____. *The Peoples of Middle-Earth — History of Middle-Earth: Volume 12*. Ed. Christopher Tolkien. Boston: Houghton Mifflin, 1996.

_____. *Pictures by J. R. R. Tolkien*. Ed. Christopher Tolkien. Boston: Houghton Mifflin, 1992.

_____. "Preface". *In*: *The Ancrene Riwle*. Ed. M. B. Salu. London: Burns and Oates, 1955.

_____. *The Return of the King*. Boston: Houghton Mifflin, 1993.

_____. *The Return of the Shadow: The History of The Lord of the Rings, Part One — History of Middle-Earth: Volume 6*. Ed. Christopher Tolkien. Boston: Houghton Mifflin, 1988.

_____. "The Rivers and Beacon-Hills of Gondor". *Vinyar Tengwar*, No. 42 (2001): 5-31.

_____. *Sauron Defeated, The End of the Third Age: The History of The Lord of the Rings, Part Four — History of Middle-Earth: Volume 9*. Ed. Christopher Tolkien. Boston: Houghton Mifflin, 1992.

_____. "A Secret Vice". *In*: *The Monsters and the Critics and Other Essays*. Ed. Christopher Tolkien. Boston: Houghton Mifflin, 1983. p. 198-223.

_____. *The Shaping of Middle-Earth: The Quenta, the Ambarkanta, and the Annals, Together with the Earliest 'Silmarillion' and the First Map — History of Middle-Earth: Volume 4*. Ed. Christopher Tolkien. Boston: Houghton Mifflin, 1986.

_____. *Smith of Wootton Major and Farmer Giles of Ham*. New York: Nelson, 1976.

_____. "Sigelwara Land, Part I". *Medium Aevum*, 1 (1932): 183-96.

_____. "Sigelwara Land, Part II". *Medium Aevum*, 3 (1934): 95-111.

_____. "Sir Gawain and the Green Knight". *In*: *The Monsters and the Critics and Other Essays*. Ed. Christopher Tolkien. Boston: Houghton Mifflin, 1983. p. 72-108.

_____. *The Silmarillion*. Ed. Christopher Tolkien. Boston: Houghton Mifflin, 1st ed., 1977.

_____. *The Silmarillion*. Ed. Christopher Tolkien. Boston: Houghton Mifflin, 2nd ed. 2001.

_____. *The Tolkien Reader*. New York: Ballantine Books, 1966.

_____. *The Treason of Isengard: The History of The Lord of the Rings, Part Two – History of Middle-Earth: Volume 7*. Ed. Christopher Tolkien. Boston: Houghton Mifflin, 1989.

_____. *Tree and Leaf: Including the Poem Mythopoeia*. Boston: Houghton Mifflin, 1989.

_____. *The Two Towers*. Boston: Houghton Mifflin, 1993.

_____. *Unfinished Tales of Numenor and Middle-Earth*. Ed. Christopher Tolkien. Boston: Houghton Mifflin, 1980.

_____. *The War of the Jewels: The Later Silmarillion, Part Two – History of Middle-Earth: Volume 11*. Ed. Christopher Tolkien. Boston: Houghton Mifflin, 1994.

_____. *The War of the Ring: The History of The Lord of the Rings, Part Three – History of Middle-Earth: Volume 8*. Ed. Christopher Tolkien. Boston: Houghton Mifflin, 1990.

_____. "Valedictory Address to the University of Oxford". *In*: *The Monsters and the Critics and Other Essays*. Ed. Christopher Tolkien. Boston: Houghton Mifflin, 1983. p. 224-40

TOLKIEN, J. R. R. ; GORDON, E. V. & DAVIS, Norman. *Sir Gawain and the Green Knight*. Oxford: Clarendon Press, 2nd ed., 1967.

BIBLIOGRAFIA

3 – Entrevistas, Citações e Miscelânea de Fontes Primárias

BRACE, Keith. "In the Footsteps of the Hobbits". *Birmingham Post*, 25 May 1968.

_____. "Tolkien Dismissed Idea of a Deeper Meaning". *Birmingham Post*, 27 November 2001, 11. Breit, Harvey. "Oxford Calling". *New York Times Book Review*, 5 June 1955, 8.

CARPENTER, Humphrey. "J. R. R. Tolkien: Our Brief Encounter". *Londay Sunday Times*, 25 November 2001.

_____. (Ed.). *The Letters of J. R. R. Tolkien*. Boston: Houghton Mifflin, 1981.

CASTELL, Daphne. "The Realms of Tolkien". *New Worlds*, November 1966.

_____. "Tolkien on Tolkien: Making of a Myth". *Christian Science Monitor*, 11 August 1966, 11.

CATER, William. "The Filial Duty of Christopher Tolkien". *In*: BECKER, Alida (Ed.). *The Tolkien Scrapbook*. Philadelphia: Running Press, 1978. p. 90-95.

_____. "Lord of the Hobbits". *London Daily Express*, 22 November 1966.

_____. "More and More People Are Getting the J. R. R. Tolkien Habit". *Los Angeles Times*, 9 April 1972, 14, 18.

_____. "We Talked of Love, Death, and Fairy Tales". *London Daily Telegraph*, 29 November 2001, 23.

EZARD, John. "Light Going". *Manchester Guardian*, 8 January 1972, 9.

_____. "So, Would Tolkien Have Liked the Film?" *London Guardian*, 14 December 2001, 4.

_____. "Tolkien's World". *Manchester Guardian*, 22 January 1972, 19.

FOSTER, William. "An Early History of the Hobbits". *Edinburgh Scotsman*, 5 February 1972.

GUEROULT, Dennis. "J. R. R. Tolkien: Middle England to MiddleEarth". *Birmingham Post*, 29 December 2001, 45.

_____. *Now Read On*. Radio Broadcast. London: BBC Radio 4, 1971.

_____. "Letters Give Insight into Author Tolkien Family Man". *Coventry Evening Telegraph*, 12 December 2001, 6.

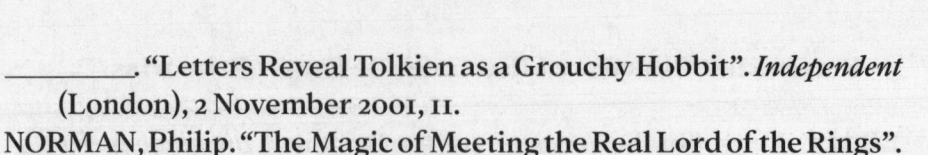

_____. "Letters Reveal Tolkien as a Grouchy Hobbit". *Independent* (London), 2 November 2001, 11.

NORMAN, Philip. "The Magic of Meeting the Real Lord of the Rings". *London Daily Mail*, 13 December 2001, 13.

PLIMMER, Charlotte & PLIMMER, Denis. "The Man Who Understands Hobbits". *London Daily Telegraph Magazine*, 22 March 1968, 31-32, 35.

RESNICK, Henry. "The Hobbit-Forming World of J. R. R. Tolkien". *Saturday Evening Post*, 2 July 1966.

_____. "An Interview with Tolkien". *Niekas* (Late Spring 1966): 37-43.

_____. "Tolkien Disney Rant". *Scottish Dail Record and Sunday Mail*, 5 July 2001, 27.

_____. "Tolkien Talking". *London Sunday Times*, 27 November 1966, 9.

_____. "Tolkien, J. R. R. "Hobbits". *London Observer*, 20 February 1938, 9.

_____. "Letter to Deborah Webster, 25 October 1958". *In*: Deborah Webster Rogers and Ivor A. Rogers, *J. R. R. Tolkien*. Edited by 125-26. Boston: Twayne, 1970.

_____. "Tolkien on Tolkien". *Diplomat* (October 1966): 39.

4 - Recordações de Tolkien

ANONYMOUS. "Professor J. R. R. Tolkien: Creator of Hobbits and Inventor of a New Mythology [*London Times* Obituary, 3 September 1973]". *In*: SALU, Mary & FARRELL, Robert T. *J. R. R. Tolkien, Scholar and Storyteller: Essays in Memoriam*. Ithaca: Cornell University Press, 1979. p. 11-15.

BURCHFIELD, Robert. "My Hero". *Independent Magazine*, 4 March 1989.

COMO, James T. (Ed.). *C. S. Lewis at the Breakfast Table and Other Reminiscences*. New York: Collier, 1979.

CURTIS, Anthony. "Hobbits and Heroes". *London Sunday Telegraph*, 10 November 1963, 16.

BIBLIOGRAFIA

_____. "Remembering Tolkien and Lewis". *British Book News*, June 1977, 429-30.

HILL, Joy. "Echoes of the Old Ringmaster". *The London Times*, 10 December 1990, 16.

HOOPER, Walter. "The Other Oxford Movement". *In*: PEARCE, Joseph (Ed.). *Tolkien: A Celebration*. London: Fount, 1999. p. 183-90.

KILBY, Clyde S. *Tolkien and the Silmarillion*. Wheaton: Harold Shaw Publishers, 1976.

LAWLOR, John. *C. S. Lewis: Memories and Reflections*. Dallas: Spence, 1998.

LEWIS, C. S. *All My Road Before Me: The Diary of C. S. Lewis, 1922-1927*. San Diego: Harcourt Brace Jovanovich, 1991.

_____. *Surprised by Joy: The Shape of My Early Life*. New York: Harcourt Brace and Company, 1955.

LEWIS, Warren Hamilton. *Brothers and Friends: The Diaries of Major Warren Hamilton Lewis*. San Francisco: Harper and Row, 1982.

_____. (Ed.). *Letters of C. S. Lewis*. New York: Harcourt, Brace, and World, 1982.

MURRAY, Robert. "J. R. R. Tolkien and the Art of the Parable". *In*: PEARCE, Joseph (Ed.). *Tolkien: A Celebration*. London: Fount, 1999. p. 40-52.

PEARCE, Joseph. "Tolkien and C. S. Lewis: An Interview with Walter Hooper". *In*: PEARCE, Joseph (Ed.). *Tolkien: A Celebration*. London: Fount, 1999. p. 190-98.

SAYER, George. "Recollections of J. R. R. Tolkien". *In*: PEARCE, Joseph (Ed.). *Tolkien: A Celebration*. London: Fount, 1999. p. 2-15.

TOLKIEN, John & TOLKIEN, Priscilla. *The Tolkien Family Album*. Boston: Houghton Mifflin, 1992.

TOLKIEN, Michael. "J. R. R. Tolkien — the Wizard Father". *London Sunday Telegraph*, 9 September 1973.

TOLKIEN, Priscilla. "Memories of J. R. R. Tolkien in His Centenary Year". *The Brown Book* (December 1992): 12-14.

WAIN, John. *Sprightly Running: Part of an Autobiography*. New York: St. Martin's, 1962.

5 - Escritos Secundários

ACTON, John Emerich Edward Dalberg. *Essays in the History of Liberty*. Indianapolis: Liberty Fund, 1986.

ALDRICH, Kevin. "The Sense of Time in Tolkien's The Lord of the Rings". *In*: PEARCE, Joseph (Ed.). *Tolkien: A Celebration*. London: Fount, 1999. p. 86-101.

ANDERSON, Douglas A. "Christopher Tolkien: A Bibliography". *In*: FLIEGER, Verlyn & HOSTETTER, Carl F. (Ed.). *Tolkien's Legendarium: Essays on the History of Middle-Earth*. Westport: Greenwood Press, 2000.

_____. "Tolkien after All These Years". *In*: HABER, Karen (Ed.). *Meditations on Middle-Earth*. New York: St. Martin's, 2001.

ANDERSON, Poul. *Introduction to Awakening the Elves*. Ed. by Karen Haber. New York: St. Martin's, 2001.

_____. "Baptists Hail Lord of the Rings". *Calgary Herald*, 29 December 2001, 9.

BARBOUR, Brian. "Lewis and Cambridge". *Modern Philology* 96 (May 1999): 439-84.

BELLOC, Hilaire. *The Servile State*. Indianapolis: Liberty Fund, 1977.

BIRZER, Bradley J. "The Christian Gifts of J. R. R. Tolkien". *New Oxford Review* (November 2001): 25-29.

BIRZER, Bradley J., & WILSON, John. *Introduction to James Fenimore Cooper, The American Democrat and Other Political Essays*. Washington, D.C.: Regnery, 2000.

BLOOM, Harold, (ed.) *J. R. R. Tolkien*. Philadelphia: Chelsea House Publishers, 2000.

BOFFETTI, Jason. "Tolkien's Catholic Imagination". *Crisis* (November 2001): 34-40.

BONIFACE, St. *The Letters of Saint Boniface*. Translated by Ephraim Emerton. New York: Columbia University, 2000.

_____. "Books of the Century". *Christianity Today* (24 April 2000): 92-93.

BRATMAN, David. "The Literary Value of the History of Middle-Earth". *In*: FLIEGER, Verlyn & HOSTETTER, Carl F. (Ed.).

Tolkien's Legendarium: Essays on the History of Middle-Earth. Westport: Greenwood Press, 2000.

BREIT, Harvey. "Oxford Calling". *New York Times Book Review*, 5 June 1955, 8.

BRUNER, Kurt & WARE, Jim. *Finding God in The Lord of the Rings*. Wheaton, Ill.: Tyndale, 2001.

BURNS, Marjorie. "Gandalf and Odin". *In*: FLIEGER, Verlyn & HOSTETTER, Carl F. (Ed.). *Tolkien's Legendarium: Essays on the History of Middle-Earth*. Westport: Greenwood Press, 2000.

BUTLER, Robert W. & MARK EBERHART, John. "Women Left at Ring Side: Female Sex Had Little Influence on Tolkien's Work". *Calgary Herald*, 28 December 2001, D10.

BYOCK, Jesse L. (Ed.). *The Saga of the Volsungs*. London: Penguin, 1999.

CALDECOTT, Stratford. "Over the Chasm of Fire: Christian Heroism in *The Silmarillion* and *The Lord of the Rings*". *In*: PEARCE, Joseph (Ed.). *Tolkien: A Celebration*. London: Fount, 1999. p. 17-33.

CARD, Orson Scott. "How Tolkien Means". *In*: HABER, Karen (Ed.). *Meditations on Middle-Earth*. New York: St. Martin's, 2001.

CARNEY, Brian M. "The Battle of the Books". *Wall Street Journal*, 30 November 2001.

CARPENTER, Humphrey. *The Inklings: C. S. Lewis, J. R. R. Tolkien, Charles Williams, and Their Friends*. Boston Houghton Mifflin, 1979.

_____. *J. R. R. Tolkien: A Biography*. Boston: Houghton Mifflin, 1977.

CARVAJAL, Doreen. "Marketing Plan: Taking God out of the Narnia Tales". *New York International Herald Tribune*, 5 June 2001, 15.

CHANCE, Jane. *Tolkien's Art: A Mythology for England*. Lexington: University of Kentucky Press, 2001.

CHESTERTON, G. K. *The Everlasting Man*. San Francisco: Ignatius, 1993.

_____. *G. K. Chesterton: Collected Works – Volume III*. San Francisco: Ignatius, 1990.

_____. *Orthodoxy*. Colorado Springs: Shaw, 1994.

CHRISTOPHER, Joe. "Tolkien's Lyric Poetry". *In*: FLIEGER, Verlyn & HOSTETTER, Carl F. (Ed.). *Tolkien's Legendarium: Essays on the History of Middle-Earth*. Westport: Greenwood Press, 2000.

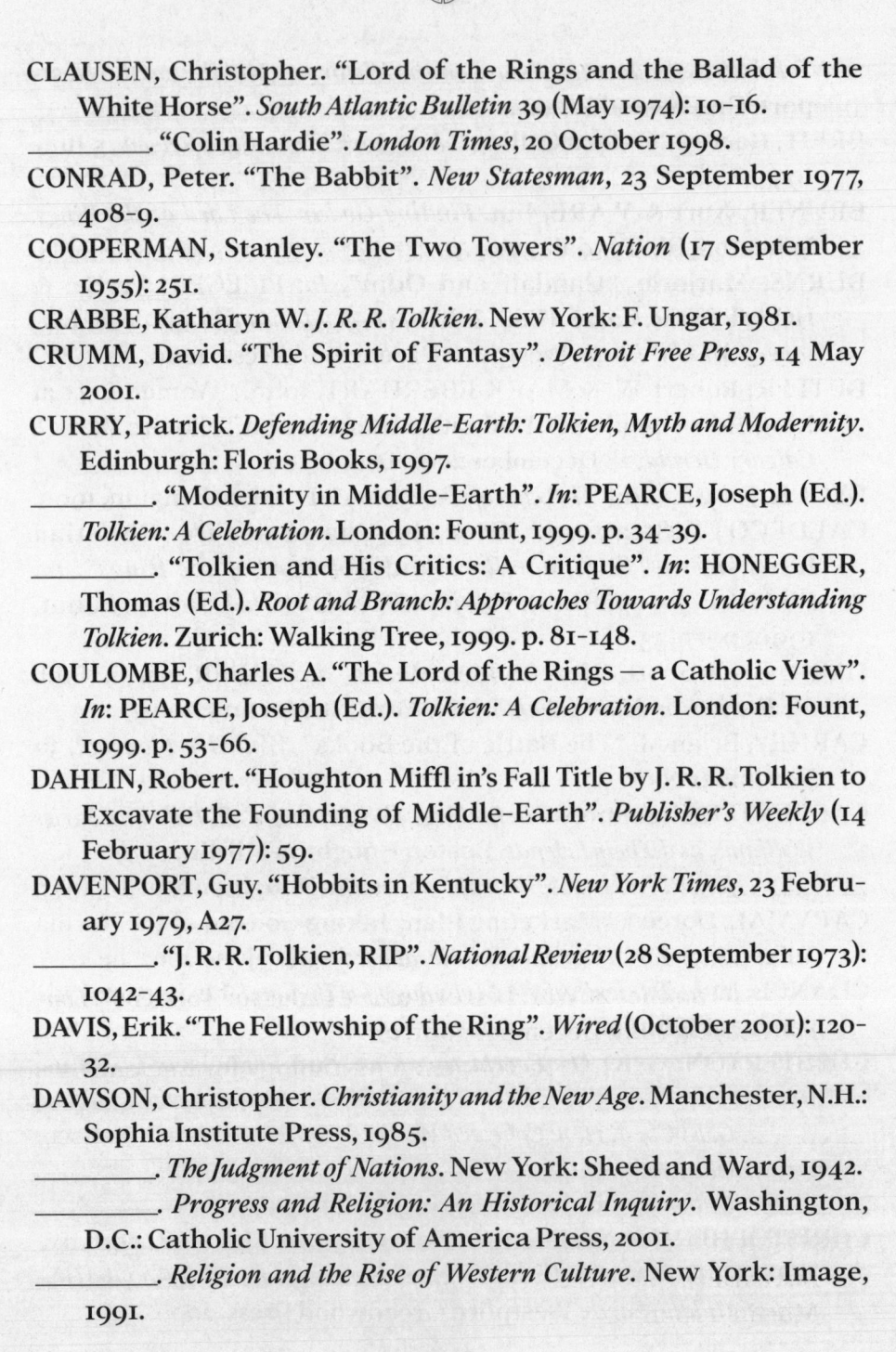

CLAUSEN, Christopher. "Lord of the Rings and the Ballad of the White Horse". *South Atlantic Bulletin* 39 (May 1974): 10-16.

_____. "Colin Hardie". *London Times*, 20 October 1998.

CONRAD, Peter. "The Babbit". *New Statesman*, 23 September 1977, 408-9.

COOPERMAN, Stanley. "The Two Towers". *Nation* (17 September 1955): 251.

CRABBE, Katharyn W. *J. R. R. Tolkien*. New York: F. Ungar, 1981.

CRUMM, David. "The Spirit of Fantasy". *Detroit Free Press*, 14 May 2001.

CURRY, Patrick. *Defending Middle-Earth: Tolkien, Myth and Modernity*. Edinburgh: Floris Books, 1997.

_____. "Modernity in Middle-Earth". *In*: PEARCE, Joseph (Ed.). *Tolkien: A Celebration*. London: Fount, 1999. p. 34-39.

_____. "Tolkien and His Critics: A Critique". *In*: HONEGGER, Thomas (Ed.). *Root and Branch: Approaches Towards Understanding Tolkien*. Zurich: Walking Tree, 1999. p. 81-148.

COULOMBE, Charles A. "The Lord of the Rings — a Catholic View". *In*: PEARCE, Joseph (Ed.). *Tolkien: A Celebration*. London: Fount, 1999. p. 53-66.

DAHLIN, Robert. "Houghton Miffl in's Fall Title by J. R. R. Tolkien to Excavate the Founding of Middle-Earth". *Publisher's Weekly* (14 February 1977): 59.

DAVENPORT, Guy. "Hobbits in Kentucky". *New York Times*, 23 February 1979, A27.

_____. "J. R. R. Tolkien, RIP". *National Review* (28 September 1973): 1042-43.

DAVIS, Erik. "The Fellowship of the Ring". *Wired* (October 2001): 120-32.

DAWSON, Christopher. *Christianity and the New Age*. Manchester, N.H.: Sophia Institute Press, 1985.

_____. *The Judgment of Nations*. New York: Sheed and Ward, 1942.

_____. *Progress and Religion: An Historical Inquiry*. Washington, D.C.: Catholic University of America Press, 2001.

_____. *Religion and the Rise of Western Culture*. New York: Image, 1991.

DAY, David. *Tolkien's Ring*. New York: Barnes and Noble, 1999.
DE LINT, Charles. "The Tales Goes Ever On". *In*: HABER, Karen (Ed.). *Meditations on Middle-Earth*. New York: St. Martin's, 2001.
DEL RAY, Lester. "A Report on J. R. R. Tolkien". *Worlds of Fantasy* 1, no. 1 (1968): 84-85.
DERRICK, Christopher. *C. S. Lewis and the Church of Rome*. San Francisco: Ignatius Press, 1981.
DIBBELL, Julian. "J. R. R. Tolkien Still Feeds the Nerd Nation's Imagination: Lord of the Geeks". *Village Voice*, 6-12 June 2001.
DOYLE, John S. "Debating the Century's Best Reads". *World Press Review* (April 1997): 44-45.
_____. "Dressing Up Gets Dressing Down in Russia". *Ottawa Citizen*, 24 February 2002, C16.
DUANE, Diane. "The Longest Sunday". *In*: HABER, Karen (Ed.). *Meditations on Middle-Earth*. New York: St. Martin's, 2001.
DURIEZ, Colin & PORTER, David. *The Inklings Handbook*. St. Louis: Chalice Press, 2001.
DURIEZ, Colin. *Tolkien and The Lord of the Rings: A Guide to Middle-Earth*. Mahwah: Hidden Spring, 2001.
EDWARDES, Charlotte & FOGGO, Daniel. "Jk Vs Jrr: The Film Adaptations of Harry Potter and The Lord of the Rings Should Set Box Office Records". *London Sunday Telegraph*, 11 November 2001, 20.
ELIOT, T. S. *Christianity and Culture*. San Diego: Harvest, 1976.
ERNST, Trent. "Three Ring Circus". *Vancouver Sun*, 20 January 2001.
_____. "Eucastrophe". *Time* (17 September 1973): 101.
EVANS, Robley. *J. R. R. Tolkien*. New York: Crowell, 1972.
_____. "Families at War: Discord of the Rings for Tolkiens". *London Independent*, 2 December 2001, 9.
FAIRBURN, Elwin. "J. R. R. Tolkien: A Mythology for England". *In*: PEARCE, Joseph (Ed.). *Tolkien: A Celebration*. London: Fount, 1999. p. 73-85.
FARRELL, Robert T. and SALU, Mary. *J. R. R. Tolkien, Scholar and Storyteller: Essays in Memoriam*. Ithaca: Cornell University Press, 1979.
FEIST, Raymond. "Our Grandfather: Meditation on J. R. R. Tolkien". *In*: HABER, Karen (Ed.). *Meditations on Middle-Earth*. New York: St. Martin's, 2001.

_____. "The Fellowship of the Ring". *New Yorker* (13 November 1954): 218-19.

FISHER, Jude. *The Lord of the Rings: The Fellowship of the Rings: Visual Companion*. Boston: Houghton Mifflin, 2001.

FLIEGER, Verlyn. "The Footsteps of Aelfwine". *In*: FLIEGER, Verlyn & HOSTETTER, Carl F. (Ed.). *Tolkien's Legendarium: Essays on the History of Middle-Earth*. Westport: Greenwood Press, 2000.

_____. *A Question of Time: J. R. R. Tolkien's Road to Faerie*. Kent, Ohio: Kent State University Press, 1997.

_____. *Splintered Light: Logos and Language in Tolkien's World*. Grand Rapids, Mich.: Eerdmans, 1983.

FLIEGER, Verlyn & HOSTETTER, Carl F. (Ed.). *Tolkien's Legendarium: Essays on the History of Middle-Earth*. Westport: Greenwood Press, 2000.

FLOOD, Robert H. "Hobbit Hoax? The Fellowship of the Ring". *Books on Trial* (February 1955).

FLYNN, Ted. *Thunder of Justice*. Sterling: MaxKol, 1993.

FOGGO, Daniel. "Lord of the Rings Films 'Will Force Tolkien Family into Hiding'". *London Sunday Telegraph*, 7 January 2001.

FORBES, Cheryl. "Answers About Middle-Earth". *Christianity Today* (7 October 1977): 30-31.

FOSTER, Robert. *The Complete Guide to Middle-Earth*. New York: Del Ray, 1979.

FRASER, Lindsey. *Conversations with J. K. Rowling*. New York: Scholastic, Inc., 2001.

FRIESNER, Esther M. "If You Give a Girl a Hobbit". *In*: HABER, Karen (Ed.). *Meditations on Middle-Earth*. New York: St. Martin's, 2001.

FULLER, Edmund. "Catnip for Hobbit Lovers". *Wall Street Journal*, 24 July 1984.

_____. *Myth, Allegory, and Gospel: An Interpretation of J. R. R. Tolkien, C. S. Lewis, G. K. Chesterton [and] Charles Williams*. Minneapolis: Bethany Fellowship, 1974.

_____. "A Superb Addition to Tolkien's Mythological Realm". *Wall Street Journal*, 19 September 1977.

GARDNER, Anthony. "Literary Giant or Montrous Myth?" *London Times*, 28 December 1991.

GARTH, John. "Tolkien Fantasy Was Born in Trenches of the Somme". *London Evening Standard*, 13 December 2001, 22.

GASLIN, Glenn. "The Language of the Elves: Many of the World's Languages Are Dying out, but Soon a New One Will Surge to Prominence, a Tongue with Ancient Roots and a Big Hollywood Budget". *Vancouver Sun*, 14 July 2001, H3.

GERVILLE-REACHE. "Tolkien's 'Silmarillion' Tests Fans". *Christian Science Monitor*, 21 September 1977.

GIDDINGS, Robert, & HOLLAND, Elizabeth. *J. R. R. Tolkien: The Shores of Middle-Earth*. London: Junction Books, 1981.

GILSON, Christopher. "Gnomish Is Sindarin: The Conceptual Evolution of an Elvish Lanuguage". *In*: FLIEGER, Verlyn & HOSTETTER, Carl F. (Ed.). *Tolkien's Legendarium: Essays on the History of Middle-Earth*. Westport: Greenwood Press, 2000.

GILSON, Étienne. *The Spirit of Medieval Philosophy*. Notre Dame: University of Notre Dame Press, 1991.

GOLDSTEIN, Lisa. "The Mythmaker". *In*: HABER, Karen (Ed.). *Meditations on Middle-Earth*. New York: St. Martin's, 2001.

GREEN, Roger Lancelyn & HOOPER, Walter. *C. S. Lewis: A Biography*. San Diego: Harcourt Brace, 1994.

GREENBERG, Martin H. (Ed.) *After the King: Stories in Honor of J. R. R. Tolkien*. New York: Tor, 1992.

GRESHAM, Douglas H. *Lenten Lands*. New York: MacMillan, 1988.

GREYDANUS, Steven D. "From Book to Film". *Catholic World Report* (December 2001): 44-47.

GRITTEN, David. "Why Frodo May Be More Than a Match for Harry". *London Daily Telegraph*, 6 January 2001, 8.

GROTTA, Daniel. *The Biography of J. R. R. Tolkien: Architect of Middle-Earth*. Philadelphia: Running Press, 1992.

GUARDINI, Romano. *The End of the Modern World*. Wilmington: ISI Books, 1998.

_____. *Letters from Lake Como: Explorations in Technology and the Human Race*. Trad. George Bromiley. Grand Rapids: Eerdmans, 1994.

GUNTON, Colin. "A Far-Off Gleam of the Gospel: Salvation in Tolkien's The Lord of the Rings". *In*: PEARCE, Joseph (Ed.). *Tolkien: A Celebration*. London: Fount, 1999. p. 124-40.

HABER, Karen (Ed.). *Meditations on Middle-Earth*. New York: St. Martin's, 2001.

HALLE, Louis J. "Flourishing Orcs". *Saturday Review* (15 January 1955): 17-18.

_____. "History through the Mind's Eye". *Saturday Review* (28 January 1956): 11-12.

HAMMOND, Wayne G. "'A Continuing and Evolving Creation': Dis-tractions in the Later History of Middle-Earth". *In*: FLIEGER, Verlyn & HOSTETTER, Carl F. (Ed.). *Tolkien's Legendarium: Essays on the History of Middle-Earth*. Westport: Greenwood Press, 2000.

_____. *J. R. R. Tolkien: A Descriptive Biography*. New Castle: Oak Knoll Books, 1993.

HAMMOND, Wayne G., and SCULL, Christian. "The History of Middle-Earth: Review Article". VII 12 (1995): 105-10.

_____. *J. R. R. Tolkien: Artist & Illustrator*. Boston: Houghton Mifflin, 1995.

HEINEN, Tom. "Rings a Catholic Journey". *London Free Press*, 29 December 2001, F7.

HELMS, Randel. *Tolkien and the Silmarils*. Boston: Houghton Mifflin, 1981.

HENRY, Michael D. "Voegelin and Heidegger as Critics of Modernity". *Modern Age 43*, no. 2 (2001): 118-27.

HERBERT, Gary B. "Tolkien's Tom Bombadil and the Platonic Ring of Gyges". *Extrapolation 26* (1985): 152-59.

HILLEGAS, Mark Robert. *Shadows of Imagination; the Fantasies of C. S. Lewis, J. R. R. Tolkien, and Charles Williams*. Carbondale: Southern Illinois University Press, 1969.

HIMES, Jonathan B. "What Did J. R. R. Tolkien Really Do with the Sampo?" *Mythlore 22*, no. 4 (2000): 69-85.

_____. "A History Lesson for Harry Potter". *London Daily Mail*, 12 November 2001, 26-27.

HOBB, Robin. "A Bar and a Quest". *In*: HABER, Karen (Ed.). *Meditations on Middle-Earth*. New York: St. Martin's, 2001.

HUME, Stephen. "Fantasy Casts Welcome Spell in Age of Uncertainty". *Vancouver Sun*, 9 November 2001, F2.

HURDLING, Glenn. "'The Radical Distinction': A Conversation with Tim and Greg Hildebrandt". *In*: HABER, Karen (Ed.). *Meditations on Middle-Earth*. New York: St. Martin's, 2001.

ISAACS, Neil D. & ZIMBARDO, Rose A. (Eds.). *Tolkien and the Critics: Essays on J. R. R. Tolkien's The Lord of the Rings*. Notre Dame: University of Notre Dame Press, 1968.

_____. "J. R. R. Tolkien Dead at 81; Wrote 'Lord of the Rings'". *New York Times*, 3 September 1973, 18.

JEFFERY, Richard. "Root and Tree: The Growth of Tolkien's Writings". *In*: PEARCE, Joseph (Ed.). *Tolkien: A Celebration*. London: Fount, 1999. p. 141-55.

JOHN PAUL II, Pope. "Incarnation Inspires Christian Genius". *L'Osservatore Romano* (Vatican City). 4 December 1996.

JOHNSON, George Burke. "Poetry of J. R. R. Tolkien". *In*: *The Tolkien Papers: Ten Papers Prepared for the Tolkien Festival at Mankato State College*, October 28 and 29, 1966, 63-75. Mankato, Minn.: Mankato State College, 1967.

JOHNSON, Judith Anne. *J. R. R. Tolkien: Six Decades of Criticism*. Bibliographies and Indexes in World Literature, No. 6. Westport: Greenwood Press, 1986.

JUDGE, Mark Gauvreau. "One Ring to Rule Them All". *Soujourners* (November/December 1996): 50, 53.

KAVENEY, Roz. "The Ring Recycled". *New Statesman and Society*, 27 December 1992, 47.

KENNEDY, Frances. "Fascists Take Heart From Hobbit Revival". *Independent*, 18 January 2002, 12.

KILBY, Clyde S. "Mythic and Christian Elements in Tolkien". *In*: MONTGOMERY, John Warwick. *Myth, Allegory, and Gospel: An Interpretation of J. R. R. Tolkien, C. S. Lewis, G. K. Chesterton, Charles Williams*. Minneapolis: Bethany Fellowship, 1974. p. 119-43.

KIRK, Russell. "Contemporary Literature". *National Review* (22 November 1974): 1359.

_____. *Enemies of the Permanent Things: Observations of Abnormity in Literature and Politics*. New Rochelle: Arlington House, 1969.

_____. "The Great Mysterious Incorporation of the Human Race". *In*: TADIE, Andrew A. & MACDONALD, Michael H. *Perma-*

nent Things: Toward the Recovery of a More Human Scale at the End of the Twentieth Century*. Grand Rapids: Eerdmans, 1995. p. 1-13.

_____. *Prospects for Conservatives*. Chicago: Gateway, 1956.

_____. "Tolkien and Truth Through Fantasy". *To the Point* (General Features Corporation), 29/30 June 1968.

KNIGHT, Gareth. *The Magical World of the Inklings: J. R. R. Tolkien, C. S. Lewis, Charles Williams, Owen Barfield*. Shaftesbury: Element, 1990.

KOCHER, Paul Harold. *A Reader's Guide to the Silmarillion*. Boston: Houghton Mifflin, 1980.

_____. *Master of Middle-Earth: The Fiction of J. R. R. Tolkien*. Boston: Houghton Mifflin, 1972.

KOPFF, E. Christian. *The Devil Knows Latin: Why America Needs the Classical Tradition*. Wilmington: ISI Books, 1999.

KREEFT, Peter. *Back to Virtue: Traditional Moral Wisdom for Modern Moral Confusion*. San Francisco: Ignatius Press, 1992.

_____. "Wartime Wisdom in The Lord of the Rings". *St. Austin Review*, January 2002, 4-11.

_____. "The Wonders of the Silmarillion". *In*: HILLEGAS, Mark R. (Ed.). *Shadows of Imagination*. Carbondale: Southern Illinois Press, 1979. p. 161-78.

KUITENBROUWER, Peter. "Tolkien Tale Is Magic for Harpercollins". *National Post*, 12 December 2001, FP6.

LACEY, Liam. "The Most Colossal Movie Production Ever Embarked On". *Toronto Globe and Mail*, 15 May 2001.

LAING, Andrew. "At Loss over a Blockbuster: J. R. R. Tolkien's Lord of the Rings Is Coming to the Big Screen". *Glasgow Herald*, 28 November 2001, 17.

LAWHEAD, Stephen R. "J. R. R. Tolkien: Master of Middle-Earth". *In*: PEARCE, Joseph (Ed.). *Tolkien: A Celebration*. London: Fount, 1999. p. 156-71.

LAWSON, Jim. "A Pipe-Smoking Hobbit from the Shire". *Pipes* (2002): 16-20.

LE GUIN, Ursula K. "The Dark Tower and Other Stories by C. S. Lewis". *New Republic* (16 April 1977): 29-30.

_____. "Rhythmic Pattern in The Lord of the Rings". *In*: HABER, Karen (Ed.). *Meditations on Middle-Earth*. New York: St. Martin's, 2001.

LEIGHTON, Barry. "Tolkien's Clue to Lord of the Rings". *Bristol Western Daily Press*, 26 February 2002, 11.

LEWIS, C. S. *That Hideous Strength*. New York: Macmillan, 1946.

LITTLE, T. E. *The Fantasts: Studies in J. R. R. Tolkien, Lewis Carroll, Mervyn Peake, Nikolay Gogol, and Kenneth Grahame*. Amersham, England: Avebury, 1984.

LUTZ, Donald. "Preface". *In*: LUTZ, Donald (Ed.). *Colonial Origins of the American Constitution*. Indianapolis: Liberty Fund, 1998.

MANLOVE, C. N. *Modern Fantasy: Five Stories*. Cambridge: Cambridge University Press, 1975.

MARKOS, Louis A. "Myth Matters". *Christianity Today* (23 April 2001): 32-39.

MARTIN, George. "Introduction". *In*: HABER, Karen (Ed.). *Meditations on Middle-Earth*. New York: St. Martin's, 2001.

MARTINEZ, Michael. *Visualizing Middle-Earth*. Philadelphia: Xlibris, 2000.

MATHEWS, Anna Wilde. "New Line Cinema Gives 'Rings' Trilogy a Big Push on Web for Obsessive Fans". *Wall Street Journal*, 10 January 2001, B1.

MCGILL, Hannah. "Youth Culture Risks Picking up a Filthy Hobbit". *Scotsman*, 3 November 2000, 5.

MCGRATH, Sean. "The Passion According to Tolkien". *In*: PEARCE, Joseph (Ed.). *Tolkien: A Celebration*. London: Fount, 1999. p. 172-82.

MCLELLAN, Joseph. "Frodo and the Cosmos". *Washington Post*, 4 September 1977.

MILLER, Dan. "The Hobbit Cult: A Fantastic Ring". *Chicago Daily News*, 8-9 September 1973, 5-6.

MITGANG, Herbert. "Behind the Best Sellers: J. R. R. Tolkien". *New York Times*, 2 October 1977, 48.

MOORCOCK, Michael. *Wizardry and Wild Romance: A Study in Epic-Fantasy*. London: Victor Gollancz, 1987.

MOSELEY, C. W. R. D. *J. R. R. Tolkien*. Plymouth: Northcote House & British Council, 1997.

MOSELEY, Charles. "A Creature of Hobbit". *London Observer*, 8 October 2000.

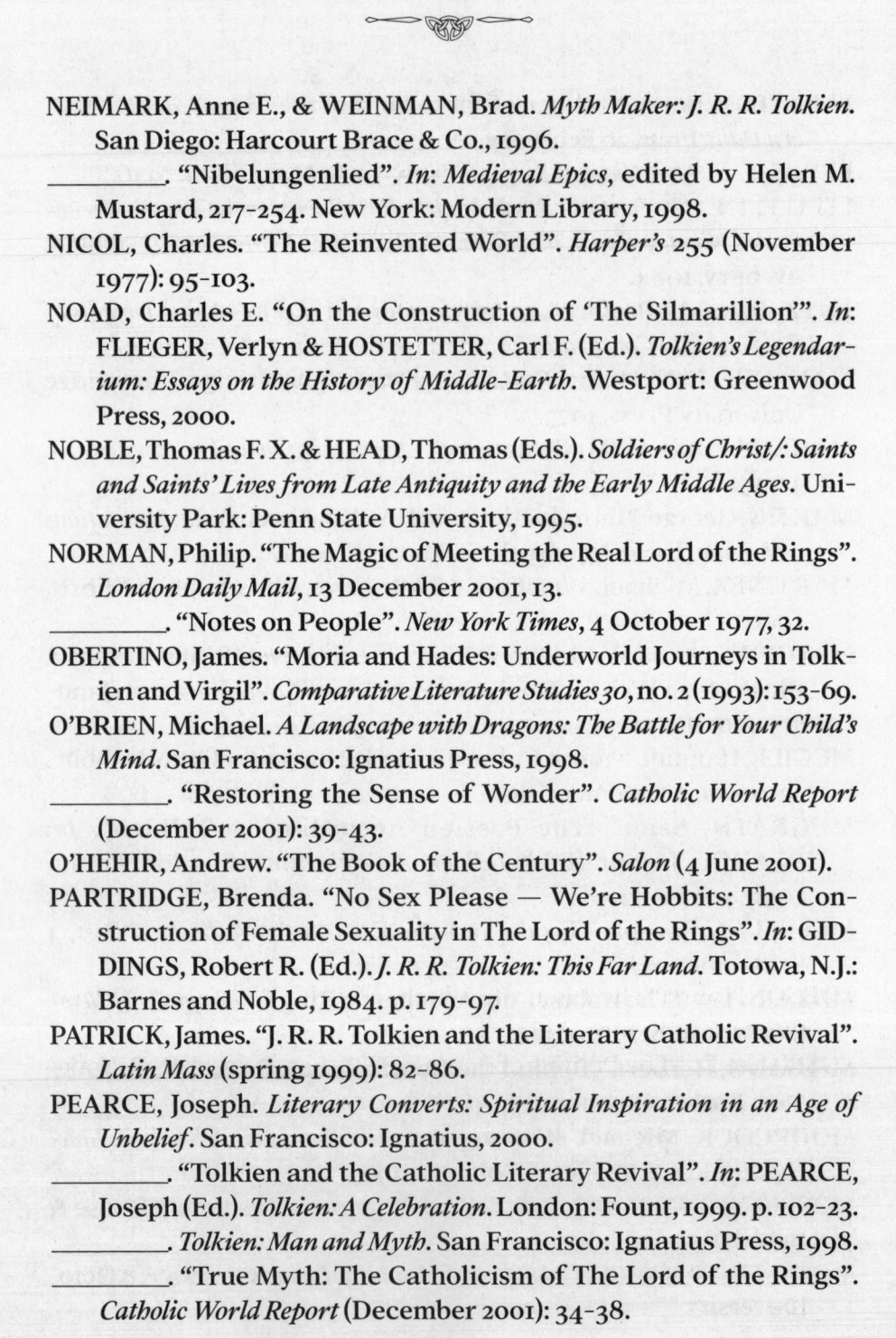

NEIMARK, Anne E., & WEINMAN, Brad. *Myth Maker: J. R. R. Tolkien*. San Diego: Harcourt Brace & Co., 1996.

_____. "Nibelungenlied". *In*: *Medieval Epics*, edited by Helen M. Mustard, 217-254. New York: Modern Library, 1998.

NICOL, Charles. "The Reinvented World". *Harper's* 255 (November 1977): 95-103.

NOAD, Charles E. "On the Construction of 'The Silmarillion'". *In*: FLIEGER, Verlyn & HOSTETTER, Carl F. (Ed.). *Tolkien's Legendarium: Essays on the History of Middle-Earth*. Westport: Greenwood Press, 2000.

NOBLE, Thomas F. X. & HEAD, Thomas (Eds.). *Soldiers of Christ/: Saints and Saints' Lives from Late Antiquity and the Early Middle Ages*. University Park: Penn State University, 1995.

NORMAN, Philip. "The Magic of Meeting the Real Lord of the Rings". *London Daily Mail*, 13 December 2001, 13.

_____. "Notes on People". *New York Times*, 4 October 1977, 32.

OBERTINO, James. "Moria and Hades: Underworld Journeys in Tolkien and Virgil". *Comparative Literature Studies 30*, no. 2 (1993): 153-69.

O'BRIEN, Michael. *A Landscape with Dragons: The Battle for Your Child's Mind*. San Francisco: Ignatius Press, 1998.

_____. "Restoring the Sense of Wonder". *Catholic World Report* (December 2001): 39-43.

O'HEHIR, Andrew. "The Book of the Century". *Salon* (4 June 2001).

PARTRIDGE, Brenda. "No Sex Please — We're Hobbits: The Construction of Female Sexuality in The Lord of the Rings". *In*: GIDDINGS, Robert R. (Ed.). *J. R. R. Tolkien: This Far Land*. Totowa, N.J.: Barnes and Noble, 1984. p. 179-97.

PATRICK, James. "J. R. R. Tolkien and the Literary Catholic Revival". *Latin Mass* (spring 1999): 82-86.

PEARCE, Joseph. *Literary Converts: Spiritual Inspiration in an Age of Unbelief*. San Francisco: Ignatius, 2000.

_____. "Tolkien and the Catholic Literary Revival". *In*: PEARCE, Joseph (Ed.). *Tolkien: A Celebration*. London: Fount, 1999. p. 102-23.

_____. *Tolkien: Man and Myth*. San Francisco: Ignatius Press, 1998.

_____. "True Myth: The Catholicism of The Lord of the Rings". *Catholic World Report* (December 2001): 34-38.

PERSON, James E., Jr. *Russell Kirk: A Critical Biography of a Conservative Mind.* Lanham: Madison Books, 1999.

PLIMMER, Charlotte & PLIMER, Denis. "The Man Who Understands Hobbits". *London Daily Telegraph Magazine* (22 March 1968): 31-32, 35.

POWER, Edward. "Michael Moorcock". *Irish Times*, 29 December 2001, 61.

PRATCHETT, Terry. "Cult Classic". *In*: HABER, Karen (Ed.). *Meditations on Middle-Earth.* New York: St. Martin's, 2001.

PRIESTMAN, Judith. *Tolkien: Life and Legend.* Oxford: Bodleian Library [1992].

PURTILL, Richard L. *J. R. R. Tolkien: Myth, Morality, and Religion.* 1st ed. San Francisco: Harper & Row, 1984.

_____. *Lord of the Elves and Eldils; Fantasy and Philosophy in C. S. Lewis and J. R. R. Tolkien.* Grand Rapids: Zondervan, 1974.

RAHE, Paul. *Republics: Ancient and Modern.* Chapel Hill: University of North Carolina Press, 1992.

RATELIFF, John D. "The Lost Road, the Dark Tower, and the Notion Club Papers: Tolkien and Lewis's Time Travel Triad". *In*: FLIEGER, Verlyn & HOSTETTER, Carl F. (Ed.). *Tolkien's Legendarium: Essays on the History of Middle-Earth.* Westport: Greenwood Press, 2000.

RATLIFF, William E. & FLINN, Charles G. "The Hobbit and the Hippie". *Modern Age* (Spring 1968): 142-46.

REUTER, Madalynne. "Hm's 'The Silmarillion' Sets New Record". *Publishers Weekly* (26 September 1977): 106-8.

REYNOLDS, Barbara. "Memories of C. S. Lewis in Cambridge". *Chesterton Review* 17 (1991): 378-84.

ROBSON, John. "The Lion, the Witch, and the Whatever". *Ottawa Citizen*, 6 June 2001, A18.

ROSSI, Lee D. "The Politics of Fantasy, C. S. Lewis and J. R. R. Tolkien". *Studies in Speculative Fiction*, No. 10. Ann Arbor, Mich.: UMI Research Press, 1984.

ROTHSTEIN, Edward. "Flaming Swords and Wizards' Orb.". *New York Times Book Review*, 8 December 1996, 60-61.

RUSSELLO, Gerald J. (Ed.). *Christianity and European Culture: Selections from the Work of Christopher Dawson.* Washington, D.C.: Catholic University Press of America, 1998.

SALE, Roger. *Modern Heroism: Essays on D. H. Lawrence, William Empson, & J. R. R. Tolkien*. Berkeley: University of California Press, 1973.

SAYER, George. *Liner notes to J. R. R. Tolkien Reads and Sings His Lord of the Rings*. Caedmon CDL5 1478.

SCHALL, James V. "On the Reality of Fantasy". *Crisis* (March 1992): 42-44.

SCRIPPS HOWARD NEWS SERVICE. "Observers Question How Tolkien Will Translate to Film". *Evansville Courier & Press*, 4 August 2001.

SCULL, Christina. "The Development of Tolkien's Legendarium: Some Threads in the Tapestry of Middle-Earth". *In*: FLIEGER, Verlyn & HOSTETTER, Carl F. (Ed.). *Tolkien's Legendarium: Essays on the History of Middle-Earth*. Westport: Greenwood Press, 2000.

SHIPPEY, T. A., (ed.) *Leaves from the Tree: J. R. R. Tolkien's Shorter Fiction*. London: The Tolkien Society, 1991.

_____. *The Road to Middle-Earth*. Boston: Houghton Mifflin, 1983.

_____. *J. R. R. Tolkien: Author of the Century*. Boston: Hougton Mifflin, 2001.

_____. "Why the Critics Must Recognize Lord of the Rings as a Classic". *London Daily Telegraph*, 2 January 2002.

SIBLEY, Brian. *The Lord of the Rings: Official Movie Guide*. Boston: Houghton Mifflin, 2001.

SMITH, Alan. "A Shire Pleasure". *Pipes* (2001): 20-24.

SMITH, Arden R. "Certhas, Skirditaila, Fupark: A Feigned History of Runic". *In*: FLIEGER, Verlyn & HOSTETTER, Carl F. (Ed.). *Tolkien's Legendarium: Essays on the History of Middle-Earth*. Westport: Greenwood Press, 2000.

SOUKUP, Daniel. "Middle-Earth A Fundamentally Catholic World?" *St. Austin Review* (January 2002): 18-21.

SPACKS, Patricia Meyer. "Ethical Pattern in The Lord of the Rings". *Critique 3* (1959): 30-42.

SPENCER, Stewart & MILLINGTON, Barry (Eds.). *Selected Letters of Richard Wagner*. New York: W.W. Norton, 1988.

STANTON, Michael N. *Hobbits, Elves, and Wizards: Exploring the Wonders and Worlds of J. R. R. Tolkien's The Lord of the Rings*. New York: St. Martins, 2001.

STANWICK, Michael. "A Changeling Returns". *In*: HABER, Karen (Ed.). *Meditations on Middle-Earth*. New York: St. Martin's, 2001.

STEVENS, David ; STEVENS, Carol D. & SCHLOBIN, Roger C. *J. R. R. Tolkien — the Art of the Myth-Maker*. San Bernardino: R. Reginald, Ed. rev., 1993.

STEWART, Douglas J. "The Hobbit War". *Nation* (9 October 1967): 332-34.

STIMPSON, Catharine R. *J. R. R. Tolkien*. New York: Columbia University Press, 1969.

STRAIGHT, Michael. "The Fantastic World of Professor Tolkien". *New Republic* (16 January 1956): 24-26.

SULLIVAN, C. W. "Name and Lineage Patterns: Aragorn and Beowulf". *Extrapolation 25* (1984): 239-46.

SWANN, Donald. *Swann's Way: A Life in Song*. London: Heinemann, 1991.

TAYLOR, D. J. "The Lion, the Witch, and the Boardroom". *London Independent*, 7 June 2001, 1.

_____. "The Secret Life of J. R. R. Tolkien: The Lord of the Rings Is the Product of a Magnificent Imagination". *London Independent*, 21 November 2001, 7.

TAYLOR, J. E. A. *The Tolkien Companion*. New York: Grammercy, 2000.

THOMAS, Paul Edmund. "Some of Tolkien's Narrators". *In*: FLIEGER, Verlyn & HOSTETTER, Carl F. (Ed.). *Tolkien's Legendarium: Essays on the History of Middle-Earth*. Westport: Greenwood Press, 2000.

TIMMONS, Daniel. "Sub-Creator and Creator: Tolkien and the Design of the One". *St. Austin Reiew* (January 2002): 12-14.

TODD, Douglas. "The Christian Roots of the Rings". *Vancouver Sun*, 14 December 2001, A23.

_____. "Tolkien Letters, Book Proofs on the Block". *Toronto Sun*, 3 November 2001, 50.

_____. "Tolkien's Enduring Legacy". *Irish News*, 24 December 2001, 41.

_____. "Tolkien's Publisher Says 'Silmarillion' Will Be Released". *New York Times*, 4 September 1973, 31.

_____. "Tolkiens in Family Feud over Film". *Toronto Sun*, 3 December 2001, 39.

TURNER, Jenny. "The Lure of the Rings". *London Sunday Telegraph*, 25 November 2001, 1.

_____. "Reasons for Liking Tolkien". *London Review of Books*, 15 November 2001.

TURTLEDOVE, Harry. "The Ring and I". *In*: HABER Karen (Ed.). *Meditations on Middle-Earth*. New York: St. Martin's, 2001.

_____. "The Two Towers". *New Yorker* (14 May 1955): 170, 173.

UNWIN, Rayner. "Early Days of Elder Days". *In*: FLIEGER, Verlyn & HOSTETTER, Carl F. (Ed.). *Tolkien's Legendarium: Essays on the History of Middle-Earth*. Westport: Greenwood Press, 2000.

URANG, Gunnar. *Shadows of Heaven: Religion and Fantasy in the Writing of C. S. Lewis, Charles Williams, and J. R. R. Tolkien*. Philadelphia: Pilgrim Press, 1971.

VOEGELIN, Eric. *Science, Politics, and Gnosticism: Two Essays*. Chicago: Regnery, 1968.

WAGENKNECT, Edward. "'Ring' Joins Great Novels of the Year". *Sunday Tribune*, 26 December 1954.

WAGNER, Richard. *The Ring of the Nibelung*. New York: W.W. Norton, 1976.

WARE, Jim. "Stories within Stories: Finding God in 'The Lord of the Rings'". *Focus on the Family* (December 2001): 9-11.

WEIGEL, George. "John Paul II and the Crisis of Humanism". *First Things 98* (December 1999): 31-36.

WEINRAUB, Bernard. "Cecil Beaton Knighted by Queen; a Racing Driver Is Also Honored". *New York Times*, 1 January 1972, 3.

WEST, John G., Jr. "The Lord of the Rings as a Defence of the Freedoms of Western Civilization". *St. Austin Review* (January 2002): 15-17.

WEST, Richard C. "Turin's Ofermod: An Old English Theme in the Development of the Story of Turin". *In*: FLIEGER, Verlyn & HOSTETTER, Carl F. (Ed.). *Tolkien's Legendarium: Essays on the History of Middle-Earth*. Westport: Greenwood Press, 2000.

WILLIAMS, Lynn. "Tolkien Is Still Fantastic, 100 Years after His Birth". *St. Louis Post-Dispatch*, January 12 1992, 1C.

WILSON, A. N. "'Tolkien Was Not a Writer' What Is the Secret of The Lord of the Rings' Appeal?" *London Daily Telegraph*, 24 November 2001, 7.

WILSON, Christopher, "As the Fantasy World of The Lord of the Rings Is Brought to Life on the Big Screen, the Author's Family Has Bitterly Condemned the Project: The Sad Legacy of Tolkien's Fable." *London Express*, 12 October 2001, 37.

WILSON, Colin. *Tree by Tolkien*. Santa Barbara: Capra Press, 1974.

WILSON, Edmund. "Oo, Those Awful Orcs". *Nation 182* (14 April 1956): 312-14.

WINDLING, Terry. "On Tolkien and Fairy-Stories". *In*: HABER, Karen (Ed.). *Meditations on Middle-Earth*. New York: St. Martin's, 2001.

WYNNE, Patrick & HOSTETTER, Carl F. "Three Elvish Verse Modes: Ann-Thennath, Minlamad Thent/Estent, and Linnod". *In*: FLIEGER, Verlyn & HOSTETTER, Carl F. (Ed.). *Tolkien's Legendarium: Essays on the History of Middle-Earth*. Westport: Greenwood Press, 2000.

YOLEN, Jane. "Introduction". *In*: GREENBERG, Martin H. (Ed.) *After the King: Stories in Honor of J. R. R. Tolkien*. New York: Tor, 1992.

Índice Remissivo e Onomástico

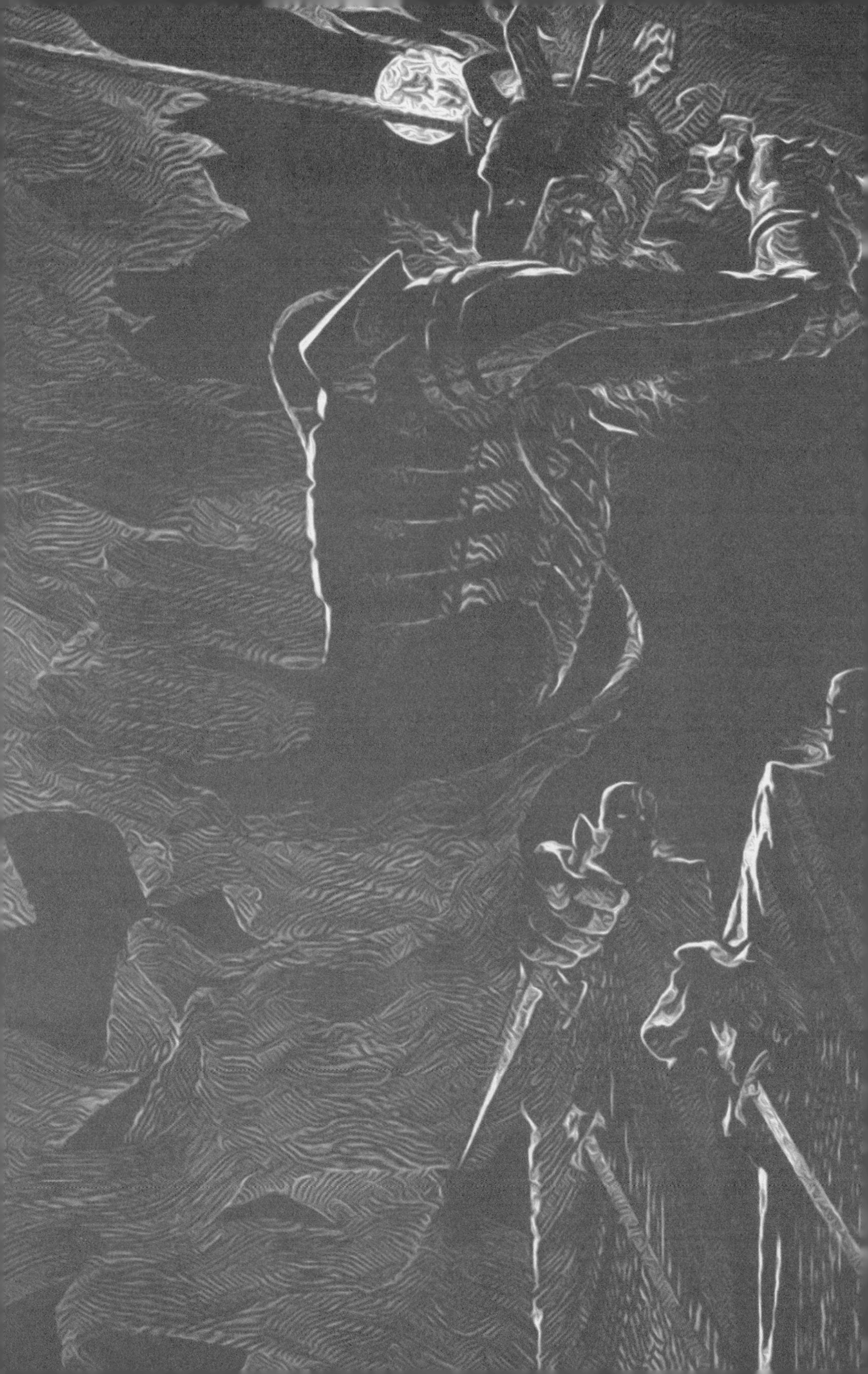

Índice Remissivo e Onomástico

11º Regimento de Fuzileiros de Lancashire, 53

A

Abolition of Man, The [*A Abolição do Homem*], de C. S. Lewis, 218
Abraão, personagem bíblico, 105, 187
Academia Britânica, 102
Acton, John Emerich Edward Dalberg-Acton (1834-1902), 1º Barão de Acton, conhecido como Lorde, 115
Adão, personagem bíblico, 145, 241
Aeterni Patris, encíclica de Leão XIII, 222, 242
África, 113, 211
África do Sul, 52, 69, 113
Agostinho de Hipona, Santo (354-430), 45-46, 105, 151-52, 174

Alatar e Pallando, personagens fictícios, prováveis nomes dos Magos Azuis (*ver* Morinehtar e Rómestámo)
Ainur, os Arcanjos, 131-32
Ainur, os Sagrados, 23-24
Alice no País das Maravilhas, de Lewis Carroll, 113
Alighieri, Dante (1265-1321), 80
Allen & Unwin, 69, 76
Alta Idade Média, 167-68, 170
America, 81
América do Norte, 46
American Library Association, 54
Andreth, esposa de Finrod, 134, 136, 187-88
Andrew Lang Lecture, 102
Anel de Giges, de Platão, 198
Anel de Morgoth, 132, 154
Anel de Sauron, 198
Anel do Mal, 138
Apocalipse de São João, 132, 146

Aragorn, personagem fictício, 25, 48, 90, 92, 100, 114, 140, 143, 152, 154-55, 159-61, 164, 168-74, 183, 194, 201, 210, 215, 226, 238, 244
Arcanjos, 24, 131
Arda, o mundo da Terra Média, 23, 34, 99, 131-34, 136, 141, 154, 162, 171, 174, 188, 192
Arendt, Hannah (1906-1975), 182
Aristóteles (384-322 a.C.), 105, 151, 200
Árvore de Natal, 45
Árvore e Folha, 82
Asgard, 59
Ásia, 112
Atenas, 240
Athrabeth Finrod Ah Andreth, motivo do mal e da queda, 134
Atlantic Monthly, 81
Atos dos Apóstolos, 166, 195
Auden, W. H. [Wystan Hugh] (1907-1973), 55, 70-71, 111
Aulë, personagem fictício, 186-87
Ave-Maria, 105
Aventuras de Tom Bombadil, As, 82

B

Babilônia, 216
Baggins [Bolseiro], família fictícia, 100
Ballantine Books, 232
Balrogs, personagens fictícios, 180, 200
Barbárvore, personagem fictício, 129, 210
Barefoot [pés descalços], família fictícia, 100
Barfield, Owen (1898-1997), 62
Barnett, Allen (1955-1991), 100
Barr, Donald (1921-2004), 71
Batalha do Somme, 53
Beatitudes, 42
Beatles, The, 73
Beer, Jeremy, 35

Beirágua, localidade fictícia, 157
Beleza da criação de Deus, 43
Belloc, Joseph Hilaire Pierre René (1870-1953), 221-22
Belo Reino, 39-42, 48
Bennett, J. A. W. [Jack Arthur Walter] (1911-1981), 62
Beren, personagem fictício, 87, 89, 101, 174
Berúthiel, personagem fictícia, 92
Beowulf, 55, 102-06, 112-13, 158, 170, 244
Bíblia Sagrada, 80
Bilbo Baggins, personagem fictício, 91, 214, 223,
Birzer, Bradley J. (1967-), 22, 26
Birzer, Dedra, 36
Birzer, Gretchen, 36
Birzer, Nathaniel, 36
Birzer, Todd, 34-35
Blackstock, Bob, 36
Blessing, Matt, 35
Blissett, William Frank (1921-), 71
Bloemfontein, África do Sul, 52
Bloom, Harold (1930-2019), 232
Bloomington, Indiana, 231
"*Bog-trotters*" ou "ratos do pântano", 126
Boffin, família fictícia, 100
Bonifácio de Crediton (672-754), também conhecido como São Bonifácio de Mogúncia, São, 45
Bonifácio de Mongúcia, *ver* Bonifácio de Crediton
Borlas, personagem fictício, 201
Boromir, personagem fictício, 25, 140, 168-69, 173, 199, 238
Bradley, Henry (1845-1923), 94
Bratman, David, 35, 58
Bratt, Edith, *ver* Edith Mary Tolkien
Braveheart [*Coração Valente*], de Mel Gibson, 239
Breit, Harvey (1909-1968), 88, 206
Breve visão do Paraíso, 88

ÍNDICE REMISSIVO E ONOMÁSTICO

Britânia, 218
Brookhiser, Richard (1955-), 80
Brown, Nicholas, 35
Burke, Edmund (1729-1797), 47
Burroughs, Edgar Rice (1875-1950), 80

C

Caçador, O, 100
Cahokia, Illinois, 46
Cain, Jeff, 35
Cambridge, 68
Caminho da Montanha, O, pintura de J. R. R. Tolkien, 33
Campbell, Roy (1901-1957), 66, 126, 215
Campos de Lis, 143
Carlos Magno (742-814), rei dos francos, 114, 170
Carlos Martel (688-741), duque dos francos, 114, 167
Carpenter, Humphrey (1946-2005), 58, 72
Cartas a Malcolm, de C. S. Lewis, 128-29
Carta aos Colossenses, de São Paulo, 153
Carta aos Coríntios, de São Paulo, 153
Carta aos Filipenses, de São Paulo, 153, 241
Carta aos Romanos, de São Paulo, 153, 241
Cartas do Diabo a Seu Aprendiz, de C. S. Lewis, 130
Casa do Oratório de Birmingham, 123
Casaquistão, 236
Castell, Daphne (1929-1983), 72
C. B. E., ou *"Comendador do Império Britânico"*, 83
Cecil, *Lord* David (1902-1986), 62
Center for the American Idea, 35
Centro-Norte europeu, 45
Chance, Jane (1945-), 36, 170

Chesterton, G. K. [Gilbert Keith] (1874-1936), 41-44, 91, 99, 221-22, 242
Chicago Sunday Tribune, 71
China, 112, 211
Christian Science Monitor, 81
Christanity Today, 80
Cícero, Marco Túlio (106-43 a.C.), 46, 105, 151-52, 222, 240
Cidade de Deus, A, de Santo Agostinho, 46, 105
Circe, 42
Círdan, personagem fictício, 92-93, 163
Cirith Ungol, localidade fictícia, 89, 139
Clemente de Alexandria, nascido Tito Flávio Clemente (150-215), 105
Coghill, Nevill (1899-1980), 62, 66
Colinas dos Túmulos, 168
Columbe, Charles A. (1960-), 143
Commonwealth, 222
Concílio Vaticano II, 125
Condado, 112, 155, 157, 159-61, 168-69, 196, 223-26, 233, 238
Conferência de Teerã, 215
Conflito com Melkor, 24, 34
Conner, Tom, 36
Conselho Branco, 145
Constelação de Menelmacar, 146
Conrad, Peter (1948-), 81
Contos de Arda e da Terra Média, de J. R. R. Tolkien, 99
Contos de Nárnia, de C. S. Lewis, 67
Contos Inacabados de Númenor e da Terra-Média, Os, de J. R. R. Tolkien, 79
Cooper, James Fenimore (1789-1851), 100, 113
Coventry, 121
Crist, poema medieval, 97
Cristãos fundamentalistas, 44
Cristianismo Puro e Simples, de C. S. Lewis, 126
Crônicas de Nárnia, As, de C. S. Lewis, 101, 193
Curry, Patrick (1951-), 35-36

Curtis, Anthony (1926-2014), 56, 60, 88
Cynewulf, poema medieval, 97-98

D

Davenport, Guy Mattison (1927-2005), 54, 221
Davi, personagem bíblico, 191
Dawson, Christopher Henry (1889-1970), 34, 47, 166-67, 216, 242-43
Democracia na América, A, de Alexis de Tocqueville, 219
Denethor, personagem fictício, 169-70, 173, 199
Desconstrução cultural, 21
Dichtl, John, 35, 231
Dille, Melinda, 35
Disney, Walter Elias (1901-1966), 81
Doutrina Cristã, A, de Santo Agostinho, 105
Doutrina da Imaculada Conceição, 145
Duas Árvores, 109, 132, 209
Duas Torres, As, de J. R. R. Tolkien, 70, 152, 173
Duke, Jason, 35
Dumbledore, personagem de J. K. Rowling, 36
Dundas-Grant, James (1896-1985), 63
Dungeons and Dragons, 234
Dyson, Hugo V. D. (1896-1975), 61, 64

E

Eagle and Child, The, *pub*, 63
Earendel, ou Eärendil, localidade fictícia, 97-98
Economist, 81
Edda, poema lendário islandês do século XIII, 99, 165
Elbereth, figura mariana nas lendas tolkeanas, 95, 140-41, 145-46, 158

Élfico, linguagem criada por Tolkien, 94
Élimas, personagem bíblico associado aos Atos dos Apóstolos, 195
Elliott III, Winston, 35-36
Eliot, T. S. [Thomas Stearns] (1888-1965), 34, 40, 47, 241-42
Elizabeth II, rainha do Reino Unido (1926-), 83, 112
Elrond, personagem fictício, 130 137, 169, 181, 184, 189
Encarnação (de Cristo), 110, 136, 145, 163, 241, 244
Environmental Libertation Front [Frente de Libertação Ambiental] ou E. L. F., 231
Éomer, personagem fictício, 100
Eru, o Uno, 23-24, 131, 141, 188, 200, 233
Escócia, 102, 106
Espanha, 126, 215
Espectros do Anel (os Nazgûl), personagens fictícios, 24, 92, 140, 180, 224
"Espírito de Fogo", 109
Esquire, 73
"Estrela de Dúnedain", 160
Eucatástrofe, 46, 109
Europa, 45-46, 112, 166-69, 213, 217
Europa bárbara, 114
Europa cristã, 112-14
Evangelhos cristãos, 45
Excalibur, 25
Exeter College, em Oxford, 53
"Expurgo do Condado, O", capítulo do livro *O Senhor dos Anéis*, de J. R. R. Tolkien, 155, 225

F

Faerie, terra das fadas, 39, 53
Fantasia, de Walt Disney, 81

ÍNDICE REMISSIVO E ONOMÁSTICO

Faramir, personagem fictício, 48, 140, 170, 173-74, 193
Farrell, Nicholas Burgess (1958-), 214
Fátima, Portugal, 216-17
Fayette Township, Michigan, 36
Fëanor, personagem fictício, 109, 209
Fendas da Perdição, 156-57, 161
Ferreiro de Bosque Grande, de J. R. R. Tolkien, 39-41, 46, 82
Ferroada, a lâmina élfica, 158
Festa de São Finano, 36
Finrod, o rei-elfo, personagem fictício, 134-36, 187-88
Flieger, Verlyn (1933-), 36
"Folha de Cisco" [*Leaf by Niggle*], de J. R. R. Tolkien, 82, 208
Fox, Adam (1883-1977), 62, 66
França, 166, 237
Francisco de Assis, São, nascido Giovanni di Pietro di Bernardone (1182-1226), 234
Franco Bahamonde, Francisco (1892-1975), 215
Frodo, 48, 89-90, 137-43, 146, 154-59, 161, 164, 171, 173-74, 181, 183, 196, 199-00, 211, 214, 224-25, 238-39, 244
Fuller, Edmund (1914-2001), 79

Gênesis, livro bíblico, 23, 80, 139, 198, 214
Gilson, Étienne Henri (1884-1978), 34, 242-43
Gimili, 143, 161, 164, 170
Gloria in Exelsis, 146
Gollum, 89, 137-39, 161, 183, 199
Gondor, localidade fictícia, 114, 160-61, 168-70, 172-73, 192-93, 210
Gordon, Barry, 154
Grã-Bretanha, 70, 222
Grande Conselho de Gondor, 172
Grécia, 45, 219
Green, Roger Lancelyn (1918-1987), 66-67
Greeves, Arthur (1895-1966), 59, 91
Gregório Magno, O.S.B., São (540-[590-604]), 64º Papa da Igreja Católica, 167
Gresham, Douglas (1945-), 68
Gresham, Joy (1915-1960), 62, 67
Grima Língua-de-Cobra, personagem fictício, 155
Guardini, Romano (1885-1968), 34, 44, 47, 104, 197, 233, 242
Guerra Civil Inglesa, 226
Gulags soviéticos, 182, 244

G

Galadriel, personagem fictícia, 89, 95, 142, 145, 158, 164, 196, 199, 225, 238
Galadriel como a Virgem Maria, 34
Gandalf, personagem fictício, 25, 36, 48, 93, 113, 137, 139, 141-42, 146, 154, 156, 159, 161-68, 170-71, 174, 180-81, 199-01, 208, 233-34, 239, 243-44
Gandalf, personagem fictício, 25, 164
Gardner, John (1933-1982), 81
Gawain, *Sir*, personagem das lendas arturianas, 41, 157-58
Geer, Germaine (1939-), 206

H

Halle, Louis J. (1910-1998), 71
Hardie, Colin G. (1906-1998), 62
Harper's, 80
Harrington, James (1611-1677), 222
Havard, Robert Emlyn "Humphrey" (1901-1985), 61, 66, 82, 216
Hays, Kansas, 34
Head shops, 73
Heaney, Seamus (1939-2013), 103
Heavenly Creatures [*Almas Gêmeas*], de Peter Jackson, 237
Hesíodo (c. século VIII a.C.), 80

Hill, Joy Margareth (1936-1991), 75
Hillsdale College, 35-36
Hillsdale College Tolkien Society, 35
Hino a Elbereth, 95
Hiroshima, 207
História da Terra-Média, A, de J. R. R. Tolkien, 79, 89, 93, 132, 143
Hitler, Adolf (1889-1945), 110, 183, 211, 213, 241
Hobbit, O, de J. R. R. Tolkien, 33, 68-69, 76, 79, 89, 91-92, 162, 165, 185, 224
Hollis, Mark (1955-2019), 46
Holy Cross Elementary School, 33
Homem Eterno, O, de G. K. Chesterton, 41
Homero (928-898 a.C.), 45, 63
Hooper, Walter (1931-), 57, 68
Houston, Texas, 35
Hubbard, L. Ron (1911-1986), 81
Hugo de São Vítor (1096-1141), 152
"Humanistas cristãos", 47
Hutchinson, Kansas, 33

I

Ibéria, 166
Idade Média, 45, 159, 167-68, 170-71, 238
Igreja Anglicana, 126
Igreja Católica Romana, 21, 52, 67, 128, 215, 222
Ilha do Tesouro, A, de Robert L. Stevenson, 113
"Ilhas de lótus", 42
Illinois, 35, 46
Ilúvatar, ou Eru, personagem fictício, 23-24, 34, 48, 109, 131-37, 139, 141, 146, 153-55, 162-64, 170-72, 174, 184-89, 191-92, 198-99, 209, 239
Imperecível Chama, equivalente mitológico ao Espírito Santo, 131, 163, 168

Império Carolíngio, 167
Império Romano, 114, 168
Inglaterra, 52-53, 72, 83, 104, 112-14, 121, 124, 216, 218-20, 222-23, 237
Inglis, Fred (1937-), 213-14
Inklings, grupo literário de professores e alunos, 58, 61-66, 68, 77, 120, 126, 181, 183
Innes, Michael (1906-1994), 56
Irmãos Marx, 58
Isaac, personagem bíblico, 187
Istari, ou "Os Sábios", sociedade fictícia, 93, 162-63, 181, 200, 233
Itália, 114
Iugostávia, 211

J

Jack, o Matador de Gigantes, lenda inglesa, 112
Jackson, *Sir* Peter Robert (1961-), 237-39
Jardim do Éden, 139
Japão, 112
Jefferson, Thomas (1743-1826), 3º presidente dos Estados Unidos da América, 222
Jó, personagem bíblico, 163
João, dito João, o Evangelista, São (9-103), 128, 132, 146, 157-58, 195
João Paulo II, São, nascido Karol Józef Wojtyla (1920 [1978-2005]), 264º Papa da Igreja Católica, 241
Julgamentos de Nuremberg, 65

K

Kalevala, conto finlandês, 99
Kansas, 33-34
Kaveney, Roz (1949-), 206
Kay, Guy Gavriel (1954-), 78-79

ÍNDICE REMISSIVO E ONOMÁSTICO

Kentucky, 100
Khazad-Dum, localidade fictícia, 163-64, 239
Kilby, Clyde S. (1902-1986), 36, 68, 74, 76, 89, 97, 112, 119-20, 125, 129, 132-34, 136, 142, 145, 154, 183, 207-08
Kirk, Annette (1940-), 35
Kirk, Russell Amos (1918-1994), 34, 43, 47, 175, 183, 240, 242
Kolbitár, clube acadêmico de Tolkien, 59, 61
Kreeft, Peter John (1937-), 183

L

Lamento de Galadriel, 95
Laracna, personagem fictícia, 138, 141, 146, 158
Las Vegas, 74
Last of the Mohicans, The [O Último dos Moicanos], de Michael Mann, 239
Laurelin, 109, 209
Lawlor, John (1918-1999), 57, 62, 127
Leão XIII, nascido Vincenzo Gioacchino Raffaele Pecci-Prosperi-Buzzi (1810-[1878-1903]), 256º Papa da Igreja Católica, 216, 223, 242
Leary, Timothy (1920-1996), 73
Leatherstocking Tales, de James Fenimore Cooper, 100, 113
Legendarium (palavra de Tolkien para toda a mitologia), 48
Legolas, personagem fictício, 143, 164, 169-70
Le Guin, Ursula (1929-2018), 182, 235-36
Leiber, Fritz (1910-1992), 181-82, 201
Leising, Judy, 35
Lembas élfico, representação pré-cristã da Eucaristia, 34, 142-43, 186
Lenda de São Miguel, A, poema do início da Idade Média, 238

Leprechauns, 58
Letters of J. R. R. Tolkien, The, 42
Lewis, C. S. [Clive Staples] (1898-1963), 22, 34, 47, 55-69, 88, 91, 99, 101, 109-11, 115, 122-23, 126-30, 133, 145, 147, 173, 179-81, 183-84, 193, 206, 212, 214-15, 218, 220, 223, 227, 242-43
Lewis, Warnie (1895-1973), 65, 120, 126-27, 133, 145
Lindisfarne, 36
Livraria Crossroads, 33
Livro dos Mórmons, 80
London Guardian, 205
London Times Literary Supplement, 81
Londres, 74, 129
Lorien a Tol Brandir, 100
Lothorien, grupo ambientalista, 231
Lúthien, inscrição na lápide de Edith Mary Tolkien, 87, 143, 174
Lutz, Donald, 44

M

MacDonald, George (1824-1905), 99
Macfarlane Jr., Bud, 35
Magic: The Gathering, 234
Magistério (da Igreja), 124
Magos Azuis, 93, 162
Maiar, personagens fictícios, 143, 153-54, 162, 165, 199, 245
Making of Europe, The [A Criação da Europa], de Christopher Dawson, 167
Maldição de Babel, 216
Manwë, personagem fictício, 132-34, 145-46, 162-64, 171, 190, 216
Marca, A, 113
Maria na teologia católica, como a "Rainha dos Céus", 145
Maritain, Jacques (1882-1973), 242-43
Martin, George R. R. (1948-), 234
Mathew, Gervase, O.P. (1905-1976), 62
Mawr, Bryn, 72

McCallum, R. B. [Ronald Buchanan] (1898-1973), 62
McCormick, Kevin, 35
McLellan, Joseph (1929-2005), 80
Melkor, como o maior dos Ainur, 24, 131-34
Melkor, como um dos Sagrados, ou Arcanjos, 24
Mércia, reino medieval, 54, 113
Merlin, personagem lendário, 218
Merry e Pippin, personagens fictícios, 143, 210, 225
Milton, John (1608-1674), 24, 80
Milwaukee, 55
Miscelâneas [*Stromateis*], de Santo Agostinho, 105
Mitchell, Christopher, 35, 129
Mithopoeia, poema de J. R. R. Tolkien, 42
Mito arturiano, 112
Mito da Europa setentrional, 213
Mito de Atlântida, 193
Mitos do Norte, 59
Moisés, personagem bíblico, 105
Moorcock, Michael (1939-), 181-82, 201
Moorman III, Charles W. (1925-1996), 65-66
"Monster and the Critics, The" [O Monstro e os Críticos], ensaio de J. R. R. Tolkien, 102, 111
Monte da Perdição, 138-39, 142, 146, 159, 170, 200
Mordor, localidade fictícia, 26, 54, 89, 93, 138, 155-56, 169-70, 173, 200, 207, 212, 225, 233, 235, 239, 244
Moreno, Lisa, 35
Morgan, Francis Xavier, padre (1857-1935), 52, 123-24, 219
Morgoth, *ver* Melkor
Morgoth's Ring, de J. R. R. Tolkien, 134
Moria, 92, 161, 182, 238
Morinehtar e Rómestámo, nomes originais dos Magos Azuis, 93

"Motivo Ulsterior, O", ensaio não publicado de Tolkien, 128-29
Mundo mitológico da Terra Média, 22-23, 122
Murray, Robert Patrick Ruthven, SJ (1926-2018), 122, 136

N

"Nacionalismo", ensaio de Lorde Acton, 115
Natã, personagem bíblico, 171
Natal, 45
National Review, 80
Natureza sacramental da vida, 43
Nelson, Jeff, 35
Neuendorf, Christopher, 35
New Line Cinema, 237
New Republic, 71, 80
New Shadow, The [A Nova Sombra], eventual continuação de *O Senhor dos Anéis*, 201
New York Herald-Tribune, The, 69
New York Review of Books, 81
New York Times, The, 78
New York Times Book Review, 88, 206
New Yorker, 70
Newman, John Henry (1801-1890), São 52, 123, 242
Newsweek, 81
Nicol, Charles, 80
Nielsen, Philip, 35
Nimloth, a árvore branca, 192
Noé, personagem bíblico, 192
Norman, Philip (1943-), 73
Norte da Europa, 45
Nortúmbria, 26, 166
Nova York, 100
Novo Testamento, 166, 195
Númenor, localidade fictícia, 79, 133, 140, 143, 168, 173, 188, 190, 192-93
Nuremberg, 65, 214

ÍNDICE REMISSIVO E ONOMÁSTICO

O

Odin, deus supremo nórdico, 165-67, 234
Olney, Austen G. (1922-2008), 70
Olórin, nome original do personagem Gandalf, 162
Oração de São Miguel, de Leão XIII, 216
Oratório de Birmingham, 52
Orcs, 101, 143, 161, 168-69, 180, 185-86, 198-01, 208, 210, 217, 219, 221, 231, 235, 238
Orthanc, 233
Ortodoxia, de G. K. Chesterton, 43
Oxford, 33, 39, 51, 53-54, 56-57, 59-61, 70, 72, 77-78, 82-83, 94, 100, 125, 174, 207-08, 232
Oxford English Dictionary, 54, 94
Oxford Essay Club, 98

P

Paço Dourado, 113
Pai-Nosso, 105, 208
País de Gales, 95
Palantíri, personagens fictícios, 192
Paraíso, 88, 152, 193
Paraíso Perdido [*Paradise Lost*], de John Milton, 24, 80
Parque Gorki, 236
Páscoa, 45
Pássaros Nazgûl, 207
Patrick, James, 153
Paulo, São (5-67), também conhecido como Paulo de Tarso ou São Paulo Apóstolo, 45, 153, 163, 174, 195, 241
Pearce, Joseph (1961-), 26, 35-36, 129, 221
Pearce, Susannah, 35
Pecado Original, 88, 145

Pedro (1 a.C.-67 AD), conhecido como Simão Pedro ou Pedro Apóstolo, 1º Papa da Igreja Católica, 166, 195
Pepino, *o Breve* (714-768), rei dos francos, 114, 170-71
Pequenos, 90
Pioneiros norte-americanos, 100
Platão (c. 428/427-348/347 a.C.), 45, 105, 198, 219
Plimmer, Charlotte, 51, 74
Plimmer, Denis, 51, 74
Poetic Diction [*Dicção Poética*], de Owen Barfield, 96
Portos Cinzentos, 92, 156, 161, 163
Primeira Guerra Mundial, 53, 94, 98, 157, 182
Primeiro Motor, 188, 200
Príncipe Valente, personagem de Hal Foster, 81

Q

Queda de Satã, 24, 133
Quenya, linguagem criada por Tolkien, 72, 94

R

Radagast, personagem fictício, 93, 162, 200, 233-34
Ragnagrök, lenda nórdica, 132
Ratliff, Bill, 35
Ratliff, Mike, 35
Reforma Protestante, 115, 126, 226
Reino Sagrado, 133
Relativismo moral, 21
Renascimento católico, 242
República, A, de Platão, 219
Rerum Novarum, encíclica de Leão XIII, 242
Res Publica Chistiana, 46

Revolução Bolchevique, 217
Revolução Francesa, 88, 226
Revolução Gloriosa, 226
Revolução Industrial, 226
Revolução Russa, 226
Rhun, 112
Rissik, Andrew (1955-), 205
Road Goes Ever On, The, 82
Road to Middle-earth, The [*O Caminho para a Terra Média*], de T. A. Shippey, 99, 238
Rocha, John, 36
Rockefeller, John D. (1839-1937), 81
Rohan, localidade fictícia, 90, 152
Rohirrim, 113
Roma, 45, 106, 114-15, 127, 166, 168, 240
RPG (role-playing game), 234
Royal Air Force (RAF), 69

S

Sacro-Império Romano, 168
Sagradas Escrituras, 121, 124, 145, 243
Samaria, 195
Samuel, personagem bíblico, 171
Samwise, personagem fictício, citado como Sam, 157, 160
Santa Eucaristia como forma de canibalismo, 65
Santíssimo Sacramento, 34, 126, 143-44
São Miguel Arcanjo, personagem bíblico, 216, 238
São Rafael Arcanjo, personagem bíblico, 238
Saruman, personagem fictício, 93, 130, 155, 161-63, 180-82, 186, 198-00, 208, 210, 212, 227, 233-34
Saturday Review, 71
Saul, personagem bíblico, 121, 171
Sauron, personagem fictício, 24-25, 93, 110, 120, 133, 139, 145-46, 162, 164, 168-73, 175, 180-82, 185, 187, 190-94, 196, 198-01, 208, 212, 227, 234
Sayer, George (1914-2005), 57, 62, 77, 105, 120, 207
Sayers, Dorothy (1893-1957), 62, 66
Sayre, Kenneth (1928-), 34
Scadufax, personagem fictício, o cavalo montado por Gandalf, 161, 208
Sea Bell, The [O Sino do Mar], poema de J. R. R. Tolkien, 156
Segunda Aliança, o Cristo, 144
Segunda Guerra Mundial, 69, 77, 88, 98, 111, 125, 207, 215, 222
Segunda vinda de Cristo, 25
Semin, Michal (1967-), 35, 217
Senhor das Máquinas, 198
Senhor dos Anéis, O, de J. R. R. Tolkien, 21-26, 33-34, 46, 48, 52, 64, 68-73, 75-76, 78-80, 89, 91-92, 102, 110-11, 114, 119-20, 12, 136-38, 140-43, 146, 154-57, 160, 162, 173-74, 180, 182-83, 197, 199-01, 205, 207, 210-12, 214, 225, 232, 235, 237
Senhor dos Anéis, O, de Peter Jackson, 237-39
Senhora da Terra-Fada, 46
Sentido do cristianismo, 61
Servile State, The [*O Estado Servil*], de Hilaire Belloc, 221
Sherk, James, 35
Shippey, Tom A. (1943-), 35-36, 99-00, 103, 113, 238
Significado da Eucaristia, 108, 125, 140
Significado da transubstanciação, 108
Silmarillion, O, de J. R. R. Tolkien, 23, 33-34, 59, 68-69, 74-82, 87, 89, 90-92, 97-98, 109, 112, 132, 134, 143, 153, 162, 185, 200, 209, 234
Simão, o mago, personagem bíblico, 195
Sindarin, linguagem criada por Tolkien, 94
Sioux, tribo indígena norte-americana, 100

"*Sir* Gawain e o Cavaleiro Verde", de J. R. R. Tolkien, 41
Sir Israel Gollancz Memorial Lecture, 102
Smith, Geoffrey Bache (1894-1916), 121-22
Smith Jr., Joseph (1805-1844), 81
Smith of Wootton Major, título original de "Ferreiro de Bosque Grande", 40, 82
Sociedade do Anel, 25, 70-72, 92, 141, 143, 153, 157, 182, 212, 223, 238
Sócrates (c. 470-399 a.C.), 83
"Sobre Estórias de Fadas", ensaio de J. R. R. Tolkien, 39, 98, 102, 106, 113, 196
Sociedade do Anel, A, de J. R. R. Tolkien, 25, 70-71, 141, 153, 157, 212, 223, 238
Solzhenitsyn, Aleksandr Isayevich (1918-2008), 242
Spacks, Patricia Meyer (1929-), 71
Stalin, Josef Vissarionovitch (1878-1953), 110, 183, 211, 216, 241
Stanford University, 35
Stevens, Tom (1905-1976), 62
Strugatsky, Arcady (1925-1991), 236
Strugatsky, Boris (1933-2012), 236
Sturluson, Snorri (1179-1241), 165
Sul de Harad, 112
Surpreendido pela Alegria, de C. S. Lewis, 127

T

Távola Redonda, 158
Ted Ruivão, personagem fictício, 157, 160
Teleperion, 109
Terceiro Reich, 213
Terra Desolada, A, de T. S. Eliot, 40
Terra-Fada, 39, 46
That Hideous Strength [*Uma Força Medonha*], de C. S. Lewis, 218
Theotókos, Maria, a mãe de Deus, 144

Times, The, 181
Timóteo, personagem bíblico, 163
Tobias, personagem bíblico, 238
Tocqueville, Alexis Charles Henri Clérel (1805-1859), conde de Tocqueville, 219
Tol Eressëa, localidade fictícia, 156-57
Tolkien, Arthur Reuel (1857-1896), 52
Tolkien, Christopher (1924-2020), 53, 62, 67, 69, 77-79, 82, 88-89, 98, 100, 122, 124, 126, 132, 134-36, 213, 216, 220, 237
Tolkien, Edith Mary (1889-1971), 52, 68, 82-83, 87, 219
Tolkien, Hilary Arthur Reuel (1894-1976), 52, 123
Tolkien, John F. R., padre (1917-2003), 53, 62, 237
Tolkien, John Ronald Reuel (1892-1973), 52
Tolkien, Mabel (1870-1904), 52, 122
Tolkien, Michael (1920-1984), 52-53, 57, 120, 123, 143, 208, 213
Tolkien Papers, 68
Tolkien, Priscilla (1929-), 53, 57, 77
Tolkien Reader, The, 232
Tollers, apelido de J. R. R. Tolkien no grupo dos *Inklings*, 65, 120
Tomás de Aquino (1225-1274), O.P., também conhecido como Doutor Angélico, Santo, 46, 226
Topo do Vento (Amon Sûl), 168
Tradição (da Igreja), 121, 124
Túrin Turambar, 143, 174
Turner, Donald, 35
Turtledove, Harry (1949-), 235

U

Ulster, 60, 127-28
"Última Batalha", de J. R. R. Tolkien, 132

Último dos Moicanos, O, de James Fenimore Cooper, 100, 239
Ungoliant, 141, 185, 209
"Uno", *ver* Eru, o Uno
União Soviética, 217
Universidade da Virgínia, 72
Universidade de Berkeley, 73
Universidade de Colúmbia, 71
Universidade de Cornell, 72
Universidade de Harvard, 72
Universidade de Leeds, 54
Universidade de Marquette, 35, 55
Universidade de Michigan, 26, 35-36
Universidade de Notre Dame, 34
Universidade de Oxford, 83
Universidade de Sheffield, 70
Universidade de St. Andrew, 102
Universidade de Yale, 72

V

Valar, 81, 132-33, 141, 145, 153, 162, 171, 189-92, 200, 208-09, 245
Valfenda, 78, 140, 167, 233, 238
Veggie Tales, 36
Veneza, 114
Vermebile e Fitafuso, demônios do conto de C. S. Lewis, 180
Viagem de Eärendil e da Guerra da Ira, Da, de J. R. R. Tolkien, 98
Virgem Maria, 34, 140, 172, 216
Voegelin, Eric (1901-1985), 34, 47, 151, 197, 242
Volsunga, saga islandesa, 45
Völuspá, lenda nórdica pré-cristã, 165
Vree, Pieter, 35

W

Wade Center, 35, 129
Wagenknecht, Edward (1900-2004), 71
Wagner, Richard (1813-1883), 213
Wain, John Barrington (1925-1994), 60, 63, 66
Wall Street Journal, 79
Washington Post, 80
Watkin, Edward Ingram (1888-1981), 242-43
Welford, 120
Wellesley College, 71
Williams, Charles (1886-1945), 61, 63, 67, 129-30, 159, 173, 180-81
Wilson, A. N. (1950-), 67, 77
Wilson, Colin (1931-2013), 221
Wilson, Edmund (1895-1972), 70
Wheaton College, 35, 74, 129
Whitney, Gleaves, 35
Wiglaf, personagem do *Beowulf*, 158
Winnipeg, 74
Woomera, 74
Wrenn, Charles (1895-1969), 62

Y

Yolen, Jane (1939-), 235

Z

Zeitgeist, 74

Acompanhe a LVM Editora nas Redes Sociais

https://www.facebook.com/LVMeditora/

https://www.instagram.com/lvmeditora/

Esta obra foi composta pela LVM Editora e pela Spress
na família tipográfica Addington em novembro de 2020
e impressa em janeiro de 2023.

Impressão e Acabamento Gráfica Viena
Todo papel desta obra possui certificação FSC® do fabricante.
Produzido conforme melhores práticas de gestão ambiental (ISO 14001)
www.graficaviena.com.br